D1930422

Joachim Theis (Hrsg.)
Die Welt geht rascher als die Kirche

Joachim Theis
(Hrsg.)

Die Welt geht rascher als die Kirche

éditions trèves

Bibliographic information published by Die Deutsche Bibliothek
Die Deutsche Bibliothek lists this publication in the Deutsche Nationalbibliografie; detailed bibliographic data is available in the Internet at http://dnb.ddb.de

Theis, Joachim (Hrsg.)
Die Welt geht rascher als die Kirche
Trier: éditions trèves, 2005
ISBN 3-88081-485-6

www.treves.de

Umschlaggestaltung: éditions trèves

Auflage: 5. 4. 3. 2. 1.
© und Gesamtproduktion im Jahre: 2009 08 07 06 05
bei
éditions trèves
Postfach 1550
54205 Trier

Nachdruck und Vervielfältigung jeder Art, auch auf Bild-, Ton-, Daten- und anderen Trägern, insbes. Fotokopien (auch zum »privaten« Gebrauch), sind nicht erlaubt und nur nach *vorheriger* Absprache mit dem Verlag möglich.

Hrsg. mit Unterstützung des Vereins zur Förderung der künstlerischen Tätigkeiten – éditions trèves e. V.

Geleitwort

Karl Kardinal Lehmann

Im September 2004 verlässt Herr Prof. Dr. Wolfgang Lentzen-Deis seinen im Jahr 1991 übernommenen Lehrstuhl für Religionspädagogik und Katechetik an der Theologischen Fakultät Trier. Bereits im Jahre 1983 hatte er die Dozentur für diese Fächergruppe übernommen. Zugleich war er acht Jahre (1995–2003) ein verdienstvoller Rektor dieser Kirchlichen Hochschule.

Mit Wolfgang Lentzen-Deis bin ich seit über 47 Jahren eng verbunden durch unser gemeinsames Studium in Rom und auch danach durch manche Aufgabe, die er übernommen hatte. So konnte ich auch ein wenig seine Herkunft und seine Tätigkeitsfelder kennen lernen. Ich habe immer großen Respekt gehabt für seine Familie, nicht zuletzt seine Eltern. Die drei Söhne wurden alle Priester. Dankbar denke ich auch in dieser Stunde an den älteren Bruder von Wolfgang, Prof. Pater Dr. Fritzleo Lentzen-Deis SJ, den ich als Exegeten und in seinen Bemühungen um eine breitere und tiefere Kenntnis der Bibel sehr schätzte und mit dem ich in einer lockeren freundschaftlichen Beziehung in Verbindung stand.

Für uns alle und unseren Weg zum Priestertum waren die späten 50er und 60er Jahre in Rom mit der Vorbereitung und Durchführung des Konzils prägend. Bald nach seiner Promotion und dem ersten Kaplansjahr wurde Wolfgang Lentzen-Deis Sekretär des damaligen Bischofs von Trier, Dr. Bernhard Stein – eine Aufgabe, die er 14 Jahre lang erfüllte. Dies ist eine unverhältnismäßig lange Zeit selbstlosen Dienstes, gerade auch wenn ein Bischof an die Altersgrenze kommt. Wolfgang Lentzen-Deis hat diesen stillen Dienst mit großer Selbstlosigkeit und hoher Einfühlsamkeit erfüllt. Dies wird nicht immer ausreichend gewürdigt, verdient aber besondere Anerkennung.

Ich habe mich immer gefreut, dass es Wolfgang Lentzen-Deis nach einer so langen Tätigkeit und in schon vorgerücktem Alter gelungen ist, noch die wissenschaftliche Laufbahn fortzusetzen. Nebenher hat er an der Universität Trier das Staatsexamen für Religion und Philosophie absolviert und am Friedrich-Wilhelm-Gymnasium Religionsunterricht erteilt. Wenige Jahre später gelang ihm auch noch, obwohl schon 54 Jahre alt, die Habilitation für Religionspädagogik und Katechetik.

Wolfgang Lentzen-Deis ist in seinem Leben immer wieder mit solchen Herausforderungen und Umbrüchen konfrontiert worden. Von Hause aus bodenständig und auf eine grundlegende Kontinuität eingestellt, ist er so

immer wieder mit den Veränderungen nicht nur in seinem eigenen Leben zurecht gekommen.
Es bleibt der Rektor der Theologischen Fakultät in Trier. Er hat auch hier eine doppelte Aufgabe sehr gut erfüllt, nämlich die Theologische Fakultät Trier, die immer schon ein gutes Beispiel für eine selbstständige wissenschaftliche Einrichtung war, zu konsolidieren und die Fakultät zugleich für eine enge Kooperation mit der neu gegründeten Universität zu öffnen. Ich habe den Eindruck gewonnen, dass Wolfgang Lentzen-Deis dieser Spagat in hervorragender Form gelungen ist.
Ich wünsche Wolfgang Lentzen-Deis gesegnete Jahre und noch manche gute Frucht für uns aus seiner Feder, nicht zuletzt über den Weg und die Zukunft der Gemeindekatechese. Zugleich möchte ich ihm auch heute noch als Vorsitzender der Deutschen Bischofskonferenz danken für die vielen Jahre seines Dienstes für den Bischof von Trier und seine Mithilfe bei der Bewältigung vieler Aufgaben für die Deutsche Bischofskonferenz, so z. B. die Liturgische Kommission in der Zeit der großen Reformen nach dem Konzil und während der gemeinsamen Synode der Bistümer in der Bundesrepublik Deutschland.

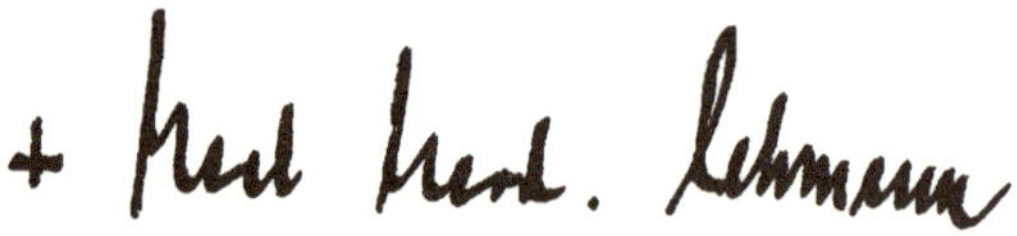

Mainz, 16. Februar 2004
Karl Kardinal Lehmann
Bischof von Mainz

Vorwort

Joachim Theis

»Der Glaube an Jesus Christus ist konkret!« Vielleicht ist dieser Gedanke der wichtigste, den Wolfgang Lentzen-Deis mir in unserer langjährigen guten Zusammenarbeit vermittelt hat. Aber nicht nur der Glaube, sondern auch die Teilhabe am Glauben Christi ist konkret. Sie ist die Teilhabe an Gottes Schöpfung und an seiner Menschwerdung in Jesus Christus. Der Glaube an Christus lässt sich deshalb auch nicht ohne Rücksicht auf den Einzelnen, ebenso konkreten Menschen weitergeben: »Es bedarf einer wechselseitigen Kenntnis und Liebe, in der sich Kirche als ›Leib Christi‹ und als Kommunikationsgemeinschaft konstituiert«, schreibt Lentzen-Deis in seiner Habilitationsschrift »Den Glauben Christi teilen. Theologie und Verkündigung bei Nikolaus von Kues« (Stuttgart-Berlin-Köln 1991, 155). Wer aber eine solche wechselseitige Vermittlung anstrebt, darf nicht ins Anonyme, vermeintlich Objektiv-Sachliche flüchten, sondern muss sich am konkreten Leben orientieren. Also: Keine theologische Verdunstung in abstrakte Gebilde und schwärmerische Gefühle. Deshalb ist auch dieses Buch persönlich und narrativ gehalten. So wird deutlich: »Vom Glauben an Jesus Christus sprechen ist Einladen zu einem Lebensstil.«

In kurzen Erzählungen, Geschichten und Anekdoten werden wichtige Stationen der letzen fünfzig Jahre in unserer Kirche und Theologie im Bistum Trier blitzlichtartig in Erinnerung gerufen. Die Darstellung orientiert sich an der Lebensgeschichte von Wolfgang Lentzen-Deis. Dabei sollen nicht nur seine Situation, sondern auch kirchen-, bistums- und theologiegeschichtliche Entwicklungen konkret werden. Denn in ihnen spiegelt sich die weitaus größere Dramatik eines Epochenwandels in der heutigen Gesellschaft wider.

Der mutige Neubeginn des konziliaren Engagements wurde oft begrüßt, und es ist bekannt, dass die Beiträge von Johannes XXIII. und von Paul VI. das öffentliche und kirchliche Leben stark geprägt haben. Wie aber wurde dieser Auf- und Umbruch erlebt, wie hat er sich im Konkreten ausgewirkt?

Das vorliegende Buch wendet sich diesen Fragen zu. Vielleicht erlebt der christliche Glaube heute wieder einen Zeitenwandel, und vielleicht ist es gerade deshalb angebracht, noch einmal zurück zu schauen. Aber Nostalgie und Romantik mit Blick auf das Alte dürfen dabei nicht leitend sein.

Der Weg in die Zukunft führt nur über die Kenntnis der eigenen Geschichte. Denn in ihr können wir bekannte Werte (wieder) entdecken, Entscheidungen bewerten, christliche Identität und Selbst(wert)gefühl neu entwickeln. In der bewussten Begegnung mit der eigenen Geschichte werden wir dialogfähig und können Perspektiven für eine Zukunft der Kirche mit neuen Akzenten gewinnen.

In dem kleinen Moseldorf Kues erlebte Wolfgang Lentzen-Deis (geb. 5.3.1937) seine Kindheit. Vor allem war sein Elternhaus weltanschaulich klar und katholisch geprägt. Seine beiden Brüder Fritzleo und Bodo sowie seine Schwester Hildegard wuchsen in dieser geschlossenen christlichen Umwelt auf. Der christliche Glaube römisch-katholischer Ausprägung hatte dann seine Tragfähigkeit gerade am Ende des Zweiten Weltkrieges zu erweisen. Die Familie musste bei Null anfangen. In der Person des Kusaner Pastors Hermann Josef Knopp erlebten die Kinder, wie sehr die Werte der Katholischen Kirche in einer solchen Situation für sie tragend und Hoffnung stiftend sein können. Möglicherweise haben diese Erfahrungen mit dazu geführt, dass alle drei Söhne von Rosa und Fritz Lentzen-Deis Priester wurden.

Die Erfahrung des Zusammenbruchs der nationalsozialistischen Ideologie und die katholische Erziehung der Nachkriegszeit prägten die Jugend von Wolfgang Lentzen-Deis. Es folgten die Studienjahre in Trier und Rom, wo der junge Student das Konzil hautnah miterlebte. An der konkreten – oft auch mühevollen – Verwirklichung der konziliaren Idee konnte er als Bischofskaplan von Bischof Bernhard Stein im Bistum Trier bis hin zur »Gemeinsamen Synode der Bistümer in der BRD« (1971–75) mitarbeiten.

Dass die Beschlüsse des Zweiten Vatikanischen Konzils immer wieder neu entdeckt werden müssen, erfuhren seine Studentinnen und Studenten der Theologischen Fakultät Trier. Als Professor für Religionspädagogik mit Katechetik hat er sich stets diesem Thema zugewandt.

Sein Herzensanliegen aber ist im Besonderen die Gemeindekatechese. Wie wird sie sich weiter entwickeln? Welche Rolle spielt sie in unseren Gemeinden? Gibt es Visionen?

Nun neigt sich auch dieser Lebensabschnitt als Hochschullehrer dem Ende zu und ein neuer beginnt. Ich bin mir sicher, dass auch in diesem Theologie und Kirche der roten Faden sind. Und vielleicht wird die Frage, wie heute eine konkrete Glaubensschule aussehen kann, im Zentrum seiner Tätigkeit stehen.

Dementsprechend gliedert sich das vorliegende Buch in vier Kapitel:

- Katholisches Leben und Glauben im Umbruch – Die Jahre im Umkreis des Konzils
- Die Kirche im Geist des Konzils – Die Konzilsbewegung auf dem Weg in die Gemeinden

- »Der Glaube an Jesus Christus ist konkret!« – Religionspädagogische Arbeitsfelder
- Gemeindekatechese – Gegenwartsdiagnosen und Zukunftsvorstellungen

Das Vorhaben, eine Festschrift für Wolfgang Lentzen-Deis zu erstellen, konnte ich nur mit Hilfe meiner Bonner MitarbeiterInnen verwirklichen. Ganz besonders haben mich Stefan Altmeyer und Jan Woppowa unterstützt. Auch Marietta Bach, Patrick Haas, Florian Müller und Elisabeth Rodermond haben an dem Projekt tatkräftig mitgearbeitet. Ihnen gilt mein herzlicher Dank. Ein solches Buch ist ohne die Mithilfe des Verlags nicht zu erstellen. Danke dem Verlag éditions trèves. Für die finanzielle Unterstützung bedanke ich mich beim Bistum Trier.

Das wilde Jahrhundert der Wölfe?

Zur Charakterisierung der Trierischen Kirche 1937–2004

Martin Persch

Der 5. März hat in den Kalendern des Trierischen Landes stets als Festtag des Hl. Friedrich gegolten und ist auch so bezeichnet worden. Im Jahre 1937 war das anders, der Heilige wurde ersetzt. In einer Notiz stand zu lesen: »Hans Schemm gestorben.« Das nationalsozialistische Regime wollte damit das Andenken an den zwei Jahre zuvor tödlich verunglückten oberfränkischen Gauleiter der NSDAP wach halten – wie man weiß, hat dieses Treiben noch acht Jahre angehalten. Heute ahnt kein Mensch mehr, wer Hans Schemm war.

Irgendwie ist um dieses Jahr 1937 das »Jahrhundert der Wölfe« (Hanna-Barbara Gerl) tatsächlich losgebrochen. Wer am 5. März 1937, dem Geburtstag von Wolfgang Lentzen-Deis, den »Trierischen Volksfreund«, die »Trierische Landeszeitung« oder das (nationalsozialistische) »Nationalblatt« aufschlug, las – gleichgeschaltet – viel von einem »Lümmel« und »Talmudjuden«, nämlich dem New Yorker Oberbürgermeister La Guardia, der »Deutschland und seinen Führer« mittels »Brunnenvergiftung« beleidigt habe. »Nicht Berlin, sondern Moskau der Feind« titelten Volksfreund wie Landeszeitung gleichlautend, und gaben vorgeblich damit rechtsnationalen französischen Kreisen eine Plattform.

Die Propaganda tobte, und auch im Trierischen hatte sie mit der publizistischen Verbreitung der so genannten Sittlichkeitsdelikte katholischer Geistlicher genügend Werkstoff; hinzu kamen als wertvolle Ergänzung die ausgerechnet zu diesem Zeitpunkt ebenfalls »enthüllten« angeblichen Devisenvergehen zahlreicher Ordensangehöriger und Säkulargeistlicher.

Wichtig aber waren statt dieser Sperr- und manchmal Strohfeuer winzige, versteckte Meldungen in den Zeitungen. »Kleine Mängel bei der Verdunkelung der Kreisstadt« konstatierte man in Saarburg. Auch in Oberbillig fand eine »Probeverdunkelung« statt, während in Schweich über »die Aufgaben des Winzers und des Waldbesitzers in der Erzeugnisschlacht« referiert wurde.

Es hat dann auch nur zweieinhalb Jahre gedauert, bis die Verdunkelung begann und das Zeitalter der Wölfe tatsächlich losgebrochen ist. Die beiden größten Banditen des 20. Jahrhunderts, Hitler und Stalin, hatten sich über die Vorgehensweise hinsichtlich des polnischen Volkes und Staates geeinigt, millionenfacher Mord und Tod waren über die Welt, die bald lichterloh brannte, hereingebrochen. Im Jahre 1945 stand keine einzige deutsche Familie mehr »unberührt« da – sei es als Täter, sei es als Opfer. Hunderte von Kirchen und Kapellen der Diözese Trier waren zerstört oder schwer beschädigt, eine Vielzahl von Priestern und Seminaristen waren auf dem »Feld der Ehre« gefallen oder wurden vermisst, viele Gläubige befanden sich in einem seelisch stark verunsicherten Zustand. Selbst eine an sich so unschuldige Größe wie das Kirchenlied hatte erhebliche Kratzer erfahren: es hat Jahrzehnte gedauert, bis »Nun danket alle Gott, mit Herzen, Mund und Händen« – von dem nationalsozialistischen Regime anlässlich des »Falles« von Warschau und von Paris in schamlosester Weise für die eigenen Zwecke missbraucht – wieder unbefangen in den Kirchen erklingen konnte!

Die Zeit nach der Währungsreform (1948) bis etwa zum Beginn der sechziger Jahre möchte man, was die Bundesrepublik angeht, mit dem Schriftsteller A. E. Johann gern als das »wilde Jahrhundert« kennzeichnen. Denn wild waren diese Jahre hinsichtlich eines ungezügelten und nahezu unheimlichen Wirtschaftswachstums, aber auch des entschlossenen Anpackens – wenn ein Deutscher in dieser Zeit einen Nachmittagsausflug mit der Familie aufs Land unternahm, ließ er sich nicht tatenlos auf der Wiese nieder, sondern sammelte Blaubeeren. Auch die alten Riten, die Zeremonien, viele sakrale Floskeln, all dies wurde schon jetzt in Frage gestellt. Und das war nicht erst die Frucht des Zweiten Vaticanums oder gar der 1968er Jahre. Gewiss gab es (kluges) Gegensteuern, etwa durch die Diözesansynode 1956 oder die Heilig-Rock-Ausstellung im Jahre 1959 in Trier. Aber solche Ereignisse blieben doch (sogar in ihrer Außenwirkung) im konventionellen Rahmen.

Das Zweite Vatikanische Konzil (1962–65) erbrachte die ersehnten und erhofften kräftigen Windstöße auch in der Trierischen Kirche, und es hat anfänglich wegen der ernsthaften Erkrankung des sehr klugen, sehr erfahrenen, sehr weisen Bischofs Matthias Wehr (1951–66) etwas gedauert, bis die wichtigsten Impulse ankamen und umgesetzt wurden. Die Trierische Kirche hat dann ihre Hausaufgaben gemacht. Man kann das ganz deutlich an der Person von Bischof Bernhard Stein (1967–80) festmachen, der sich von einem geradezu frühneuzeitlichen, d. h. gefürchteten und überaus peniblen Weihbischof zu einem Mann des Dialoges – nachdem er zuerst wirklich hingehört hatte – entwickelte, zu einem Bischof, der – eigenes Erlebnis im Jahre 1967 – bei der (damals sehr unüblichen) Anrede »Herr Bischof« erst einmal zusammengezuckt ist, dann aber keinen weiteren Wert mehr auf »Exzellenz« und »Hochwürdigster Herr« legte. »Wie der Herr ...«: in dieser Zeit hat sich mancher »Hochwürden« als patenter Mensch entpuppt.

Wilde Jahre sind es zuweilen ohne Zweifel in der Trierer Kirche gewesen, auch bis in die achtziger Jahre des vergangenen Jahrhunderts hinein. Oft hat Wolfgang Lentzen-Deis berichtet, der Bischof habe seinerzeit geradezu *Angst* gehabt, wenn er zu den Kaplänen gehen musste – heute hat ein Kaplan Angst, wenn er zum Bischof bestellt wird! In der Tat braucht man nur die Stichworte »Marienburger Kreis« oder »Imprimatur« zu nennen, um zu erkennen, was gemeint ist. Andere (wenige) haben die Ergebnisse des Konzils weder gebilligt noch praktiziert. Wir dürfen bei all dem nicht vergessen, dass aufgrund der spezifisch deutschen Vergangenheit der Begriff der Freiheit wie der Demokratie in der zweiten Hälfte des 20. Jahrhunderts alles und jedes deckte und legitimierte, was zur Diskussion stand! Dass es Bernhard Stein nicht an bischöflichem Selbstbewusstsein mangelte, soll übrigens in keiner Weise bezweifelt werden.

Wichtigste Signale sind in den siebziger Jahren seitens der Amtskirche an die Laien ergangen. Ihre Verantwortung für das Ganze mahnte man in besonderer Weise durch ein manchmal sehr ausgeklügeltes Rätesystem an. Wenn heute gelegentlich vom Unrätesystem gesprochen wird, so ist das eine ausgesprochene Verhöhnung des Zweiten Vaticanums, seiner Intentionen und seiner Theologie. Nicht vergessen werden soll, dass bereits vor 30 Jahren der damalige Regens des Bischöflichen Priesterseminars Anton Arens von der »kooperativen Pastoral« als der einzig möglichen der Zukunft gesprochen hat. Und nicht verschwiegen werden darf, dass die Diskussion um die »viri probati« im Trierischen trotz des Ärgers, den man Rom damit bereitete, bereits sehr weit vorangeschritten war – es sollen insgeheim Listen mit potentiellen Kandidaten kursiert sein. Jedoch muss man zugeben, dass die Anfänge und Wurzeln dieser Entwicklung vor das Konzil zurückreichen (Diakonat!). Die Zahl von ca. 200 laisierten Trierer Priestern in jenen Jahren hat die Diskussionsfreudigkeit nicht eben behindert, und auch die Würzburger Synode hat bekanntlich den Mund aufgemacht!

Wie soll man die Zeit von Bischof Hermann Josef Spital (1981–2001) und die allerjüngste Vergangenheit der Trierer Kirche unter Bischof Reinhard Marx (seit 2002) kennzeichnen? Die Zeit der Wölfe ist gottlob vorbei, wilde Zeiten scheinen uns auch nicht ins Haus zu stehen, sieht man einmal davon ab, dass einige prinzipiell oder punktuell wild werden oder auch rotsehen – übrigens in beiden Lagern (wenn man einmal so vereinfacht die Situation charakterisiert). Allen gemeinsam dürfte die Mitgliedschaft in einer nahezu totalen Tele-, Informations- und Massenkommunikationsgesellschaft sein, aus der man sich in nahezu mühseliger Weise ein Stück Individualität und christlicher wie Menschenwürde herausbrechen muss. Finanz- und Strukturdebatten halten uns in Atem. Regionaldekane fühlen sich »umstrukturiert«. Probleme der Globalisierung beschäftigen uns überraschenderweise weit mehr als etwa zu Beginn der Bolivien-Partnerschaft. Es wird immer noch herzhaft gestritten, wobei gleichzeitig ein lautloses Sich-

Zurückziehen festzustellen ist und viel Resignation und Ratlosigkeit um sich greifen. »Die Zeit ist aus den Fugen geraten«, stöhnen manche Unglückspropheten, vergessen aber hinzuzufügen: »Meine Zeit steht in Deinen Händen, nun kann ich ruhig sein in Dir ...«

Siebzig Jahre Trierer (Kirchen-)Geschichte – dem äußeren und oberflächlichen Anschein nach möglicherweise ein ungeordnetes Auf und Ab ohne Ziel und Zweck, geprägt von tiefen Nöten und Sorgen, die von außen wie von innen an die Gläubigen herantraten und -treten. Zweifel und Not beherrschten und charakterisierten nicht selten die kirchliche Situation.

Heitere Sorglosigkeit ob dieser Lage findet man eigentlich nur bei Heiligen (sie sind möglicherweise rar gesät). Heitere Gelassenheit ist vielleicht das Gebot der Stunde. Tief vom Evangelium geprägt und zugleich tief human sein, das könnte die Devise sein. Wenn wir mit dieser Einstellung mutig an die Zukunft gehen wollen, mag uns der Blick in die Vergangenheit nur eines lehren: Das kommende Jahrhundert kann kein Jahrhundert der »Wölfe« sein, es darf auch kein »wildes« Jahrhundert sein, sondern nur ein Jahrhundert des gläubigen, christlichen Zeugnisses des Einzelnen wie im Gesamt des Bistums Trier.

Der im April des Jahres 2004 erschienene fünfte Band der Trierer Bistumsgeschichte entfaltet die Kirchengeschichte der Jahre 1881 bis 1981. Auf dem Cover sehen wir bezeichnenderweise den brennenden Trierer Dom (1944), daneben das Christusbild (des Künstlers Reinhard Heß) der Heilig-Rock-Wallfahrt vom Jahre 1959. Gemessen an der Ausstrahlungskraft und der Farbgebung überstrahlt die Christusdarstellung gleichsam die Katastrophe. Das Bild des guten und menschenfreundlichen Gottes vermittelt, von ihm allein kommen Heil und Heilung. Das stets neue Staunen über ihn und sein Wirken in der Geschichte sollte man nie und nimmer verlernen. Ist es uns da gestattet zu sagen, der (Trierer) Kirche gehe es schlecht?!

I.
Katholisches Leben und Glauben im Umbruch – Die Jahre im Umkreis des Konzils

Wann endete das Mittelalter?
Streiflichter einer katholischen Kindheit in den fünfziger Jahren

Franz W. Niehl

Wann das Mittelalter zu Ende ging? – Ist das nicht längst geklärt? – Wohl kaum, denn selbst Historiker machen unterschiedliche Angebote. Die einen sagen: Mit dem Fall von Konstantinopel im Jahr 1453 wurde das Mittelalter beendet und die Frührenaissance begann. Andere widersprechen: Erst mit den großen Entdeckungen beginnt die Neuzeit. Und damit bietet sich die Expedition des Kolumbus im Jahr 1492 als Wendemarke an. Neuerdings wird auch dieses Datum noch kräftig überboten. Jacques Le Goff meint, die Renaissance sei ein sachfremdes Konstrukt der Historiker und keineswegs der Beginn der Neuzeit; diese setze ein mit der Aufklärung und der Französischen Revolution. Denn erst damit lösten sich mittelalterliche Denk- und Lebensformen auf.

So zeigt sich wieder einmal, wie problematisch Grenzziehungen in der Geschichte bleiben. Wo alles fließt, lässt sich nur schwer ein arithmetischer Punkt festlegen. Vor diesem Hintergrund hege ich seit langem den Verdacht, dass das Mittelalter in einigen kulturellen Milieus noch viel länger überwintern konnte. Vielleicht ging es, wenn man es recht bedenkt, erst in den sechziger Jahren des letzten Jahrhunderts endgültig zu Ende. (Wirklich endgültig?) Wie ich auf diesen merkwürdigen Gedanken verfalle? Nun, nach und nach habe ich entdeckt, dass ich mit kräftigen Ingredienzien des Mittelalters aufgewachsen bin.

Es begann schon mit unserer Pfarrkirche. Der Wendelsdom – genauer: die Basilika des heiligen Wendalinus in St. Wendel – ist eine dreischiffige gotische Hallenkirche aus dem 14. Jahrhundert. In dieser Kirche habe ich das liturgische Beten, Gottesdienste und Riten des katholischen Glaubens erlernt. Und dieser Raum – gekrönt von einer Wappenprozession, die Papst, Kaiser, König und Kurfürst vereint – schien mir in ungebrochenem Einklang mit jener Liturgie zu stehen, die ich darin erlebt habe. Dort war Gott nämlich Tag für Tag gegenwärtig. Das »ewige Licht« zeigte es an. Und wenn dieser Gott besonders intensiv gefeiert wurde, stimmte der Kirchenchor gregorianische Gesänge an.

Was ich damals noch nicht durchschaute, war eine dritte Säule aus dem Mittelalter: Der Katechismus, der für uns das ABC des Glaubens bereithielt, war nichts anderes als ein scholastisches Lehrbuch – ausgerichtet freilich für den Gebrauch der Kinder.

Damit war der katholische Dreiklang vollständig. Wir Katholiken haben in den fünfziger Jahren noch gotisch gebaut, gregorianisch gesungen und scholastisch gedacht. Habe ich also nicht lebendiges Mittelalter erlebt?
Dass diese Merkmale des katholischen Glaubens mehr waren als Folklore, zeigt vielleicht die folgende Episode. Es war im Herbst des Jahres 1958, am Christkönigsfest. In der Pfarrkirche St. Peter in Merzig kniet ein Dutzend frischgewaschener Jünglinge und in einer kleinen parasakramentalen Feier werden sie zu Rittern geweiht. Der Bund Neudeutschland, der diesen Ritus vollzieht, verleiht seinen Jungrittern zwar kein Schwert, kein Pferd und keine Sporen. Dennoch sind die Jünglinge ergriffen. Einer davon war ich.
Was ist damals geschehen? Aus dem Abstand von gut vier Jahrzehnten stellen sich doch einige Fragen. Warum erwärmen sich – nach dem Zweiten Weltkrieg und dem Holocaust – einige weltunerfahrene Knaben an einem mittelalterlichen Ideal? Tapferkeit, Reinheit, Wahrhaftigkeit. Oder werden sie erwärmt mit Leitbildern, die man in der Neuromantik für mittelalterlich hielt? Damals war uns das ein geringes Problem. Das Rittertum konnten wir mit leichter Ironie ertragen. (Übrigens: Von Burgfräulein war nur am Rande die Rede. Die Fiktion des Mittelalters war männlich.) Wieviel Zukunft hatten wir damals? Suchten wir vielleicht unsere Zukunft in der Vergangenheit? Und war es zu der Zeit eine allgemeine Verabredung des katholischen Milieus, dass die Vergangenheit besser war als die Gegenwart?

Die Allgegenwart des Katholischen

Will man halbwegs verstehen, worin die Stärke des damaligen Katholizismus lag, so lohnt es sich, seine integrative Kraft genauer zu betrachten. Das Leben in all seinen Facetten sollte durchtränkt sein vom katholischen Glauben und Denken. Ein wichtiges Element in dieser Komposition war die Lektüre. Betrachten wir einmal das Menü einer (klein-)bürgerlichen katholischen Familie. Es umfasste eine christliche Tageszeitung, das Bistumsblatt, den »Paulinus« sowie die »Stadt Gottes« und für die Jüngeren den »Jesusknaben«, die beiden zuletzt genannten jeweils Zeitschriften der Steyler Missionare. Zusätzlich gab es den »Mann in der Zeit«, der an Kirchentüren verkauft wurde. Von geringerem Gewicht waren der »Michaelskalender« und die »Sternsinger«. In einigen Familien kam der »Feuerreiter« als (recht langweilige) Illustrierte hinzu. Auch über diese Periodika hinaus gab es eine katholische Lesewelt: Legendensammlungen (»Am ewigen Brünnlein«), die Kinderbücher des Herder-Verlages (darunter die mehrbändigen Nonni-Erzählungen von Jon Svensson), die Spur-Bücher des Alsatia-Verlages. Für Jugendliche standen »Das Licht der Berge« von

Franz Weiser und die biographischen Romane von Louis de Wohl auf der Leseliste. Wenn man sie nicht besaß, bekam man diese Literatur im Borromäusverein.

Was diese Lesekultur bewirken konnte, hing mit einigen weiteren Faktoren eng zusammen: Bücher und Zeitschriften waren in den fünfziger Jahren wertvoller und weniger verbreitet als heute; das Fernsehen als Massenmedium gab es noch nicht. Daher hatten diese katholischen Schriften ein kaum bestrittenes Informationsmonopol in unserem Milieu. (Was hier aufgezählt wurde, war die positive Seite. In das katholische Haus kamen auf keinen Fall Schmutz und Schund und erst recht keines von jenen Büchern, die auf dem Index standen. Damit waren wesentliche Teile der Weltliteratur und fast alle wichtigen Werke der neueren Geistesgeschichte ausgeschlossen.)

Wie eng das Geflecht der katholischen Sozialisation war, zeigte sich besonders deutlich in der konfessionellen Volksschule. Hier waren Katholiken unter sich. In den ersten Schuljahren gab es vier Religionsstunden. Zwei erteilte der Pfarrer (Katechismus), zwei der Klassenlehrer (Bibel). Sonntags um 8.45 Uhr und dienstags und donnerstags um 7.00 Uhr war jeweils Schulmesse. (Alle Lehrkräfte und so gut wie alle Schülerinnen und Schüler nahmen daran teil.) Hinzu kam die Christenlehre am Sonntagnachmittag.

Ein weiterer Faktor war das starke katholische Vereinswesen. Kolpingfamilie, Pfarrjugend, Pfadfinder, ND und Heliand hatten einen hohen Mitgliederstand. Zusammen mit den Gottesdiensten ergab sich daraus ein dichtes kommunikatives und zeitliches Netz. So hatte ich mit 16 Jahren etwa folgenden Kirchenstundenplan: Sonntag 7.30 Uhr: Jugendmesse; Dienstagnachmittag: Gruppenstunde ND; Mittwoch 8.00 Uhr Schulmesse (des Staatl. Gymnasiums); Freitagabend: Glaubensstunde der Pfarrjugend; Samstag 6.30 Uhr Jugendmesse. Einmal monatlich: Beichte; Komplet.

Das waren natürlich nur die *regulären* Veranstaltungen. Dazu kamen Einkehrtage, Jugendwallfahrten, Wanderungen und Fahrten des ND und nicht zuletzt die Einsätze als Messdiener (alle vier bis sechs Wochen eine ganze Woche lang eine der Frühmessen dienen, Dienst bei Hochämtern und Prozessionen, ab und zu bei Beerdigungen, Taufen und Hochzeiten). Nimmt man das alles zusammen, so war der kirchliche Raum neben der Schule das stärkste Gliederungselement der Zeit.

Der katholische Glaube sollte keineswegs bloß ein Sektor des Lebens sein, sondern dessen Zentrum und Orientierungsmitte. Nicht zu vergessen ist dabei die Atmosphäre. Das Kirchenjahr mit seinen Festen bestimmte den Rhythmus, in dem die Familie lebte. Fronleichnam war nicht bloß ein arbeitsfreier Tag, sondern ein Festtag, für den das Haus herausgeputzt wurde – mit einem *Altärchen,* in dessen Mitte die Herz-Jesu-Figur, der Stolz meiner Großmutter.

Der heilige Mann und der magische Rest

Wer in diesem Klima der fünfziger Jahre als katholisches Kind aufwuchs, erlebte oft fließende Übergänge zwischen dem lieben Gott und dem Pfarrer. Wenn der geistliche Herr das prachtvolle Hochamt zelebrierte, gebot er über die Schar der Messdiener, sein Gesang war eingebettet in das vielstimmige Jubilieren des Kirchenchores und die Fahnen der katholischen Jugend deuteten die Wehrhaftigkeit der christlichen Phalanx an. Was war dieses Hochamt anderes als ein Abglanz der himmlischen Herrlichkeit, deren Pracht hier sinnenfällig wurde, kulminierend im großen Schlusssegen an Hochfesten, mit Monstranz, Weihrauch und Tedeum?

Zur Aura des Heiligen trugen noch weitere Elemente bei: die Ehrfurcht vor der Gegenwart Christi im Altarsakrament. Das Allerheiligste wurde *ausgestellt.* Und der erhabenste Augenblick in der Messe war die Wandlung. Auf den, der sie vollziehen konnte, fiel damit auch ein besonderer Schein der Gnade. Der geheimnisvolle Charakter seines Tuns wurde unterstrichen durch die heilige Sprache, die die meisten nicht verstehen konnten. Denn damals sprach Gott Lateinisch und die Kirche mit ihm. Als Messdiener hatten wir teil an dieser himmlischen Arkansprache: »Ad deum qui laetificat iuventutem meam ...« Staffelgebet und »Suscipiat« hoben uns heraus aus dem gläubigen Volk, das nur in kurzen Sätzen dem Priester lateinisch antwortete: »Et cum spiritu tuo – Deo gratias.«

Hinter diesem Glanz der Gottesdienste stand ein hoher Anspruch: Die Kirche verkündet in ihren Repräsentanten autoritativ das Wort Gottes. Predigt, Hirtenbriefe, Katechismusunterricht und Beichte waren markante Erscheinungsformen dieser Autorität. Dieser ausgeprägte Geltungsanspruch erschien jedoch den Amtsträgern wie den Gläubigen keineswegs als Willkür. Er wurde ausgeübt »um unseres Heiles willen«. Hinter der Autorität des Priesters stand nämlich die Autorität Gottes. Die Kirche war ja nicht nur im Besitz der Offenbarung – und damit im Besitz der unfehlbaren Wahrheit, die vom Papst authentisch verkündet wurde –, nein, sie verwaltete auch die Gnadenschätze und besaß so die Schlüssel zum Himmelreich. Damit diente sie dem obersten Ziel des christlichen Lebens: In den Himmel sollten wir kommen.

Bezeichnend für den magischen Charakter dieses Heilsdenkens waren auch merkwürdige Geschehnisse, die in meiner Erinnerung mit Dunkelheit und Trauer zusammenfließen. Am Vorabend des Allerseelentages oder am Allerseelentag selbst ging meine Mutter in die Kirche, obwohl kein Gottesdienst stattfand. Sie versank in andächtigem, stillem Gebet, bekreuzigte sich auch, verließ danach die Kirche, ging aber durch ein anderes Portal wieder hinein und verrichtete wiederum Gebete in derselben Art. Das wiederholte sie mehrfach. Andere Frauen und wenige Männer taten dasselbe. Nach und nach begriff ich, was da geschah. Meine Mutter *gewann* den Toties-quoties-Ablass für die Seelen der Verstorbenen aus unserer Familie. Und darüber hinaus noch einen Ablass für eine Seele, an die niemand denkt.

Die Idee war folgende: Wer gebeichtet hat und das Altarsakrament empfangen hat, kann am Allerseelentag einen vollkommenen Ablass gewinnen, wenn er bzw. sie drei Vaterunser, drei Avemaria und dreimal »Ehre sei dem Vater ...« in der Meinung des Heiligen Vaters betet. Dieser vollkommene Ablass wird einem Verstorbenen gewidmet und dem werden dann die zeitlichen Sündenstrafen erlassen, so dass er unmittelbar in den Himmel kommt.

Als Kind fand ich diese kaufmännische Grundstruktur des Glaubens äußerst praktisch. Stutzig wurde ich aber, als ich herausfand, dass meine Mutter diesen Ritus Jahr für Jahr vollzog und den ersten Ablass immer ihrem früh verstorbenen Vater widmete. Nach meiner naseweisen Kalkulation hätte dieser demnach schon 15 bis 20 mal im Himmel sein müssen. Doch meine Mutter ließ sich von arithmetischen Spitzfindigkeiten dieser Art nicht in ihrem Glauben anfechten und erwarb im nächsten Jahr wieder eine stattliche Zahl von Toties-quoties-Ablässen.

Zu diesem Heilsverständnis passte auch ein Usus, dessen Funktion mir erst Jahre später deutlich wurde: Während der ersten vier Messen am Sonntag konnte man bis zur Wandlung beichten. Vor allem Frauen nahmen diese Möglichkeit in Anspruch. Der Sinn dieser Merkwürdigkeit: Wenn Eheleute beim Beischlaf »den Kindersegen verhüteten«, galt das als schwere Sünde, und beide Partner waren dadurch vom Empfang des Altarsakraments ausgeschlossen. Wenn die Frau nun während der Messe beichtete, gab es bis zur Kommunion ja mit Sicherheit keine Gelegenheit zur Sünde und sie konnte würdig den Leib Christi empfangen.

Die dunkle Wolke der Unkeuschheit

Damit tritt ein Schatten in unseren Blick, der das heitere Bild der katholischen Kindheit stark getrübt hat: Der kirchliche Umgang mit Erotik und Sexualität. Schon auf uns Kinder konnte überall die Sünde der Unkeuschheit lauern. Bezeichnend ist eine Episode, die Klaus Stiller in seinem Roman »Das heilige Jahr« darstellt (Stiller, Klaus (1986), Das heilige Jahr, München, Kap. XV): Der Ich-Erzähler hatte als kleiner Junge nackt neben einem gleichaltrigen Mädchen im Gras gelegen und die beiden haben dabei ihre Körper mit den charakteristischen Unterschieden gründlich inspi-

ziert. Mit einem Getreidehalm streichelte der Junge das Mädchen und fuhr damit seinen Körper hinab bis zur Scheide. Dort bewegte er den Halm zwischen den kleinen Schamlippen hin und her. Wenige Jahre später wird der Junge im Beichtunterricht mit dem Sündenregister vertraut gemacht. Dort heißt es: Habe ich gesündigt durch unkeusche Blicke (schlechtes Theater, Kino), unkeusche Berührungen (an mir oder jemand anderem)? Habe ich Unkeusches getan (allein oder mit anderen) oder zugelassen?
Jetzt glaubt er zu entdecken, dass er seinerzeit eine Todsünde begangen hat. Das Fatale an seiner Situation: Er traut sich nicht, mit den Eltern darüber zu sprechen. Er müsste ja zugeben, dass er schwer gesündigt hat und vielleicht sogar ein Mädchen zur schweren Sünde verführt hat. Eher freudlos sieht er die erste Beichte kommen. Er bringt es nicht über sich, diese bedrückende Schuld zu bekennen. Er hat auch Angst, dass der Priester nachfragen könnte. Nach der Beichte bittet er Gott, dass er ihm auch ohne ausdrückliches Bekenntnis die Sünde verzeiht. Und mit diesem selbstgeknüpften Trostnetz geht er zur ersten heiligen Kommunion.
Dem Jungen wird aber bald klar, er hat nicht nur die schwere Sünde der Unkeuschheit auf sich geladen, er hat auch das Altarsakrament missbraucht, weil er unwürdig den Leib des Herrn empfangen hat. Und damit ist er erst recht im Stand der Todsünde. Er ist verworfen und muss neue Qualen ausstehen, wenn er das nächste Mal beichten soll.
Diese Geschichte scheint mir einige wesentliche Aspekte der katholischen Mentalität der damaligen Zeit widerzuspiegeln: Für den Jungen bleibt *Unkeuschheit* ein völlig diffuser Sachverhalt. Es hat etwas mit Mädchen, mit Sexualität und Nacktheit zu tun und es ist verboten. Das ist so gut wie alles, was wir damals wussten. So kam es etwa vor, dass ein Junge mit fünf Jahren lustvoll an seinem Glied gedrückt hatte, und im Beichtunterricht entwickelte er daraus die Last einer Todsünde. (Denn unkeusch sein konnte man ja allein oder mit andern.) Ein anderer hatte in einer Schublade seines älteren Bruders Fotos, die nackte Frauen zeigten, aufgestöbert und betrachtete sie ausgiebig mit einem Freund. Auch er beichtete, dass er Unkeusches angeschaut habe und zudem noch einen anderen zur Sünde der Unkeuschheit verführt habe.
Diese und andere Geschichten sagen viel aus über das Sündenverständnis. Sünde wurde als formale Übertretung betrachtet, genauer: als Übertretung eines Tabus. Es kam in der Beichterziehung kaum in den Blick, dass Schuld eine personale Dimension haben könnte, dass sie die Schädigung eines anderen oder die schwere Störung einer Beziehung meint. Derartige Umgangsformen mit der Sexualität waren eine Hypothek. Sie erschwerten jungen Leuten den Weg zu unverkrampften erotischen und sexuellen Beziehungen und belasteten viele Ehen.

Ich glaube noch genau zu wissen, was meinen Widerspruch zur kirchlichen Sexualethik geweckt hat. Es war im Winter 1961/62, ich war Student im ersten Studienjahr und die Pfarrei bot einen Vortrag eines Moraltheologen über die Empfängnisverhütung an. In einer längeren Darstellung empfahl dieser die Methode nach Knaus-Ogino. In der anschließenden Aussprache meldete sich ein Mann, den ich als aktives Gemeindemitglied kannte und der in seiner Redlichkeit auf mich sehr überzeugend wirkte. Er sagte, da seine Frau einen unregelmäßigen Zyklus habe, helfe ihnen die Methode Knaus-Ogino nicht. Nachdem der geistliche Referent sich eine Weile gewunden hatte, sagte er, wenn es partout mit der natürlichen Empfängnisverhütung nicht gehe, bleibe nur heroische Enthaltsamkeit.

An dieser Stelle wurde mir das intellektuelle Spiel verdächtig. Aufgrund seiner Interpretation des scholastischen Naturbegriffs legte ein Mann, der selbst nicht verheiratet war, einem anderen unerträgliche Lasten auf.

In derartigen Situationen und Diskussionen hat die katholische Kirche viel von ihrer Glaubwürdigkeit eingebüßt. Und wenn ich es recht sehe, hat sie sich von diesem Verlust bis heute nicht erholt.

Ein Sieg der Aufklärung?

Wenn es stimmt, dass Heimat dort ist, wo die Erinnerungen wohnen, dann sind wahrscheinlich noch viele von uns in den fünfziger Jahren und der entsprechenden Mentalität beheimatet. Wir wissen aber, dass das katholische Milieu die Stürme der Jahre zwischen 1965 und 1975 nicht überlebt hat. Verwundert reibt man sich im Rückblick manchmal die Augen und fragt sich: Wie war es möglich, dass ein soziales System, das so kraftstrotzend wirkte, in weniger als zwanzig Jahren zerfallen konnte?

Dazu gibt es inzwischen mehrere kluge soziologische Analysen. Vielleicht darf ich es hier bei vorwissenschaftlichen Deutungen belassen. Könnte es sein, dass der Katholizismus der fünfziger Jahre der späte Versuch war, ein mittelalterliches Lebensgefühl trotzig gegen den Geist der Moderne und damit gegen den Geist der Aufklärung zu setzen? Dann musste das ein Kampf gegen Windmühlen werden. Und vielleicht erwies sich dabei die Stärke sogar als eine Quelle des Untergangs. Denn systemanalytisch betrachtet, war es möglicherweise so: Weil der Katholizismus noch so stark war, glaubte er, den Dialog mit anderen Strömungen nicht zu brauchen. Er war sich selbst genug und war über weite Strecken autoreferentiell. Als dann die katholische Sonderwelt brüchig wurde, waren die kirchlichen Denk- und Lebensformen nicht anschlussfähig an jene Diskurse, die seit den 60er Jahren die entscheidenden Entwicklungen prägten.

Mit welchen Gefühlen können wir nun zurückschauen auf jenes Klima, das uns geprägt hat? Kann man stolz sein auf die geschilderte katholische Kindheit? Oder sollten wir eher mit Bedauern und Zorn auf das blicken, was uns zugemutet wurde?
Eine Antwort darauf muss jeder für sich selbst finden. Denn aus katholischen Kindheiten gab es unterschiedliche Ausgänge. Einige Altersgenossen haben neurotische Schädigungen als schwere Last mit ins Leben genommen und sich daran wund gearbeitet. Mit ihrem Kinderglauben ist auch ihr Glaube gestorben. Andere waren eher dankbar für die intensive Erlebniswelt und für die Gefühlsbildung, die die kirchlich geprägte Kindheit ihnen beschert hat. Und war es nicht doch ein Reichtum, dass ich mit mittelalterlich stilisierten Bildwelten und Denkformen aufwachsen durfte und dass ich mir – ausgestattet mit dieser Mitgift – den Weg in die Moderne mühsam erarbeiten musste?
Die Bewertung einer katholischen Kindheit wird also erst möglich, wenn man sich – in Anlehnung an Jean-Paul Sartre – fragt: »Was hast du aus dem gemacht, was die Verhältnisse damals aus dir gemacht haben?« Wer so fragen kann, hat wahrscheinlich gelernt, auch auf seinem Weg als Christ sich seines eigenen Verstandes ohne Leitung eines anderen gut und sicher zu bedienen. Und dann, erst dann ist das Mittelalter wirklich zu Ende.

Einige Erinnerungen an Wolfgang Lentzen-Deis

Helmut Weber

Im Jahre 1957 begegnete ich in Rom zum ersten Mal Wolfgang Lentzen-Deis. Seit diesem ersten Treffen haben sich unsere Lebenswege immer wieder gekreuzt. Im Folgenden möchte ich über persönliche Erinnerungen an Begegnungen mit ihm berichten – aus der gemeinsamen Studienzeit in Rom, aus seiner Zeit als Sekretär von Bischof Dr. Bernhard Stein sowie aus seiner Zeit als Dozent, Professor und Rektor der Theologischen Fakultät Trier.

Wolfgang Lentzen-Deis wurde 1937 in Bernkastel-Kues geboren. Er hatte zwei Brüder und eine Schwester. Der erste wurde Jesuit, der andere Kaplan in der Diözese Trier. Nach dem Abitur studierte Lentzen-Deis zunächst ein Semester Jura in Bonn, 1956 zog es ihn nach Trier ins Priesterseminar, wie seine beiden Brüder auch. Doch bereits nach einem Jahr hatte der damalige Regens für ihn entschieden, dass er zum Studium nach Rom ins Germanikum gehen sollte.

Dort im Germanikum – Pontificium Collegium Germanicum et Hungaricum – habe ich ihn im Oktober 1957 erstmals getroffen. Im Kolleg waren wir schon eine kleine Gruppe aus der Diözese Trier, zwei aus dem Saarland, einer vom Westerwald und ein Rheinländer. Nun kamen noch zwei weitere Seminaristen aus Trier hinzu, der eine aus der Eifel, der andere von der Mosel: Wolfgang Lentzen-Deis. Wir Älteren nahmen die beiden Jungen zunächst unter unsere Fittiche. Aber die Jungen waren sehr schnell flügge, flott und unbeschwert, vor allem Lentzen-Deis.

Die Neueingetretenen wurden mit dem roten Talar mit schwarzem Zingulum (Gürtelbinde der Soutane [Anm. d. Red.]) eingekleidet, für die Stadt zudem mit Hut und roter Scholastik (mantelähnlicher, ärmelloser Umhang [Anm. d. Red.]). Ferner erhielten sie für das Kolleg eine rote Domestik (Mantel). In der Kommunität gab es die Seperatio (Trennung) zwischen Philosophen und Theologen, die einen lebten in der Kammer »Stanislaus Kostka« und die anderen in der Kammer »Petrus und Paulus«. Im Kolleg waren nur Männer – die Priester, Alumnen, Brüder und die Diener (Famigliari) –, nicht eine weibliche Person. Jedoch wohnten einige Frauen auf dem Grundbesitz des Germanikums in San Pastore: Bice, die Frau des Verwalters Angelino Rossi, deren Tochter Lilla, die mit einem Lehrer verheiratet war, und ihr Kind, Maria-Theresia.

Im Germanikum lebten auch einige Jesuiten: der P. Rektor, der Minister, der Spiritual und mehrere Brüder aus der Gesellschaft Jesu. Spiritual war ein P. Wilhelm Klein, der 1889 in Traben-Trarbach an der Mosel geboren worden war, nur zwei Fußstunden von Bernkastel-Kues entfernt. Seine Familie, die zehn Kinder hatte, zog bald nach Trier. Dort besuchte er das Friedrich-Wilhelm-Gymnasium. Nach dem Abitur bewarb er sich um die Aufnahme ins Priesterseminar in Trier. Aber die Seminaroberen schickten den jungen Klein ins Germanikum nach Rom. Dort studierte er sieben Jahre (1907–1913) an der Päpstlichen Universität Gregoriana. 1912 wurde er in Rom zum Priester geweiht, 1913 kam er als Kaplan in die Pfarrei Dieblich an der unteren Mosel, jedoch nur für einige Monate. Denn in Rom hatte ihn der P. General der Jesuiten geheim in die Gesellschaft Jesu aufge-

nommen. Bereits im Herbst 1913 begann er sein Noviziat in der Gesellschaft Jesu. Im Ersten Weltkrieg wurde er als Feldgeistlicher und Divisionspfarrer schwer verwundet. Die Folgen der Verwundung, eine Verkrümmung des Rückens und eine Kopfverletzung, begleiteten ihn durch sein ganzes Leben. Er war zäh, sehr intelligent, klug, besonnen, selbstbeherrscht und weise bis ins hohe Alter von 106 Jahren.
Die Aufgaben des Spirituals lagen in der Leitung der geistlichen Übungen und der priesterlichen Lebensführung der Alumnen. P. Klein legte abends die »Punkte« für die morgendlichen Betrachtungen aus, leitete uns zu einer ignatianischen Prägung und Spiritualität des Alltags an, erklärte uns anschaulich und bildhaft die Hl. Schrift – die Psalmen, die Evangelien, Paulus, Johannes –, und machte uns vertraut mit den päpstlichen, kirchlichen und römischen Verhältnissen und Umständen. Die Erstjährigen besuchten am Sonntag den Spiritual für die Aussprache und geistliche Formung, ebenso wurde die wöchentliche Beichte von ihm oder einem anderen Beichtvater abgenommen.
Er war ein Mann von kleiner Gestalt mit einem überragenden, imponierenden Erfahrungsschatz. Er besaß Lebensweisheit, Kenntnis der Kirchenväter und verfügte über Humor und Mutterwitz. Wir haben viel von ihm gelernt, der Lentzen-Deis und ich.
Wie alle Erstjährigen studierte Lentzen-Deis Philosophie an der Gregoriana. Die Vorlesungen wurden noch in Latein gehalten. Montag- bis samstagvormittags fanden drei oder vier Vorlesungen statt, nachmittags zwei Repetitionen. Der Donnerstag war frei. Darüber hinaus wurde im Kolleg auch die italienische Sprache gelehrt sowie spirituelle Übungen jesuitischer Prägung.
Es wurde um 5.30 Uhr geweckt, am Sonntag um 6.00 Uhr. Der Bidell begrüßte jeden mit dem Gruß »Deo gratias et Mariae«, und der Geweckte gab die gleichen Worte zurück. Daraufhin sagte der Bidell »Laudetur Jesus Christus« und der Alumnus erwiderte den Gruß. Es folgten das Morgengebet, die Betrachtung, die Messe und das Frühstück im silentium religiosum. Dann durfte man miteinander reden. Der Germaniker packte die Bücher für die Gregoriana in seine Tasche und holte einen Mitbruder für die *Schule*. Die Vorlesungen dauerten bis zum Mittag.
Das Mittagessen wurde im Refektorium schweigend eingenommen. Sonntags eröffnete der P. Rektor das Mittagessen mit dem »Deo gratias«. Während des Essens las ein Lektor einen kurzen Abschnitt aus dem Alten oder Neuen Testament und einem geistlichen oder profanen Buch vor. Zum Schluss wurde das Martyrologium vom Tag vorgelesen. Nach dem Mittagessen wurde für die abwesenden Brüder »in vinea Domini« (im Weinberg des Herrn) ein kurzes Gebet in der Kirche gesprochen. Es folgte

eine halbe Stunde Rekreation, in der man miteinander sprach. Von 14.00 Uhr bis 19.20 Uhr war im Hause Stille. Die Erstjährigen und die übrigen Alumnen beteten das Offiz (Officium parvum Beatae Mariae Virginis) die Vesper und die Komplet (nachmittags!). Dann war eine Andacht in der Kirche. Um 19.45 Uhr wurde schweigend zu Abend gegessen. Danach war die Rekreation eine halbe Stunde bis 21.00 Uhr, dann sangen alle ein Marienlied und knieten nieder zum Segen. Schließlich folgten eine viertel Stunde lang die *Punkte* und die Gewissenserforschung und das private Abendgebet. Ab 22.00 Uhr wurde das Licht gelöscht, bis zum Morgen dauerte das silentium religiosum. Am vorlesungsfreien Donnerstag beteten die Alumnen das Offiz: morgens die Prim und die kleinen Horen und nachmittags Vesper und Komplet. Täglich wurde ein Rosenkranz gebetet. In den Rekreationen redeten sich die Germaniker mit »Herr« und »Sie« an, die Freunde heimlich mit »Du«. Bei der diözesanen Rekreation am Sonntagabend redeten sich die Diözesanen ebenfalls mit »Du« an.
Die Erstjährigen besichtigten die römischen Sehenswürdigkeiten und die ungezählten Kirchen von Rom. Montagnachmittags und donnerstagvormittags und -nachmittags gingen sie in die Stadt oder in die nähere Umgebung. Am Donnerstag aß man um 12.45 Uhr in St. Stefano, in einem alten Refektorium, eine halbe Stunde vom Kolleg entfernt. Für Ausflüge hatte man einen freien Tag im Monat, meistens den Donnerstag. Es mussten sich dazu mindestens drei Alumnen zusammenschließen.
Die Sommerferien verbrachten wir vor allem in San Pastore, der Ferienvilla des Germanikums. Sie liegt etwa 30 Kilometer südöstlich von Rom in der Nähe von Palestrina. Die Erstjährigen fuhren erstmals Ende Juni in die Ferien nach San Pastore. Der Palazzo, die Kirche und das Refektorium lagen zwischen hohen Bäumen. Zum Gut gehörten auch mehrere Hektar Land mit Feldern und Olivenbäumen, rechts und links neben der Via Prenestina. Es gab auch einen Sportplatz und ein Bad – die Piscina! In der Freizeit spielten wir Theater und Fußball oder Volleyball und schwammen und tummelten uns in der Piscina. Auch in den Ferien wurden wir morgens um 6.00 Uhr geweckt; um 22.00 Uhr wurde das Licht gelöscht.
Die Erstjährigen wohnten im vierten Stock. Von der Terrasse aus sah man im Westen Rom, ganz fern schimmerten die Kuppel von St. Peter und das Meer. Im Osten waren Guadagnolo und die Prenestinerberge zu sehen. In der näheren Umgebung lagen drei Ortschaften bei San Pastore: Gallicano, etwa 15 Minuten Fußweg entfernt; Zagarolo, das durch die Schlucht in etwa 45 Minuten zu erreichen war, und das sieben Kilometer entfernte Palestrina. In der weiteren Umgebung gab es zwei Marienwallfahrtsorte, einer in den Bergen und einer in der Ebene: Mentorella (Santuario Madre della grazie) bei Guadagnolo und Genazzano (Mutter des guten Rates) bei Palestrina.

Eines Tages, Ende April 1959, machten wir einen Ausflug zum Monte Autore in der Nähe von Subiaco. Schon früher war ich drei- oder viermal auf dem Autore gewesen, von wo aus der Santuario di Santissima Trinità zu sehen ist. Es war eine Gruppe von etwa sieben »alumni«, zu der auch Karl Lehmann und ich gehörten. Früh am Morgen waren wir schon aus dem Kolleg zum Busbahnhof gefahren, um mit der Corriera (Bus) über Tivoli nach Subiaco zu fahren. In Subiaco angekommen, wanderten wir zunächst zum Fuß des Berges. Wir rollten die Talare ein und packten sie zu einem Bündel für den Rucksack. Über eine Straße ging es in weiten Serpentinen den Berg hinauf, bis wir das Bergplateau erreichten, wo die Straße endete. Wir gingen in östlicher Richtung weiter, um den Steig zu wählen, wo man die Santuario di Santissima Trinità und den Monte Autore sieht. Bis zum Gipfel benötigt man zirka eineinhalb Stunden. Zunächst liefen wir durch einen Wald, bis der Weg sich gabelte. Wir wählten den rechten Weg, in der Hoffnung, bald ins Freie zu kommen. Die Stunde wurde länger und länger. Es wurde elf, es wurde zwölf, es wurde eins. Wir befanden uns plötzlich in einem Tal, das nach unten führte. Dort beratschlagten wir, ob wir dem Weg weiter folgen sollten. Nach drei Stunden lichtete sich der Wald. Dann sagten wir: »Deus, qui nobis hodie *montem Auctorem* invenire non concedisti, fac, ut Te *auctorem montium* quotidie facilius inveniamus.« (Gott, der Du uns heute den Monte Autore nicht finden ließest, gib, dass wir täglich leichter zu Dir, dem Erschaffer der Berge, finden.) Schließlich erblickten wir müden Wanderer in der Ferne ein Dorf. Wir liefen eilends zu den ersten Häusern der Ortschaft und fragten nach dem Ortsnamen. Das Dorf hieß Camerata Nuova. Wir staunten und wunderten uns sehr, wo wir gelandet waren. Statt am Monte Autore nach Osten zu gehen, wie wir dachten, waren wir nach Nordwesten gewandert und dabei anscheinend unversehens am Monte Autore vorbeigelaufen. Während Lentzen-Deis und die anderen über die Route sehr erstaunt waren, war ich als Bergführer äußerst zerknirscht.

Im Herbst des gleichen Jahres unternahm eine Gruppe von Germanikern erneut den Versuch, den Monte Autore zu besteigen. Der Ausflugsführer war Gisbert Greshake; auch Lentzen-Deis und ich gehörten dazu. In Rom wurden wir um 4.00 Uhr geweckt. Mit dem Bus fuhren wir über Tivoli nach Subiaco. Dort zelebrierte ich mit der Gruppe im Dom. Anschließend ging es um 9.00 Uhr mit einem Bus von Subiaco bis zu der Stelle unterhalb des Bergplateaus, wo die Straße endete. Schließlich erreichten wir um 12.00 Uhr den Gipfel des Monte Autore. Eine halbe Stunde rasteten wir auf dem Gipfel mit einer sehr schönen Aussicht. Beim Abstieg kamen wir auch zu der Kapelle, dem Santuario di Santissima Trinità. Gegen 19.00 Uhr waren wir wieder in Rom. Damit ging der zweite gemeinsame Ausflug

zum Monte Autore und der Kirche Santuario di Santissima Trinità erfolgreich zu Ende.
Im zweiten Jahr des Philosophiestudiums legte Lentzen-Deis sein philosophisches Examen ab. Jetzt begann für ihn das theologische Studium, während ich in der Moraltheologie promovierte und dabei war, meine These zu formulieren. Da es noch keine Kopierer und Computer gab, musste ich das Konzept und die Anmerkungen mit der Schreibmaschine schreiben. Es war schon mühsam mit den sechs Blättern und den blauen Durchschlagpapieren. Manchmal kam Lentzen-Deis in seiner Freizeit, um mir zu diktieren. Wenn das Farbband zu Ende war, rollte es sich wieder neu auf. Dabei blieb eine Lücke von mehreren Buchstaben mit weniger Farbe. Dann sagte Lentzen-Deis immer: »Jetzt kommt der Lumpen.« Dann hatten die Buchstaben wieder volle Farbe. Schließlich war ich mit meiner Doktorthese fertig. Zum Dank ging ich mit Lentzen-Deis nach Genazzano zur »Mutter des guten Rates«.

Bischofskaplan bei Bischof Dr. Bernhard Stein

Nach seinem Studium der Philosophie, der Theologie und der Promotion in Rom (1957–1966) wurde Lentzen-Deis 1966 Kaplan in Neunkirchen/Saar. Doch schon 1967 berief ihn der damalige Bischof Dr. Bernhard Stein zu seinem Bischöflichen Kaplan und Sekretär. Diese Aufgabe nahm er bis 1981 wahr.
Bischof Stein war aus der Diözese Trier P. Klein nach Rom ins Germanikum gefolgt. Dort studierte er von 1923 bis 1930. Von 1940 bis 1944 war er Professor für neutestamentliche Exegese im Priesterseminar Trier. Am 5. November 1944 wurde er während eines Fliegerangriffs auf Trier in der Ostkrypta des Doms zum Weihbischof geweiht. Nach dem Tod von Bischof Wehr wurde er 1967 zum Bischof von Trier gewählt. Lentzen-Deis war sein erster und einziger Sekretär.
Inzwischen war auch ich nach fünf Jahren in römischer Umgebung nach Trier zurückgekehrt. Seit 1965 lehrte ich Moraltheologie an der Theologischen Fakultät. Während ich gerne vor allem im Hochwald und an der Mosel wanderte, begleitete Lentzen-Deis häufig Bischof Stein bei seinen Spaziergängen in der Eifel. Manchmal bin ich mit ihnen gemeinsam gewandert.
So auch im Februar 1977. Mit zwei Autos fuhren wir mit dem Bischof und seinem Bruder, P. Stein SJ, und einem befreundeten Arzt in die Eifel. Der Bischof und sein Bruder fuhren nach Martental, um an dem Flüsschen Endert zu angeln. Wir fuhren weiter nach Daun, um von dort über Ulmen

nach Martental zu wandern. Dort trafen wir wieder den Bischof und seinen Bruder, die beim Angeln leider keinen Erfolg gehabt hatten. Am Abend gingen wir gemeinsam in ein Gasthaus in Ulmen essen.
Ein andermal, im Januar 1978, fuhr Lentzen-Deis mit mir und einem Domvikar mit dem Auto nach Kordel, um von dort nach St. Thomas in der Eifel zu wandern. Schon nach drei Dörfern waren zwei der drei Wanderer so müde, dass wir mit dem Zug von Hüttingen nach Kyllburg fuhren. Kleinlaut marschierten wir von dort zu Fuß weiter. In St. Thomas warteten der Bischof und sein Bruder gespannt auf das müde Kleeblatt.
Seitdem ich 1979 Rektor der Theologischen Fakultät wurde, gab es viele Anlässe und Gelegenheiten, sich mit dem Bischöflichen Kaplan zu treffen, um über Angelegenheiten der Fakultät zu sprechen. Lentzen-Deis hat dem Bischof nicht nur als Kaplan assistiert, sondern ihn auch bei der Lösung von heiklen Dingen tatkräftig unterstützt. So stand die wichtige Frage an, ob die Theologische Fakultät in die Universität integriert oder weiterhin selbstständig bleiben sollte. Die Studienkongregation in Rom und das Land Rheinland-Pfalz waren aus unterschiedlichen Gründen gegen eine Integrierung. Die Professoren der Fakultät sprachen sich für eine Integrierung in die Universität aus. Da der Bischof nicht grundsätzlich dagegen war, half Lentzen-Deis die auf verschiedenen Seiten bestehenden Bedenken und Widerstände abzubauen, so dass die Fakultät später eigene Räumlichkeiten an der Universität erhielt.
In der Zeit meines Rektorats erlebte ich Lentzen-Deis als einen ehrlichen Makler zwischen dem Bischof als dem Magnus Cancellarius der Fakultät und den Anliegen der Professoren.

Dozent, Professor und Rektor der Theologischen Fakultät Trier

Noch während seiner Zeit als Bischöflicher Kaplan studierte Lentzen-Deis von 1975 bis 1977 an der Universität Trier Philosophie bei Prof. Dr. Hinske. Nach seinem 1. Staatsexamen 1977 war er von 1980 bis 1982 Studienreferendar am Staatlichen Studienseminar für Gymnasien in Trier. 1982 legte er das 2. Staatsexamen für Katholische Religion und Philosophie mit der Note »sehr gut« ab. Anschließend unterrichtete er am Friedrich-Wilhelm-Gymnasium in Trier, das schon Wilhelm Klein und Bernhard Stein als Schüler besuchten.
Im Jahre 1983 wählte die Fakultät Lentzen-Deis zum Ständigen Lehrbeauftragen und Dozenten für Katholische Religionspädagogik mit Katechetik. In den Jahren danach arbeitete er an seiner Habilitationsschrift. Im Jahre

1991 wurde er in Bonn habilitiert und in Trier Professor. Unsere gemeinsame Lehrtätigkeit an der Fakultät nutzten wir dazu, zwei interdisziplinäre Seminarveranstaltungen durchzuführen, bei denen die Themen aus religionspädagogischer und zugleich moraltheologischer Sicht beleuchtet und diskutiert wurden.
Von 1995 bis 2003 wurde Lentzen-Deis zum Rektor der Theologischen Fakultät gewählt. Er war es daher auch, der mich bei meiner Emeritierung als Professor für Moraltheologie verabschiedete. Als ich meine Vorlesungszeit beendete, kam er zu mir und sagte: »Es ist Zeit für dich.« Und ich sagte zu ihm: »Ich war im Germanikum Zeremoniär und Präfekt und in Trier Professor und Rektor. Du warst im Germanikum Magister caeremoniarum und Philosophenpräfekt und in Trier Professor und Rektor. Du bist auch 15 Jahre in der bischöflichen Hierarchie gewesen!«
Bei meiner Abschiedsvorlesung in der Promotionsaula des Bischöflichen Priesterseminars im Juli 1997 dachte ich bei mir: Wieder kreuzen sich unsere Lebenswege. Als Rektor habe ich ihn in den Vorlesungsraum eingeführt, nun werde ich von ihm als dem Rektor der Theologischen Fakultät verabschiedet. Ich sagte zu mir: »Ich wurde Domkapitular, aber wer weiß, wenn der Bischof oder das Domkapitel dem Lentzen-Deis einen Orden verleihen oder Rom ihn zum päpstlichen Prälaten ernennen würde oder wenigstens zu einem Monsignore ...«

Als junger Germaniker beim Konzil

Nikolaus Wyrwoll

Mit Wolfgang Lentzen-Deis bin ich im Oktober 1957 ins Collegium Germanicum et Hungaricum in Rom gekommen, wir haben am 7. Oktober 1962 mit sechzehn anderen Diakonen vor dem Altar der Priesterweihe lang ausgestreckt auf dem Boden gelegen, 1963 bzw. 1964 waren wir Philosophen-Präfekt im Kolleg, um die Jahreswende 1965–1966 haben wir unsere Promotionen abgeschlossen und unseren Dienst in unseren Bistümern aufgenommen, ich in Hildesheim. Also, wir beide sind vorkonziliare Priester! Am 7. Oktober geweiht, am 11. Oktober 1962 begann das Konzil.

Wir haben das Konzil intensiv mitleben können. Viele Konzilsväter und Konzilsberater wohnten bei uns im Germanicum-Hungaricum, allen voran der Altgermaniker Kardinal Julius Döpfner. Nach dem Abendessen hatten wir Recollectio, Freizeit bis zum Beginn des Stillschweigens um 21 Uhr und dem Vortrag unseres Pater Spiritual Wilhelm Klein SJ (auch ein Trierer Germaniker) über die liturgischen Texte des folgenden Tages.
In diese Freizeit lud P. Rektor immer wieder Konzilsteilnehmer ein, sie berichteten uns von den großen Themen. Und P. Spiritual griff manches auf und zeigte uns die großen Zusammenhänge mit der Tradition.
Wir als junge Studenten und junge Priester fanden faszinierend, dass die in kleinen Kreisen vorbereiteten Dokumente auf den Vollversammlungen der Konzilsväter verworfen und ganz neue Dokumente erarbeitet wurden. Aber wir wunderten uns darüber, welche nach unserer Meinung überholten und unmodernen Papiere vorbereitet worden waren. Was dann in der Konzilsaula erarbeitet wurde, entsprach dem, was wir in den sechs Jahren vor Konzilsbeginn und in den weiteren Vorlesungen in den vier Konzilsjahren 1962 bis 1965 in unserer Universität Gregoriana gehört haben und in unseren wissenschaftlichen Zirkeln im Germanicum-Hungaricum bearbeiteten.
Es entsprach auch der lebendigen Liturgie, die wir im Kolleg feierten oder in anderen Kollegien in Rom miterlebten. Ich empfand das Konzil keineswegs als Bruch, sondern als Zusammenfassung des Lebens der weltweiten (= griech.: katholischen) Kirche. In vielen *Auslandsreisen* im Obus oder mit der Straßenbahn in die Kollegien der vielen Nationen und Orden in der Stadt Rom hatten wir ja eine unendliche Fülle von Pflanzen kennen gelernt, die aus dem Samen des Evangeliums gewachsen waren, eine viel buntere Ökumene in all den gewaltigen Unterschieden zwischen den Theologiestudenten und Priesteramtskandidaten aus den fünf Erdteilen, viel unterschiedlicher als wir zu Hause in Deutschland die Ansätze der ökumenischen Kontakte mit unseren deutschen andersgläubigen Christen erlebten. Einhundertsechzig Beobachter aus den verschiedenen christlichen Konfessionen waren auf dem Konzil vertreten, viele von ihnen hielten uns auch in unserer Abendfreizeit Vorträge, wir erlebten sie nicht so andersartig, nicht andersartiger als so manche Katholiken aus fernen Erdteilen.
Wir freuten uns, dass so viele unterschiedliche Bischöfe in der Konzilsaula doch zu gemeinsamen Aussagen kamen und dass diese Aussagen offen waren für eine durchaus unterschiedliche Verwirklichung in unterschiedlichen Kulturen.
Wie unsere Gregoriana-Theologie vor dem Konzil beschaffen war, zeigt vielleicht am hellsten ein kleines Ereignis fast fünfunddreißig Jahre später, am 31. Oktober 1999. Eine Woche lang um den Tag der Unterzeichnung

der Gemeinsamen Erklärung der Katholischen Kirche und des Lutherischen Weltbundes zur Rechtfertigung in der Stadt Augsburg, war eine Gruppe von lutherischen Superintendenten (Dekanen) aus der Landeskirche Hannovers mit mir in Rom zu Gesprächen mit den Ämtern des Vatikans und der Ordenszentralen. Die Dekane fragten natürlich manchen Gesprächspartner nach seiner Meinung zum Ereignis in Augsburg, auch den Altgermaniker Erzbischof Georg Zur, damals Präsident der Vatikanischen Diplomaten-Akademie (im Kolleg 1949–1957). Der Erzbischof rieb verlegen die Hände: »Ja, ich muss mich wohl entschuldigen bei Ihnen, liebe lutherische Brüder, dass ich die Gemeinsame Erklärung nicht so aufregend finde, wie es sich vielleicht gehört, aber ich habe vor fünfzig Jahren an der Päpstlichen Universität Gregoriana studiert, und da hat man uns gelehrt, dass in der Lehre von der Rechtfertigung eigentlich kein Unterschied zwischen Katholiken und Lutheranern besteht.«

Wir erlebten eine weltweite Katholizität in jenen römischen Jahren, eine herrliche Öffnung nach den Gymnasialjahren in Deutschland mit all seinem Gesetzesfetischismus. Zwanzig Jahre später las ich bei Nikolaus Lobkowicz (Was brachte uns das Konzil?, 52): »alle großen ideologischen Übel der Jetztzeit haben ihren Ursprung in unserem unseligen Deutschland.«

In meinen römischen Jahren (und heute) hielt ich mich (und Wolfgang Lentzen-Deis) für konservativ, und war in den ersten Kaplansjahren überrascht, dass die Gläubigen im Vergleich zu *einheimischen* Priestern meine Offenheit und Freiheit in Glaubens- und Lebensfragen bestaunten. Ich habe dann erzählt von den Beichtpraktika im Kolleg mit dem berühmten Kirchenrechtsprofessor der Gregoriana, dem Jesuitenpater Bertram. Einer von uns Diakonen musste nach oben und den Beichtvater spielen, P. Bertram *beichtete* und er und alle beurteilten dann die Reaktionen des *Beichtvaters*. P. Bertram begann jede Praktikumsstunde nach dem Gebet mit dem stereotypen Hinweis: »Meine Herren, studieren Sie Kirchenrecht, Sie wissen gar nicht, was alles erlaubt ist.«

Das Zweite Vatikanische Konzil war das erste ökumenische Konzil, wenn wir das Wort Ökumene in seiner ursprünglichen griechischen Bedeutung nehmen, als »die bewohnte«, nämlich »Erde«. Auch am Ersten Vatikanischen Konzil 1870 waren schon 750 Bischöfe aus allen Erdteilen, aber sie waren alle in Europa geboren oder ausgebildet worden. 1962–1965 waren viele Bischöfe zum ersten Mal in Rom, gaben eine erdenrunde ökumenische Bestätigung des schöpferischen Einheitsauftrages des Bischofs von Rom – und diesmal, ohne dass 10 Prozent der Konzilsväter die Aula vor der Abstimmung verließen wie 1870.

Wir spürten fasziniert, dass Wahrheit nicht durch Mehrheiten geschaffen wird, sondern dass die Einstimmigkeit so vieler Bischöfe so unterschiedlicher Herkunft, so unterschiedlicher Bildungsform, so unterschiedlicher Temperamente ein Zeichen dafür ist, dass sie von dem sprechen, was sie nicht selbst erfunden, sondern was sie gefunden haben. Die Beschlüsse des Konzils hatten nicht den Charakter einer Abstimmung, sondern eines Zeugnisses.

Vor dem Konzil hätten wir auf die Frage »Welches ist der größte ökumenische Zusammenschluss von Christen?« wohl spontan geantwortet: der Weltrat der Christen in Genf. In Rom wurde uns bewusst, dass zwei Drittel der Christen im *Weltrat der Christen in Rom* sind, in einer dichten Einheit in der Vielfalt, Kirchen, die seit 2000 Jahren christlich und katholisch sind und andere, die vor zwanzig Jahren den Glauben an Christus angenommen haben.

Wieder mit einem Wort von heute (Ratzinger in der FAZ 22.12.2000, 46), was wir damals erlebten: die katholische Kirche ist eben keine Konfession, sondern eine Communio von Kirchen. Ich finde schön, dass das, was wir »versöhnte Verschiedenheit« nennen, in anderen Sprachen das Konzil mit erwähnt: diversità riconciliata, reconciled diversity, diversité reconciliée ...

Später hörten wir Papst Paul VI. bei seinem achtzigsten Geburtstag Dante zitieren. Im »Fegefeuer« im 32. Gesang sagt Beatrice zu Dante: »Hier wirst du Fremdling sein für kurze Frist, und wirst mit mir einst ewig Bürger bleiben in jenem Rom, wo Christus Römer ist.« Qui sarai tu poco tempo silvano e sarai meco senza fine cive di quella Romaonde Cristo è Romano. »Verstanden habe ich Dante nicht«, sagte Paul VI., aber »ich bin heute leidenschaftlich darum bemüht, das Geheimnis zu bedenken und zu begreifen, das sich nur schwer verstehen und schwer leben lässt: warum, wie Dante sagt, Christus ein Römer ist. Als einziges Vermächtnis, das ich euch Römern hinterlassen kann, empfehle ich euch, mit liebevollem und unerschöpflichem Interesse euer ›Rom-Bewusstsein‹ zu vertiefen, ob ihr nun gebürtige Römer seid oder euch nur für einige Zeit hier aufhaltet und Gastfreundschaft genießt.«

Rom-Bewusstsein

Das fängt schon an auf der kleinen Tiberinsel, die vielleicht die allerälteste Keimzelle der Stadt Rom ist. Wie heißt in diesem kleinen Römerlager zwischen den beiden Tiberarmen das wichtigste Amt? Pontifex – Brückenbauer. Die beiden Brücken mussten ständig perfekt sein, vom Brückenzoll lebte die Gemeinschaft, von der Kommunikation, dem Weg, der Bewegung, den vielen, die durchzogen.

Der Gemeinschaft musste ein Anliegen sein, dass jeder seinen Weg findet, sie trug bei, dass er zu seinem Ziel gelangt. Wie gut, dass die Bezeichnung Brückenbauer – Pontifex auf den Kaiser überging und im 2. Jahrtausend auf alle Bischöfe.

Paul VI. sagte: »Das ›Rom-Bewusstsein‹ hat die Kraft, in allen, die es sich aneignen, den Sinn für einen universellen Humanismus zu wecken, der nicht einfach Ausfluss klassischer Überlieferung ist, sondern Ausfluss christlicher und katholischer Lebenskraft. Der Wunsch erstreckt sich noch weiter. Mögen alle Gläubigen der heiligen Kirche und auch jene, die einen echten ökumenischen Geist atmen, in Glaube und Liebe sich mit vollem Recht die weniger juridischc als vielmehr religiöse Bezeichnung aneignen, die dem Hl. Paulus zuteil wurde: Dieser Mann ist ein römischer Bürger. (Apg 22, 26)«

So erlebe ich Wolfgang Lentzen-Deis als römischen Bürger.

In den vorsichtigen Formulierungen des Konzils, in dem Verzicht auf Verurteilungen, im Relativieren einer Aussage des Hauptsatzes durch einen Nebensatz wird deutlich, dass in einer so unterschiedlich strukturierten erdumfassenden Kirche die Einheit nicht mehr um Papiere und Wörter konstruiert werden kann. Zwischen den katholischen Kirchen bleibt die Einheit und wächst – um einen Menschen, um den Papst, den Stellvertreter Christi. Um einen betenden Menschen, der Vorsteher der Eucharistiefeier ist, für den wir in jeder Eucharistiefeier beten.

Vor dem Konzil hielt ich manches an der katholischen Marienverehrung für übertrieben, nach dem Konzil habe ich es begeistert akzeptiert. Erst jetzt verstehe ich, dass es sich nicht um fromme Übertreibungen handelte, sondern um Wahrheiten, die mehr denn je gültig sind.

Gerade in meiner Tätigkeit für die Einheit der Christen ist mir deutlich geworden, dass Maria und die Kirche nicht ein Hindernis, sondern die Voraussetzung für die Einheit der Christen sind. Ich habe es manchmal überspitzt formuliert: Maria ist das Protestantischste an der ganzen katholischen Theologie. Alles an ihr ist reine Gnade. Das Dogma der Jungfräulichkeit und das Dogma der Unbefleckten Empfängnis schließen jede Werkgerechtigkeit aus. »Nicht der Priester ist der erste in der Kirche, sondern der Heilige.«

Aufbruch zum Konzil. Was bewegte uns in der Zeit der Studienjahre von Wolfgang Lentzen-Deis?

Wilhelm Breuning

Auf dem Weg zum Konzil

Der Jubilar, dem diese Festschrift gewidmet ist, war gerade zwölf Jahre alt, als wir uns zum ersten Mal begegneten. Ich begann meine priesterliche Tätigkeit als Kaplan in der Moselpfarrei, in der er heranwuchs. Es war immerhin auch der Heimatort des großen Philosophen, Theologen und kirchenpolitisch so bedeutsamen Kardinals Nikolaus von Kues. In der Kapelle des Stiftes, das dieser gegründet hatte, feierten wir unsere Schulmesse. Zwei Jahre nur war ich Religionslehrer von Wolfgang Lentzen-Deis an dem damals kleinen Gymnasium, in dem der Name des großen Kusaners nicht nur pflichtgemäß genannt, sondern auch ein Interesse für ihn geweckt wurde. Es war eine Zeit, in der die Bedeutung dieses Mannes in vielfältigen, in Spannung zueinander stehenden Forschungen neu ins Bewusstsein gerückt wurde. In seiner Habilitationsschrift von 1991 stellt Wolfgang Lentzen-Deis kurz fest: »Viele seiner Ideen und Einsichten wirkten über seine Zeit und die unmittelbare Nachwelt hinaus; sie scheinen in ihrer Tragweite erst heute erfaßt werden zu können.« (Lentzen-Deis 1991, 18) Es wäre für einen Landsmann des großen Kusaners, der im Priesterberuf und der Theologie sein Studienziel erkannte, verwunderlich, wenn die Begegnung mit Nikolaus, den man in Kues in geradezu sinnenfälliger Weise erleben konnte, nicht zu einer eindringlichen theologischen Arbeit an seiner Vermittlung geführt hätte. Die erwähnte Habilitationsschrift liefert die Bestätigung. Wenn damit das Lokalkolorit der Heimat als prägender Herkunft in den Blick gerückt wird, darf eine Würdigung des – gleichfalls – Moselländers nicht fehlen, der in der Aufbruchzeit, in die die Jugendjahre des Jubilars hineinführen, uns die theologische Bedeutung des Nikolaus von Kues erschlossen hat: Rudolf Haubst hat Nikolaus als Wegbereiter für den Aufbruch der Glaubenserschließung in unsere Zeit hinein fruchtbar gemacht. Faszinierend ist, wie der Kusaner bezeugt, dass das Mittelalter keine Epoche ist, die man vergessen kann. Als einer seiner kraftvollen Vollender steht er an der Schwelle der Epoche, die wir (noch immer) »Neuzeit« nennen.

Wir haben auch die Zeit um 1950 – ähnlich der Zeit des Nikolaus – »Aufbruchzeit« genannt. Sie sei in diesem Beitrag in ihrer theologischen Relevanz für die Kirche in den Blick gerückt. Denn wenn eine Zeit lebendig ist, prägt sie den, der an ihr teilnimmt. War es eine lebendige Zeit? Interessanterweise fällt für Wolfgang Lentzen-Deis die Erreichung des Studienziels zusammen mit dem Beginn eines kirchen-, ja weltgeschichtlichen Jahrhundertereignisses. Am 7. Oktober 1962 wurde er in Rom in der Kirche San Ignazio zum Priester geweiht. Vier Tage später, am 11. Oktober, eröffnete Johannes XXIII. das Zweite Vaticanum. In einer landläufigen Betrachtungsweise wird das Konzil als der Wendepunkt für Veränderungen angesehen. Es wird darüber diskutiert, ob es Reformen zum Guten waren oder ob es zu Verlusten in der Identität der Kirche geführt habe. Beides geschah und geschieht oft zu plakativ. Bezeichnend ist für diese zu oberflächliche Betrachtungsweise immer noch, wie die beiden beteiligten Päpste gegeneinander gestellt werden. Dem letzten vorkonziliaren Papst, Pius XII., wird die Rolle eher rückwärtsgewandter Konservativität zugedacht, während Johannes XXIII., der Papst, der das Konzil eröffnet hat, als ein Idealbild von Weltoffenheit gilt. In der Tat stimmt es, dass die Idee dieses Konzils und der Entschluss dazu ganz und gar der Initiative von Johannes XXIII. zu verdanken sind – zu unser aller Verwunderung, die wir es damals vernahmen.

Er, der ganz programmatisch bei seiner Wahl den Namen »Johannes« wählte und dabei außer an den Vorläufer Christi auch an die Apostelgestalt des Neuen Testaments dachte, die den johanneischen Schriften ihre eigentümliche christologisch-pneumatologische Aktualität aus der Tiefe der Begegnung mit Christus verlieh, gab dem Konzil die Bestimmung, die Kirche einem »aggiornamento« zuzuführen, sie der Welt gegenwärtig werden zu lassen. Das hieß gerade nicht, die Kirche weltverträglich zu machen, sondern sie von ihrer Sendung aus zu verstehen und für diese Sendung tauglich zu machen. Das Evangelium sollte nicht neu erfunden werden, sondern die Menschen, die ihm schon glaubten, sollten es als Menschen unserer Zeit neu hören, um es aktuell bezeugen zu können.

Ich erinnere mich lebhaft an die Eröffnung des Konzils. Wir hatten gerade die Priesterweihe des Germanikerkurses, dem Wolfgang Lentzen-Deis angehörte, erleben dürfen. Im Petersdom vier Tage später lag eine geradezu vibrierende Spannung bei der Feier der Konzilseröffnung über den am Geschehen Teilnehmenden. Obwohl noch keiner wusste, wie das begonnene Ereignis verlaufen würde, konnte man eine Zuversicht werdende Hoffnung in der betenden Versammlung spüren. Ich versuche, diese Gestimmtheit zurückzurufen, um deutlich zu machen, dass die durch das Konzil geschaffene Zäsur nicht eine unfruchtbare Zeit von einer zu erwartenden blühenden Epoche trennte. Der Aufbruch des Konzils sollte und soll noch immer vieles reformierend umgestalten. Aber die Aufbrüche des Konzils fielen nicht von außen herein, sondern sie hatten von innen her eine Gestalt gewonnen, wie Lebendiges erst empfangen und geformt wird, ehe es geboren wird. Das soll in diesem Beitrag, der sich der Vorkonzilszeit zuwendet, an einigen Punkten herausgearbeitet werden. Dabei wird der Papst dieser Zeit eine Schlüsselrolle übernehmen. Denn die Studienjahre von Wolfgang Lentzen-Deis fallen datumsmäßig genau mit der unmittelbaren Zeit vor dem Konzil zusammen. Wie prägte uns diese Zeit? Es waren dieselben Fragen, die uns, Ältere und Junge, in dem Jahrzehnt vor dem Konzil bewegten und an deren Entwicklung wir, wenn nicht selbst im offiziellen Auftrag, so doch zumindest engagiert beteiligt waren. Vor kurzem wurde über das Zweite Vaticanum gesagt: »Das Konzil war mehr als seine Dokumente« (Günter Wassilowsky in Anlehnung an Giuseppe Alberigo). Diejenigen, die die Zeit seiner als solchen gar nicht intendierten Vorbereitung mitvollzogen haben, haben hier eine Vermittlungsrolle. Denn vieles, was das Konzil zum Ereignis werden ließ, *ereignete* sich in einer Vorgeschichte, in der man gar keine Ahnung hatte, dass ein Konzil bevorstand. Eine abstrakte Beurteilung nach totaler Diskontinuität oder umgekehrt unfruchtbarer Kontinuität trifft die von Johannes XXIII. gestellte Aufgabe des »aggiornamento« nicht. »Wir sind doch nicht in einer Kirche groß geworden, die man vollständig umkrempeln müsste«, das sage ich nicht in einer nostalgischen Anwandlung, sondern in Dankbarkeit dafür, dass wir lebendige Vorläufer der Erneuerung miterleben durften. Das hört sich verklärend an. Zugegeben, es ist eine Äußerung aus dem heutigen Erleben der Kirche, wo wir großartige Texte des Zweite Vaticanums haben, sie aber oft mit dem Empfinden hören, sie seien irgendwo stecken geblieben, so wie Ideal und Wirklichkeit auseinanderklaffen. Demgegenüber erlebten wir die Aufbrüche vor der Konzilszeit hoffnungsvoller. Das Reden vom Leiden an der Kirche ist allerdings nicht nur neueren Datums. Im Gegenteil, es gab damals auch schmerzliche Spannungen.

Liturgie und Communio

Als Beispiel für einen positiven Aufbruch mag die Auseinandersetzung um die liturgische Bewegung dienen. Die umstrittene Bewegung wurde am Konzilsbeginn gerade zu einer Basis für eine Übereinstimmung darüber, dass die Liturgie des Volkes Gottes Quelle für die Erneuerung der Kirche werden solle. Rückblickend auf unser Problem der Kontinuität und des Aufbruchs, wie sie sich im Pontifikat Pius XII. und im Konzilsgeschehen darstellen, muss man sich die Frage stellen: Wäre die Liturgiekonstitution als geglückter Auftakt des Konzils, die von der Versammlung in so großer Übereinstimmung beschlossen werden konnte, möglich gewesen ohne die

Liturgieenzyklika Pius XII. aus dem Jahr 1947? Sie warnte zwar in einer ermahnenden Tonart vor falschen Vorstellungen und Übertreibungen, aber sie lehrte mit klarer Entschiedenheit die sakramentale Mitbeteiligung der Gläubigen am innersten Geschehen der Eucharistiefeier und – der Sache nach – den Communiocharakter der Liturgie.
Nicht vergessen werden soll im Zusammenhang mit solcher Fundamentlegung für eine Theologie der Liturgie die Auswirkung in die Praxis der Kirche. Wie dankbar waren wir über die Wiederherstellung der Osternacht, wie sie schrittweise 1951 und 1955 geschah, um nur ein Beispiel zu nennen. Die Weckung des Bewusstseins, dass Kirche *wird,* wenn sie als Gemeinschaft Liturgie feiert, ist Voraussetzung für alle Fragen ihrer Gestaltung. Dazu bedarf es der Einsicht, dass dies *Werden* nicht primär eine Sache der eigenen zweckdienlichen Ausgestaltung ist, sondern in der vom Heiligen Geist geschenkten Begegnung mit dem gegenwärtig handelnden Christus geschieht. Ihr muss es allerdings entsprechen, wie die Kirche ihren Part artikuliert. Wenn ich die Entdeckung der Liturgie als erstes Beispiel der Aufbrüche vor dem Konzil nehme, so tue ich es in der Überzeugung, dass hier die wichtigste Quelle dafür ist, dass der Begriff der »Communio« sozusagen der Inbegriff der Theologie des Zweiten Vaticanums werden konnte. Seine zahlenmäßige Verwendung in den Konzilsdokumenten zeigt das nicht unbedingt an. Er wird als Leitbegriff nicht einmal ausdrücklich reflektiert. Dass er aber sowohl die heilsgeschichtliche Seite des Bundes Gottes mit den Menschen als auch Eigenart und Aufgabe der Kirche in sich einschließt und darüber hinaus den Zugang zum dreifaltigen Gott öffnet, ist erst in der Besinnung auf den Kerngehalt des Konzils deutlich geworden. Soll ein solcher Begriff nicht schal werden, wird es wichtig sein, die Quelle zugänglich sein zu lassen, von der her er Leben gewinnt. Ist der Impuls von der Liturgie her verjährt, wenn ihre Reform uns in mancher Hinsicht ernüchtert hat? Dieser oft engherzig gestellten Frage wollte ich die Zuversicht eines Aufbruchs auf dem Weg zum Konzil gegenüberstellen.

Die Bibel, das Buch des Volkes Gottes

Was ich vom Aufbruch durch die liturgische Erneuerung her vermitteln wollte, bei der es mir darauf ankam, den lehr- und hirtenamtlichen Dienst Pius XII. zu würdigen, lässt sich auch für andere Dokumente des Konzils aufweisen. Hier möchte ich zuerst die »Dogmatische Konstitution über die göttliche Offenbarung« (Dei Verbum) ins Blickfeld stellen. Bekanntlich haben von den sechzehn Dokumenten des Konzils nur vier den Rang einer *Konstitution* erreicht. »Dei Verbum« darf man die Bedeutung zumessen, der

gesamten Theologie eine vom Zentrum, dem Heilsgeschehen her, bestimmte hermeneutische Ausrichtung gewiesen zu haben. Es handelte sich zwar zweifelsohne um eine *neue* Grundlegung. Aber anderseits verdankte sie sich einem vielgestaltigen Prozess der Aufbrüche und Erneuerung. *Gottes Wort* steht also im Blickpunkt. Damit selbstverständlich die Bibel, die »Heiligen Schriften«. Sie allerdings nicht allein, sozusagen *isoliert* für sich – abgesehen von ihrem heilsgeschichtlichen Sinn und ihrer kirchlichen Aktualisierung. Was ist notwendig, um sie als Gottes Wort hören zu können? Stehen neben ihr andere Quellen, die über Gottes Wort Auskunft geben? Bewusst ist uns die Streitfrage, die sich von dem reformatorischen Schlagwort »sola scriptura«, »die Schrift allein«, her über die Jahrhunderte hinweg ergeben hatte. »Schrift *und* Tradition« lautete das katholische Schlagwort. Waren das wirklich sich gegenseitig ausschließende Positionen? Das Tradieren, das Weitergeben des ein für allemal zu uns gesprochenen Wortes Gottes war doch das in sich zusammenhängende Ereignis; freilich noch einmal mit dem besonderen Akzent, wie dieses ein für allemal gesprochene Wort jetzt für mich, für uns, nicht nur – allerdings auch – ausgelegt werden muss, sondern wie es Gott selbst ist, der jetzt zu mir, zu uns spricht.
In »Dei Verbum« ist – so konzentrieren wir schnell das Ergebnis – eine Wende von einem *instruktionstheoretischen* zu einem *kommunikationstheoretischen* Verständnis der Offenbarung geschehen. Gott geht es nicht um die Mitteilung von Sätzen, die als intellektuell wahr zu vernehmen sind und denen dann zu gehorchen ist, sondern um die Mitteilung seiner selbst. Soll der leitende Begriff »Selbstmitteilung Gottes« aber unsere Aufmerksamkeit erregen, dann ist es doch die Bibel, die *mich* in die vielgestaltigen Konkretisierungen mitnimmt, in denen Gott eben *sich* in meine, in unsere Geschichte hineinbegeben hat. Dazu gehört das beglückende Vertrautwerden, aber auch das Befremdliche, das eines Auswanderns aus meiner Welt und eines langen Mitwanderns bedarf. *Mitwandern* erhält hier auch den gemeinschaftlichen Bezug des Miteinanders im Bereich des Glaubens und des Lebens aus dem Glauben. Es ist gewiss nicht von ungefähr, wenn für die kurz gekennzeichnete Hermeneutik von »Dei Verbum« eine gleichartige Richtung sichtbar wird, wie wir sie beim Blick auf die Liturgie gewinnen konnten – »Gemeinschaft der Menschen mit Gott durch Christus und die Gemeinschaft der Menschen miteinander durch den Geist Gottes und Christi.« (vgl. LG 1)
Es gibt hier eine weitere Entsprechung. Wie die liturgische Erneuerung von einer liturgischen Bewegung getragen wurde, gab es auch eine Bibelbewegung in der Vorkonzilszeit, sogar von langer Hand. In den katholischen Katechismen stand zwar nie etwas anderes, als dass die Bibel uns die Offenbarung Gottes erschließe, aber leider ist es auch nicht ganz unwahr,

dass ein bemutternder Hirtendienst die Gläubigen vor nicht gänzlich ungefährlichem Umgang mit der Bibel schützen wollte. Ähnlich wie bei der liturgischen Bewegung gehört es zu den Aufbrüchen, als deren letztlich auslösende Kraft man getrost den Heiligen Geist vermuten darf, dass die Bibel zur spirituellen Hauptnahrung eines Gläubigen wurde. Wenn ich etwa an die Kriegszeit zurückdenke: Wie viele von uns – und zwar nicht nur Priesterkandidaten – trugen ein Neues Testament – für eine ganze Bibel bedenke man das Gewicht! – bei sich und lebten daraus. Nicht zu vergessen ist bei der Bibelbewegung, dass sie eine entscheidende Kraft für die ökumenische Bewegung wurde.

Welche Bedeutung hatte das Lehramt für diesen Aufbruch? Hat Pius XII. auch hier den Weg der Kirche zum Konzil an entscheidender Stelle mitgeprägt? Mitten im zweiten Weltkrieg, am 30. September 1943, erschien seine Enzyklika »Divino afflante Spiritu«. Der Zeitpunkt war gewählt im Rückblick auf die ebenfalls von der Bibel und ihrer Auslegung handelnden Enzyklika Leos XIII. »Providentissimus Deus« von 1893. Vom Anlass des fünfzigjährigen Jubiläums her griff Pius aktuelle Fragen biblischer Theologie seiner gegenwärtigen Zeit auf. Sie waren einerseits höchst wichtig für die biblische Wissenschaft, sie hatten anderseits eine Auswirkung für ein »aggiornamento« – um den Ausdruck Johannes XXIII. vorweg zu gebrauchen – der Bibel in die Kirche hinein, deren Ausmaß nicht zu überschätzen sein wird. Von den Exegeten wurde es als Befreiungsschlag empfunden, angstfrei an die biblische Forschung herangehen zu können. Aber es ging um mehr als die Schleifung unnötiger Bastionen. Für diesen Zweck gab es übrigens schon eine Kontinuität zur Enzyklika Leos XIII.

1993 nahm Johannes Paul II. die Gelegenheit des damals fälligen doppelten Jubiläums wahr, das Thema Bibel, ihre Auslegung und ihre Lebenserschließung in der Kirche in einer bemerkenswerten theologischen Tiefenschicht anzugehen. In seiner Ansprache zur Veröffentlichung des Dokuments der Bibelkommission »Die Interpretation der Bibel in der Kirche« (vom 23. April) zitiert er aus »Divino afflante Spiritu«: »Ebenso wie das gleichwesentliche Wort Gottes den Menschen in allem, die Sünde ausgenommen, ähnlich wurde, so sind die in menschlichen Sprachen ausgedrückten Worte Gottes der menschlichen Sprache in allem gleichgeworden, der Irrtum ausgenommen.« (VAS 115, 11). Von da ausgehend führt der Papst aus, wie wichtig das menschlich-geschichtliche Verständnis des vielfältigen Sprechens Gottes in der Bibel ist. Wörtlich sagt er: »Der Gott der Bibel ist nicht ein absolutes Wesen, das alle, womit er in Berührung kommt, zermalmt, um alle Unterschiede und Nuancen zu unterdrücken ... Wenn er sich in einer menschlichen Sprache ausdrückt ..., verwandelt (er) vielmehr auch mit äußerster Geschmeidigkeit die möglichen Nuancen und

nimmt auch deren Begrenzungen in Kauf.« (VAS 115, 13) Das schließt auch ein, die Eigentätigkeit der menschlichen Verfasser herauszuarbeiten. Sie sind nicht »Sekretäre« der Inspiration.
Die Analogie zwischen *Bibelwerdung* des Wortes Gottes und der *Menschwerdung* des Sohnes Gottes schließt dann gewiss auch Folgendes ein. Jesus sagt: »Wer mich gesehen hat, hat auch den Vater gesehen.« (Joh 14,9) Sein begrenztes menschliches Mit-uns-Sein schenkt uns das unbegrenzte Mit-uns-Gottes. Jesu wahres Menschsein ist nicht die Grenze, sondern der Weg zum Vater. Analog dazu lässt uns die Bibel Gottes Wort im Menschenwort hören. Sache der Auslegenden ist, zum Hören zu verhelfen. Dazu bedarf es der Theologen. Auch der Dienst des Lehramtes besteht darin, das Wort Gottes im Menschenwort finden zu lassen. Dafür trägt es seine Verantwortung. Das Wort Gottes herauszuhören ist aber auch Sache der ganzen Glaubensgemeinschaft. Die Bibel ist das Buch der Kirche, d. h. des ganzen Volkes Gottes, Israels und derer, die Christus als seine »Herde« gesammelt hat. Dazu gehört, was Johannes Paul in seiner Ansprache herausgestellt hat: »Der katholische Exeget hegt nicht die individualistische Illusion, die glauben macht, man könne außerhalb der Gemeinschaft der Glaubenden die biblischen Texte besser verstehen. Das Gegenteil ist wahr ...; sie sind der Gemeinschaft der Kirche anvertraut, um ihren Glauben zu nähren und zu einem Leben der Liebe anzuleiten.« (VAS 115, 15) Wenn wir den gegenwärtigen Papst in diesem Zusammenhang zu Wort kommen lassen, so deshalb, weil er von »Divino afflante Spiritu«, einem wirklich bedeutsamen Dokument der Vorkonzilszeit, soviel selbst gelernt hat. Bald nach dessen Erscheinen begann seine eigene Studienzeit, und als Konzilsteilnehmer hat er – seine päpstlichen Äußerungen zum Thema belegen das – die Bedeutung von »Dei Verbum« bejaht und weitergetragen. Uns geht es in diesem Beitrag ja darum, einen Blick für die Kontinuität zu eröffnen, die den unterschiedlichen Phasen der Lebenszeit des Jubilars, die er mit Gleichaltrigen und Älteren teilt, einen zukunftsträchtigen Richtungssinn mit auf den Weg geben kann.

Das Miteinander von Lehramt und Theologen

Ehe wir uns in dieser Blickrichtung der Kirchenenzyklika Pius XII. zuwenden, ist gerade an dieser Stelle, wo wir die Aufgeschlossenheit der Bibelenzyklika gerühmt haben, doch auch einer weiteren Enzyklika Pius XII. Aufmerksamkeit zu schenken, einer Enzyklika, die weithin durch ermahnende Tonarten bestimmt ist. Es handelt sich um die Enzyklika »Humani generis« von 1950. Wenn das Zweite Vaticanum weithin (fast ganz) davon Abstand genommen hat, die Lehre der Kirche durch Verurteilungen falscher Meinungen klarzustellen, so schreckte möglicherweise gerade auch diese Enzyklika davon ab. Andererseits schloss sie keineswegs die Augen vor der Welt von heute und schon gar nicht in reaktionärer Weise. Sie setzte sich argumentativ mit Zeitströmungen auseinander, die sie ablehnte. Bei Fragen der Auseinandersetzung mit Naturwissenschaft und Geschichte spürt man Weitsicht und Kompetenz. Ein Beispiel für vorsichtige Gedankenführung war etwa die Auseinandersetzung um den Monogenismus (Lehre, nach der alle Menschen auf einen gemeinsamen Stammvater (Adam) zurückgehen [Anm. d. Red.]). Andererseits sahen sich Theologen in Bedrängnis gebracht, wie weit sie etwa gehen dürften. Unter diesen Bedingungen entsteht nicht leicht ein freiheitliches Klima. Zum Glück hatte Pius XII., wie wir zeigen konnten, in wichtigen Fragen selbst Türen geöffnet und nicht geschlossen. Was uns, die studierenden oder mit dem Lehren schon beginnenden Theologen, in dieser Zeit so erregte und faszinierte, war das Verhalten vieler unserer theologischen Lehrer und Vorbilder, die zum Teil verdächtigt, manchmal auch abgemahnt wurden, aber ohne Verbiegung ihres Rückgrats dem Lehramt *folgsam* und beharrlich auch der Aufgabe treu blieben, die Johannes XXIII. später dann »aggiornamento« nannte. Man verzeihe, wenn ich hier nicht versuche, eine Namensliste zu erstellen. Es sind zu einem großen Teil Theologen, die später im Verlauf des Konzils an den Texten in irgendeiner Form mitgearbeitet haben. Diese ganze Geschichte stimmt mit dem überein, was wir von Alberigo schon erwähnt haben: »Das Konzil war mehr als seine Dokumente.« Kein Zweifel, die Luft ist innerhalb unserer Kirche freier geworden. Wir verdanken es nicht einem Einzelereignis oder einem bestimmten Dokument, obwohl wir vieles *Einzelne* entfalten könnten. Man darf es wohl so sagen: Die Zeit im Umkreis des Konzils war eine Zeit, in der der Geist Christi in vielen gläubigen Personen wirksam war. Um aber auch hier nicht in eine Idylle zu flüchten: Das Miteinander von Lehramt und Theologen sowie die Art der Führung der Glaubensgemeinschaft durch das Lehramt ist auch in der Nachkonzilszeit spannungsvoll geblieben. Verspannungen schmerzen immer. Aber der Weg zum Konzil hin ist geeignet, Mut zu machen und nicht in Resignation zu verfallen.

Die Kirche als Glaubensgemeinschaft

Die Kirchenenzyklika Pius XII. haben wir schon erwähnt, »Mystici Corporis« nach ihren Anfangsworten benannt. Sie ist die umfangreichste und hat für den Zeitabschnitt, den wir betrachten, tiefgreifende Bedeutung, nicht nur, was wir über die Kirche denken sollten, sondern wie wir ihr angehören, wie wir Kirche werden. Für das Zweite Vaticanum mit seiner Konstitution über die Kirche »Lumen gentium« bot die Kirchenenzyklika ein Fundament, einen Maßstab und zugleich einen Anspruch, sie selbst schöpferisch zu überschreiten. Letzteres geschah vor allem dadurch, dass das Leitbild vom »Volk Gottes« die gedankliche Führung übernahm. »Reich Gottes«, der Inbegriff von Christi Botschaft und Handeln, und die Kirche als von Christus in seinen Dienst genommene Gemeinschaft zum Ziel hin, dass »Gott alles in allem« (1 Kor 15, 28) werde, eröffnete einen weiten Raum, in dem die Kirche, die Communio Christi, sich selbst finden konnte. Auch diese Sicht war von einer Bewegung der Vorkonzilszeit getragen, in der es darum ging, dass *wir* die Kirche waren. Die Frage, wie das Erste Vaticanum mit seiner – zum Teil durch die politischen Ereignisse erzwungenen – Konzentriertheit auf den Papst in das Werden einer Kirche als Communio integriert werden könne, beschäftigte die Theologen in der Zeit, von der wir handeln, in vielfältiger Weise. Wenn »Lumen Gentium« zusammenfassend sagte: »Die Kirche ist ja in Christus gleichsam das Sakrament, das heißt Zeichen und Werkzeug für die innigste Vereinigung mit Gott wie für die Einheit der ganzen Menschheit« (n. 1), dann war das zwar eine wirklich überraschende Formulierung, aber wir konnten darin den Leitgedanken für all das wiederfinden, das uns Verstand und Herz beim Studium der Theologie bewegte.

Noch einmal auf die Jugend- und Studienzeit Wolfgang Lentzen-Deis' in ihrer Einbettung in den Weg unserer Glaubensgemeinschaft zurückblickend, möchte ich sagen, dass wir diese Zeit nicht nur in dankbarer Erinnerung halten, sondern aus ihrer Vergegenwärtigung auch den jetzt wirksamen Impuls gewinnen sollten: »Den Glauben Christi teilen.« Das schließt ein, selbst Anteil zu haben am Glauben Christi und diesen Glauben mitzuteilen.

Literatur

Rundschreiben Pius XII.

Rundschreiben über den mystischen Leib Jesu Christi und über unsere Verbindung mit Christus in ihm (Mystici Corporis, 29.6.1943).

Rundschreiben über die zeitgemäße Förderung der biblischen Studien (Divino afflante Spiritu, 30.9.1943).

Rundschreiben über die heilige Liturgie (Mediator Dei, 20.11.1947).

Rundschreiben über einige falsche Ansichten, die die Grundlage der katholischen Lehre zu untergraben drohen (Humani generis, 12.8.1950).

Kernaussagen dieser Enzykliken finden sich in: DH = Denzinger, Heinrich, Enchiridion symbolorum, definitionum et declarationum de rebus fidei et morum. Kompendium der Glaubensbekenntnisse und kirchlichen Lehrentscheidungen, übersetzt und herausgegeben von Peter Hünermann, Freiburg 371991.

Herangezogene Dokumente des Zweiten Vaticanums
Die Konstitution über die heilige Liturgie (Sacrosanctum Concilium = SC).
Die dogmatische Konstitution über die Kirche (Lumen Gentium = LG).
Die dogmatische Konstitution über die göttliche Offenbarung (Dei Verbum = DV).
Die Texte finden sich in:
Brechter, H. S. u. a. (Hg.) (1966–68), Das Zweite Vatikanische Konzil. Dokumente und Kommentare, 3 Bde, Freiburg i. Br. = LThK2. E.
Deutsch auch: Rahner, Karl/Vorgrimler, Herbert (Hg.) (1966), Kleines Konzilskompendium, Freiburg.

Zitierte Schriften
Lentzen-Deis, Wolfgang (1991), Den Glauben Christi teilen. Theologie und Verkündigung bei Nikolaus von Kues, (Praktische Theologie heute, Bd. 2), Stuttgart-Berlin-Köln.
Wassilowsky, Günter (2003), Die Chance des zweiten Blicks. Plädoyer für eine historische Konzilsforschung, in: HK 57, 623–627.
Sekretariat der Deutschen Bischofskonferenz (Hg.) (1993), Verlautbarungen des Apostolischen Stuhls, Päpstliche Bibelkommission: Die Interpretation der Bibel in der Kirche. Ansprache seiner Heiligkeit Johannes Paul II. und Dokument der päpstlichen Bibelkommission, 23. April 1993 = VAS 115.

Nicht hinter der Messe, sondern mitten darin

Die Feier der Messe vor und nach dem Zweiten Vatikanischen Konzil

Josef Schönborn

Im Jahr 1960 schrieb Balthasar Fischer, damals Professor für Liturgiewissenschaft an der Theologischen Fakultät Trier, dass er in einer weitverbreiteten Messerklärung des 16. Jahrhunderts, die dem Volk Anregungen zum stillen Gebet bei der Messe geben sollte, folgende Anweisung fand: »Wenn du hinter einer Messe bist, dann bete also ...« B. Fischer führt dann näher aus: »die Leute benahmen sich, als ständen oder knieten sie ›hinter‹ der

Messe als fromme (und vielleicht sogar noch stumme) Zuschauer eines heiligen Schauspiels. Nicht, dass sie die Messe gering geschätzt hätten; sie war ihnen etwas Heiliges und Kostbares. So hatten sie's einst von ihrer Mutter gelernt, so hielten sie's fest, und das war sicher lobenswert genug im Vergleich zu den vielen, allzu vielen, die heutzutage längst nicht mehr wissen, wie eine Kirche von innen aussieht. Aber wenn sie am Sonntagmorgen sagten: ›Wir gehen in die Messe‹, dann meinten sie im Grunde doch nur den Zuschauerraum der Messe – die Messe, das Opfer selbst, wird doch vom Priester gefeiert und dargebracht, dachten sie. Sie haben es zwar nicht (mehr) so ausgedrückt, aber sie hatten das Gefühl ›hinter‹ der Messe zu sein.« (vgl. Kirchgässner 1960, 333; vgl. auch: Fischer 1984, 19)

Wenn ich an meine Kindheit und Messdienerzeit vor und nach dem Zweiten Weltkrieg denke, muss ich sagen, das, was B. Fischer beschreibt, traf damals noch weithin zu. In meiner Heimatpfarrei im Hunsrück war zwischen dem Priester, der die Messe *hielt,* und dem Volk, das daran teilnahm, wenig Kommunikation. Wenn überhaupt Kommunikation, dann spielte sich diese zwischen dem Priester und den Ministranten in der Flüstersprache ab (dominus vobiscum – et cum spiritu tuo etc.) So war es nicht nur in einer »stillen Messe«, sondern auch in der Frühmesse am Sonntag. Darin sang die Gemeinde fast pausenlos deutsche Kirchenlieder, die im wesentlichen nur unterbrochen wurden durch die Predigt, die Stille während der Wandlung sowie das Sündenbekenntnis und die Lossprechungsbitte vor der Kommunionspendung. Diese fand damals erst *nach* der Messe statt. Vorher wurde der Schlusssegen erteilt, und dann konnten diejenigen, die nicht kommunizieren wollten, nach Hause gehen. Die Kirchenlieder, die während des Gottesdienstes gesungen wurden, hatten oft keinen direkten Bezug zu dem, was am Altar geschah. An einem Marienfest etwa konnte es vorkommen, dass ausschließlich Marienlieder gesungen wurden.

Mein damaliger Heimatpfarrer war für die Liturgische Bewegung aufgeschlossen und nahm in den Nachkriegsjahren öfter an Liturgischen Kongressen und anderen Tagungen teil. Dadurch angeregt, verkündete er Anfang der 50er Jahre in einer Sonntagspredigt, dass es dem Sinn der Messe völlig zuwider sei, wenn der Priester darin allein die Kommunion empfange. Darum werde in Zukunft auch im Hochamt am Sonntag die Hl. Kommunion ausgeteilt – was bis dahin in vielen Kirchen nicht geschah und gewiss auch mit den strengen eucharistischen Nüchternheitsbestimmungen zusammenhing. Die ersten Sonntage, an denen die Kommunion nun auch im Hochamt gespendet werden sollte, waren höchst aufregend. Der Pfarrer lud zum Kommunionempfang ein (»Ecce agnus Dei ...«), aber niemand kam. Niemand traute sich. Die Gemeinde insgesamt wollte bei der bisherigen Tradition bleiben. Als nach einigen Wochen zum ersten Mal eine ältere alleinstehende Frau als einzige mit hochrotem Kopf zum Kommunionempfang nach vorne ging, reckten auch die in den letzten Bänken die Köpfe und hinterher kam es zu nicht sehr liebevollen Bemerkungen über diese Frau.

Das Hochamt wurde in der Regel als deutsches Hochamt gefeiert. Der Priester sang die vorgesehenen Gebete und Texte (auch die Lesungen) in lateinischer Sprache. Auf die Akklamationen antwortete nur der Küster/Organist. Die deutschen Kirchenlieder entsprachen durchweg den jeweiligen Messteilen. An Festtagen sang der Kirchenchor eine mehrstimmige lateinische Messe. Die Gemeinde war außer etwa dem gemeinsamen Eingangs- und Schlusslied im Zuschauer- und Zuhörerraum. Dennoch muss auch gesagt werden, dass das Festhochamt oft von beeindruckender Feierlichkeit geprägt war.

Im Lauf der 50er Jahre änderte sich die Gestaltung der Frühmesse, die nun immer öfter als Bet-Sing-Messe gefeiert wurde. Der Priester las die Gebete und Lesungen still in lateinischer Sprache. Ein Vorbeter oder eine Vorbeterin trug sie nach dem »Schott« in der Volkssprache vor. So wurde der Verkündigungscharakter des Wortgottesdienstes der Eucharistiefeier deutlicher ins Bewusstsein gebracht. Diesen Teil der Messe bezeichnete man auch in liturgiewissenschaftlichen Veröffentlichungen damals noch als »Vormesse« (so z. B. Jungmann 1955). Die Bet-Sing-Messe, oft auch einfach Gemeinschaftsmesse genannt, fand übrigens in den Gemeinden immer größere Zustimmung.

Im Priesterseminar gab es die verschiedenen Gestaltungsformen der Messfeier, die damals üblich waren. Hier spielte das lateinische Choralamt und die missa recitata allerdings eine besondere Rolle. Aufs Ganze gesehen hielt man sich an die geltenden liturgischen Regeln.

Als ich 1957 Kaplan in Saarbrücken wurde, rechnete kaum jemand mit einem Konzil. Ich hatte das Glück, einem Pfarrer zugeordnet zu werden, den eine große Liebe zur Liturgie auszeichnete und der in mancher Hinsicht der Zeit voraus war. Er war geprägt durch die Liturgische Bewegung, und das war in der Gestaltung der Eucharistiefeier deutlich zu spüren. So war es selbstverständlich, dass der Priester der Gemeinde zugewandt (»versus populum«) zelebrierte. Die Lesungen wurden von Laien in deutscher Sprache vorgetragen. In jeder Messe, auch an Werktagen, hatten Fürbitten ihren festen Platz, die oft nach den Vorschlägen des damaligen Gesang- und Gebetbuches für das Bistum Trier – herausgegeben 1955 – verrichtet wurden (vgl. dort Nr. 502–508). Dieses Gesang- und Gebetbuch war eine wertvolle Hilfe für die liturgiegerechte Gestaltung der Eucharistiefeier, da es alle wesentlichen Teile des ganzen Kirchenjahres in deutscher Sprache enthielt.

Das Hochamt wurde in der Saarbrücker Pfarrgemeinde jeden Sonntag als Choralamt gefeiert. Die Gemeinde sang mit Freude die verschiedenen Choralmessen mit, die das geltende Diözesan-Gesang- und Gebetbuch anbot. Erwähnt sei auch noch, dass großer Wert auf eine ansprechende, biblisch ausgerichtete Predigt gelegt wurde. Regelmäßig fanden auch Bibelgespräche statt. Für Jugendgruppen wurden eigene Bibelabende angeboten, die reges Interesse fanden. Bibel und Liturgie hängen nun einmal untrennbar zusammen.

Eine Selbstverständlichkeit war übrigens, dass in jeder Eucharistiefeier mitkonsekriert wurde. Nur soweit notwendig, wurde die Kommunion aus dem Tabernakel gespendet.

Die Erneuerung der Liturgie, die das Zweite Vaticanum brachte, war in dieser Gemeinde ein gutes Stück vorweggenommen worden, so dass es hier nach der Veröffentlichung der »Konstitution über die heilige Liturgie« am 4. Dezember 1963 zu keinerlei Problemen kam.

Meine zweite Kaplansstelle hatte ich von 1961–1963 in einer Pfarrei am Rhein. Von der liturgischen Bewegung war dort im Gottesdienst nicht viel zu spüren. Natürlich wurden gern die deutschen Kirchenlieder gesungen und an Festtagen wurde eine mehrstimmige lateinische Messe durch einen guten Kirchenchor *aufgeführt*. Die Gemeinde war dann weithin zum Schweigen verurteilt. Insgesamt war man hier noch »hinter« der Messe, nicht mitten darin. Das wurde an den Werktagsmessen vor allem im Rosenkranzmonat bewusst. Dann begannen die Gottesdienstteilnehmer bei der Gabenbereitung (allgemein damals noch »Opferung« genannt) den Rosenkranz zu beten, der bei der Wandlung und Kommunionspendung unterbrochen wurde. Der Priester »las« die lateinischen Messtexte still für sich, die Ministranten antworteten leise bei den Akklamationen. Die meisten Werktagsmessen wurden als Sterbeämter in schwarzer Farbe gehalten. Auch wenn dies der Fall war, erfolgte im Rosenkranzmonat nach dem Schlussgebet die Aussetzung des Allerheiligsten und der eucharistische Segen mit der Monstranz.

Für mich war zwischen der ersten und zweiten Kaplanstelle, was die Liturgie betraf, ein krasser Unterschied, eine Ungleichzeitigkeit, die schmerzlich war. Die Hl. Kommunion wurde oft wochenlang ausschließlich aus dem Tabernakel gespendet. Mein Vorstoß, mit Jugendgruppen Bibelgespräche zu führen, wurde von meinem »Chef« mit der Bemerkung gebremst, dadurch bringe man das gläubige Volk nur in Verwirrung. Diese zweite Gemeinde war auf die Liturgiereform des Zweiten Vaticanums absolut nicht vorbereitet. Kein Wunder, dass es daher zu Schwierigkeiten kam und die erneuerte Liturgie bei vielen in einer bloß äußerlich veränderten Gestalt mitgefeiert wurde.

Von ihrer Struktur her hat die Feier der Eucharistie heute eine einfache, verständliche und ansprechende Gestalt. Die erneuerte Liturgie hat zwar nicht mehr katholische Christen zur Messe geführt – es sind im Lauf der Jahre erheblich weniger geworden – aber bei denen, die daran teilnehmen, ist der bewusste Mitvollzug stärker geworden. Die Gemeinde ist nicht »hinter« der Messe, sondern mitten darin. Die bewusste und tätige Mitfeier, die das Konzil fordert, ist für viele selbstverständlich geworden. (Lit. Konst. Nr. 48) Manche Rollen, die Gemeindemitglieder übernehmen, machen das deutlich: Lektorinnen/Lektoren, Kommunionhelferinnen/Kommunionhelfer, Ministrantinnen/Ministranten, Kantorinnen/Kantoren, Schola und Kirchenchöre.

Allerdings gibt es auch einige Probleme in der Gestaltung der Eucharistiefeier. Manches Mal werden zu viele Worte gemacht und von Vorbereitungsgruppen zu viele Texte in die Feier hineingebracht. Die Tendenz, nichtbiblische »Lesungen« zu verwenden, hat zugenommen.

Die Predigt hat einen zentralen Stellenwert erhalten. Sie soll vor allem aus den Quellen der Heiligen Schrift und der Liturgie schöpfen. (Lit. Konst. Nr. 35, 2) Hier tun sich unsere Gemeinden mit Texten aus dem Alten Testament und aus den Apostelbriefen oft schwer. Von daher wäre es gut, öfter bei der Predigt auf diese Lesungen einzugehen und nicht fast ausschließlich auf die Evangelien.

Eine Empfehlung, die immer noch zu wenig beachtet wird, lautet: Die Gläubigen sollten nach Möglichkeit den Herrenleib aus der selben Opferfeier entgegen nehmen. (Lit. Konst. Nr. 55) Also Kommunionspendung möglichst vom Altar aus und weniger aus dem Tabernakel.

Erhalten bleiben soll in der lateinischen Liturgie der Gebrauch der lateinischen Sprache. (Lit. Konst. Nr. 36, 1) Heute lieben mehr Gläubige, als es früher der Fall war, den Gregorianischen Choral. Er führt viele zur Besinnlichkeit und inneren Ruhe. Es wäre wünschenswert, wenn er weiter gepflegt werden würde und mindestens einige wesentliche Messteile durch die Gemeinde im Gregorianischen Choral gesungen werden könnten.

Die Feier der Eucharistie hat ihren Ursprung im Abendmahlssaal. Dort hat der Herr seinen Aposteln aufgetragen: »Tut dies zu meinem Gedächtnis!« Er selbst hat sich am Karfreitag am Kreuz hingegeben. Sein Lebensopfer wird in der Feier der Eucharistie gegenwärtig. Sie weist hin auf das Pascha, den Durchgang vom Tod zum Leben. Sie ist Feier der Erlösung, nicht nur Mahl, sondern auch Opfer. Das kommt in den verschiedenen Hochgebeten klar zum Ausdruck, ist aber nicht immer sehr im Bewusstsein.

Die Gläubigen sollen »zu der vollen, bewussten und tätigen Teilnahme an den liturgischen Feiern geführt werden. Es besteht aber keine Hoffnung auf Verwirklichung dieser Forderung, wenn nicht zuerst die Seelsorger vom

Geist und der Kraft der Liturgie durchdrungen sind und darin Lehrmeister werden.« (Lit. Konst. Nr. 14) Priester, Diakone und alle, die einen pastoralen Auftrag haben, müssten sich darum vergewissern, wie sie zur Feier der Eucharistie stehen und was sie für ihr Leben als Christen bedeutet. Unbedingt notwendig ist es, allen ehrenamtlichen Mitarbeiterinnen und Mitarbeitern, die z. B. in Liturgiekreisen oder als Gottesdiensthelfer tätig sind, aber auch der ganzen Gemeinde in Predigt, Katechese und Gespräch Hilfen und Impulse für einen bewussten Mitvollzug der Eucharistiefeier zu geben. Die liturgische Bildung ist für Priester und Laien dringend notwendig. (vgl. Lit. Konst. 14–19) Die Eucharistie ist nun einmal »ein besonderer Schatz«, der nicht vergraben bleiben darf, sondern ständig neu entdeckt und gehoben werden muss. (vgl. Hirtenwort zum 40. Jahrestag der Veröffentlichung der »Konstitution über die heilige Liturgie«, Kirchl. Amtsblatt für das Bistum Trier, 1. Nov. 2003)
Das ist auch das Anliegen des Pastoralschreibens der Deutschen Bischofskonferenz vom 24. Juni 2003, das den Titel trägt: »Mitte und Höhepunkt des ganzen Lebens der christlichen Gemeinde.« Dieses Wort will »ein Beitrag zur liturgischen Bildung sein und ein Impuls für neue Bemühungen um die ›ars celebrandi‹, die Kunst, in rechter Weise Gottesdienste zu feiern.« (Gottesdienst 24/2003, 185)
Bei all dem geht es um die Mitte des christlichen Glaubens und des christlichen Lebens, es geht darum, dass wir als Christen bei der Eucharistiefeier ganz – äußerlich und innerlich – mitten darin sind.

Literatur

Deutsche Bischofskonferenz (Hg.) (1976), Gemeinsame Synode der Bistümer in der Bundesrepublik Deutschland: Beschluss Gottesdienst, Freiburg.
Fischer, Balthasar (1984), Volk Gottes um den Altar, Trier.
Gesang- und Gebetbuch für das Bistum Trier (1958), Trier.
Gottesdienst 24/2003, 18. Dezember 2003, Trier.
Hirtenwort zum 40. Jahrestag der Veröffentlichung der »Konstitution über die heilige Liturgie«, in: Kirchl. Amtsblatt für das Bistum Trier, 1. Nov. 2003.
Jungmann, Josef Andreas (1952), Missarum Sollemnia, Wien.
Jungmann, Josef Andreas (1955), Der Gottesdienst der Kirche, Innsbruck-Wien-München.
Kirchgässner, Alfons (Hg.) (1960), Unser Gottesdienst. Ein Werkbuch, Freiburg-Wien-München.
Rahner, Karl/Vorgrimler, Herbert (1984), Kleines Konzilskompendium, Freiburg.

Wolfgang Lentzen-Deis an der Seite des »Liturgiebischofs« Bernhard Stein
Erinnerungen eines römischen Studien- und Trierer Professorenkollegen

Andreas Heinz

Es war das Konzilsjahr 1962, als ich nach einem Semester im heimischen Trierer Priesterseminar mein Studium in Rom fortsetzen durfte. Und das erste große Erlebnis in der Ewigen Stadt war die Mitfeier der Priesterweihe der Germaniker in Sant'Ignazio am 7. Oktober. Unter den 17 Weihekandidaten jenes Jahres war nicht nur der heutige Bischof von St. Pölten, Kurt Krenn, sondern auch mein Trierer Kondiözesane Wolfgang Lentzen-Deis aus Bernkastel-Kues. Die Priesterweihe der Germaniker war in jenem Jahr um drei Tage vorgezogen worden. Denn der traditionelle Weihetermin, der 10. Oktober, wäre auf den Vortag der Konzilseröffnung gefallen. Am 11. Oktober, als das Jahrhundertereignis des Zweiten Vatikanischen Konzils begann, hätten die Neupriester des Germanicums nicht gut ihre römische Primiz feiern können, so als ob das Konzil sie nichts anginge. Als die 2.540 Bischöfe aus der ganzen katholischen Welt in einer nicht enden wollenden Prozession in den Petersdom einzogen, waren auch wir Germaniker auf dem Petersplatz. In unseren roten Talaren, wie wir sie damals noch entsprechend der Anordnung des Kollegstifters, des Hl. Ignatius von Loyola († 1556), trugen, fielen die »Frati rossi« auch im dichtesten Gedränge auf. Es war Brauch, dass die Neuen, die »Erstjährigen«, die Kollegtracht zum ersten Mal anlegten, wenn sie zur Priesterweihe ihrer »fratres maiores« nach Sant'Ignazio geführt wurden. Meine römische Zeit begann also mit dem Primizsegen von Wolfgang Lentzen-Deis, der in den folgenden Jahren, bis zum Abschluss seines Promotionsstudiums an der Gregoriana (1966), der gute Geist und »Capo« unserer fünfköpfigen Trierer Kollegsgruppe blieb.

In der Konzilszeit (1962–1965) gab es gelegentlich auch Begegnungen mit der Trierer »Konzilsdelegation«. Sie hatte ihr Domizil in der Casa Palotti am Ponte Sisto auf dem linken Tiberufer (vgl. hierzu Heinz 2004). Zu ihr gehörten der damals schon 70jährige und infolge eines Schlaganfalls geschwächte Bischof Matthias Wehr sowie die beiden Weihbischöfe Bernhard Stein und Carl Schmidt. Außer diesen drei Konzilsvätern war als bischöflicher Konzilstheologe Ordinariatsrat Msgr. Peter Israel (1911–1984), ein Kirchenrechtsfachmann, in Rom dabei. Ständig war auch der damalige Leiter des deutschen Liturgischen Instituts, Prälat Dr. Johannes Wagner († 1999) (vgl. Wagner 1993, Heinz 2000), präsent und zeitweilig

Professor Dr. Balthasar Fischer († 2001) (vgl. Heinz 2001), beide führende Persönlichkeiten bei der Vorbereitung und Durchführung der großen Liturgiereform des Zweiten Vaticanums.

Es dürfte an einem Sonntagmorgen während der zweiten Sitzungsperiode des Konzils gewesen sein, als sich die in Rom studierenden und die zum Konzil nach Rom gekommenen Trierer zu einer Eucharistiefeier mit anschließendem gemeinsamen Frühstück in den von den Trierer »Barmherzigen Brüdern von Maria Hilf« betreuten Domitilla-Katakomben zusammenfanden. Dort konnten wir uns überzeugen, mit welcher Wachheit und Intensität der damalige Weihbischof und spätere Diözesanbischof Bernhard Stein am Konzilsgeschehen Anteil nahm. Zwei Mal hat er selbst in der Konzilsaula das Wort ergriffen, das erste Mal am 30. Oktober 1962, als er bei der Debatte über das »Liturgie-Schema« für einen reicheren Gebrauch der Heiligen Schrift im Gottesdienst der Kirche eintrat. Bei jenem Frühstücksgespräch in den Domitilla-Katakomben war es aber nicht die Liturgiekonstitution, die es ihm angetan hatte. Es war der unter maßgeblicher Mitarbeit von Kardinal Bea zustandegekommene, völlig neue Entwurf der zukünftigen dogmatischen Konstitution über die göttliche Offenbarung »Dei Verbum«, die seine begeisterte Zustimmung fand. Ende September 1964 war dieser mittlerweile dritte Text von den Konzilsvätern diskutiert worden. Als Absolvent des Päpstlichen Bibelinstituts (1934) und ehemaliger Dozent für biblische Einleitung am Trierer Priesterseminar hatte Bernhard Stein ihn besonders gründlich und kritisch studiert. Bei der Schlussabstimmung im September 1965 fand der zuvor nochmals überarbeitete Text mit 2.344 Ja- gegen 6 Nein-Stimmen eine fast genauso einhellige Zustimmung wie sie der Liturgiekonstitution am 4. Dezember 1963 zuteil geworden war (2.147 Ja- gegen 4 Nein-Stimmen).

Durch die Schule des Konzils gegangen, wurde Weihbischof Bernhard Stein, als er am 26. April 1967 definitiv die Leitung der Trierer Kirche übernahm, ein Bischof, dem die konsequente Umsetzung der Reformimpulse des Zweiten Vaticanums ein Herzensanliegen war. (Von der vom »Geist des Konzils« geprägten Wirksamkeit des Bischofs berichten die Beiträge in dem Sammelwerk von Willi Thomes.) Er fand in Dr. Wolfgang Lentzen-Deis, den er nach einer kurzen Seelsorgetätigkeit in Neunkirchen/Saar (1966–1967) zu seinem ersten und während seiner ganzen Amtszeit einzigen persönlichen Referenten (1967–1981) berief, einen kongenialen Mitarbeiter.

Man kann es nur als eine glückliche Fügung bezeichnen, dass die Deutsche Bischofskonferenz 1969 den Trierer Bischof zum Vorsitzenden ihrer Liturgiekommission wählte. Bischof Stein war bereits seit seinem Amtsantritt als Bischof von Trier Erster Vorsitzender des deutschen Liturgischen Instituts,

das seit seiner Gründung im Jahre 1947 seinen Sitz in Trier hat (vgl. Heinz 2003). Dank dieser Personalunion war im folgenden Jahrzehnt die bestmögliche Kommunikation zwischen der bischöflichen Liturgiekommission und der wichtigsten Werkstatt für die Umsetzung der Liturgiereform im deutschen Sprachgebiet garantiert. Es war der Trierer Bischof Bernhard Stein, dem in der heißen Phase der nachkonziliaren Erneuerung im Bereich der Liturgie die Aufgabe zukam, die neuen deutschsprachigen Liturgiebücher – die wichtigsten waren das Messbuch (1975) und das Stundenbuch (1978) – der Deutschen Bischofskonferenz zur Approbation vorzulegen. Der deutsche »Liturgiebischof« förderte nicht zuletzt in der eigenen Diözese nach Kräften die liturgische Erneuerung. Er war dabei bisweilen sogar der Gesamtentwicklung voraus. Das gilt etwa für die 1977 eröffnete Möglichkeit von »Sonntagsgottesdiensten ohne Priester«. Auch Bußgottesdienste gab es im Bistum Trier schon drei Jahre, bevor Rom im neuen »Ordo paenitentiae« von 1973 offiziell deren Feier erlaubte. Am 25. Oktober 1970 – auch das war damals ein mutiger Schritt – weihte Bischof Bernhard in der Kirche des Priesterhauses St. Thomas a. d. Kyll die ersten Ständigen Diakone. Hauptamtliche Laienseelsorger und Laienseelsorgerinnen bekamen einen festen Platz in der diözesanen pastoralen Planung.
Als Mitarbeiter in der von Bischof Stein 1968 ins Leben gerufenen »Bistumskommission für gottesdienstliche Fragen« weiß der Verfasser dieses Beitrags, wie sehr dem Bischof daran lag, dass im Zuge der gesamtdeutschen Erneuerungsmaßnahmen das erhaltenswerte Trierer Eigengut nicht verloren ging. So wurde als Ergänzung zum Deutschen Messbuch ein umfangreiches Trierer Messproprium erarbeitet (1976). Auch das Zusatzbändchen zum Stundenbuch mit den Texten an den Gedenktagen der Trierer Bistumsheiligen und des Heilig-Rock-Festes (Freitag der zweiten Osterwoche) wurde noch von Bischof Bernhard approbiert (1981). Seine Unterschrift steht gleichfalls unter dem Trierer Diözesananhang des »Gotteslob« (1975). Dieser sorgt dafür, dass trierisches Lied- und Gebetsgut, soweit es festgehalten zu werden verdient, weiterleben und durch neues ergänzt werden kann.
Man sah den »Bischofskaplan« Lentzen-Deis bei fast allen öffentlichen Auftritten an der Seite des Bischofs. Die beiden pflegten auch Tischgemeinschaft. Einmal durfte ich als Dritter bei dieser Tischgemeinschaft im Bischofshof dabei sein. Der Bischof hatte mich nach dem Abschluss meines Studiums in Rom und vor meinem ersten Einsatz in der Seelsorge im Sommer 1969 zu sich bestellt, um mit mir zu überlegen, was in fernerer Zukunft geschehen sollte. Er dachte daran, mich zu gegebener Zeit für ein Promotionsstudium im Fach Liturgiewissenschaft freizustellen. Da unser Gespräch beendet wurde, als es auf Mittag zuging, wurde ich zum Mittagstisch einge-

laden. Drei Germaniker saßen beim Essen zusammen, drei, die auf je eigene Weise das Konzil von Anfang bis Ende in Rom miterlebt hatten. An Gesprächsstoff fehlte es also nicht.
In dieser entspannten, ja freundschaftlichen Atmosphäre ergab es sich, dass ich dem Bischof erzählte, wie ich ihm zum ersten Mal begegnet war. Ich erinnere an dieser Stelle nur deshalb daran, weil mein späterer Professorenkollege Wolfgang Lentzen-Deis mich mehr als einmal, wenn es sich ergab, aufgefordert hat, diese Geschichte zu erzählen.
Es war kurz nach dem Krieg, im Jahre 1946. Der junge Weihbischof Bernhard Stein (am 5.11.1944 geweiht) hielt sich zu einem Erholungsurlaub im Schwesternhaus der Borromäerinnen in meinem Heimatort Auw an der Kyll auf. Es lag noch nicht lange zurück, dass sein Amtskollege Weihbischof Heinrich Metzroth (1941–1951) zur Firmung und Visitation im Dorf gewesen war. Zu diesem Bischofsgottesdienst hatte meine Mutter mich mitgenommen. Die kleinen Kinder bekamen vom Bischof üblicherweise nach dem Gottesdienst ein Kreuzchen auf die Stirn. Ich war noch klein, vielleicht gerade fünf. Aber ich hatte von der Predigt des Bischofs etwas behalten. Es war ein Satz, den der Bischof öfter eindringlich wiederholt haben muss. Hängengeblieben war bei mir das Sätzchen: »Die Liebe Christi drängt uns!« Als ich nach der Kirche nach Hause kam und mein Großvater mich fragte: »Was hat denn der Bischof gepredigt?«, stellte ich mich mitten in die Stube, tat die Arme auseinander und sagte: »Die Liebe Christi drängt uns!« Den Erwachsenen gefiel das ungemein, zuerst in der Familie, dann im ganzen Dorf. Überall, wo ich auftauchte, hieß es prompt: »Wie hat der Bischof gesagt?«, worauf ich stolz mit ausgebreiteten Armen antwortete: »Die Liebe Christi drängt uns!«
Nun kam da eines Tages unser damaliger Pastor Alois Delges († 1947) mit dem hohen Gast aus Trier die Dorfstraße entlang. Als er mich sah, rief er mich herbei. Und als ich vor dem fremden geistlichen Herrn stand, dessen Identität mir unbekannt war, sagte unser Pastor: »Andreas, jetzt sage dem Herrn Bischof einmal, wie der Bischof gesagt hat.« Der fünfjährige Knirps stellt sich mitten auf die Straße, breitet die Arme aus und sagt: »Die Liebe Christi drängt uns!« Weihbischof Stein hatte seine helle Freude und zeichnete mir ein Kreuz auf die Stirn.
Von dieser meiner ersten Begegnung mit Bischof Bernhard Stein fing ich also beim Mittagstisch im Bischofshof an zu erzählen. Ich sagte dem Bischof, dass diese erste Begegnung in meinen Kindertagen in meinem Eifeler Geburtsort stattfand, wo er damals ein paar Tage zur Erholung weilte, dass mich unser Pastor herbei gerufen habe, um dem Bischof zu sagen, was der andere Bischof gepredigt hatte. Noch ehe ich den Satz selbst sagen konnte, unterbrach mich Bischof Stein und sagte: »Ich weiß heute noch ge-

nau, was der Kleine damals gesagt hat: Die Liebe Christi drängt uns! Aber ich hatte bis zu diesem Augenblick keine Ahnung, dass Sie das waren.«
Das Wort, von dem ich dann viel später entdeckt habe, dass es im zweiten Korintherbrief des Apostels Paulus (2 Kor 5, 14) steht, ist mit mir gegangen. Ich habe es als Motto auf die Einladungen zur Priesterweihe in Rom (10. Oktober 1968), auf das Bildchen der Heimatprimiz (6. Juli 1969) und dann auch auf das Andenken zum Silbernen Priesterjubiläum drucken lassen. Mein römischer Studien- und Trierer Professorenkollege Dr. Wolfgang Lentzen-Deis kann bezeugen, dass Bischof Bernhard Stein sich auch noch nach mehr als 20 Jahren genau erinnert hat, dass ein kleiner Junge auf einer Eifeler Dorfstraße ihm dieses Wort gesagt hatte.

Literatur

Heinz, Andreas (i. E. 2004), Das Bistum Trier und das Zweite Vatikanische Konzil, in: Persch, Martin/Schneider, Bernhard (Hg.), Geschichte des Bistums Trier Bd. 5, Trier.
Heinz, Andreas (2001), Balthasar Fischer zum Gedenken mit der Bibliographie seiner Schriften aus den Jahren 1992–2001, in: Liturgisches Jahrbuch 51, 121–137.
Heinz, Andreas (2003), Das Liturgische Institut in Trier und seine Bedeutung für die Rezeption der Liturgiekonstitution in Deutschland, in: Heiliger Dienst 57, 234–243.
Heinz, Andreas (2000), Johannes Wagner zum Gedenken mit einer Bibliographie seiner Schriften, in: Liturgisches Jahrbuch 50, 1–19.
Thomes, Willi (Hg.) (1979), Lebenszeichen. Das Bistum Trier und sein Bischof Bernhard Stein, Trier.
Wagner, Johannes (1993), Mein Weg zur Liturgiereform 1936–1986. Erinnerungen, Freiburg-Basel-Wien.

II.
Die kirche im Geist des Konzils – Die Konzilsbewegungen auf dem Weg in die Gemeinden

Bischof Bernhard und sein Team

Theresia Witte

Nachdem Dr. Bernhard Stein am 5. Juni 1967 in das Amt des Bischofs von Trier eingeführt worden war, berief er Dr. Wolfgang Lentzen-Deis zu seinem – wie es damals noch hieß – Kaplan und Geheimsekretär. Wie das Wort *Geheimsekretär* schon ausdrückt, waren (und sind) die meisten Vorgänge im Bischofshof *geheim* und *vertraulich* zu behandeln.

Zu dieser Zeit war ich im Bischöflichen Jugendamt – im Jugendferienwerk und in der Pilgerstelle – des Bistums tätig, d. h. im damaligen »Seelsorgeamt«. Uns Mitarbeiterinnen und Mitarbeitern war der Kaplan des Bischofs – mit dem ich unmittelbar wenig zu tun hatte – als freundlicher, liebenswürdiger Mitarbeiter des Bischofs bekannt. Ich begegnete ihm öfter auf dem Weg ins Büro in der Liebfrauenkirche, wo er fast allmorgendlich die Messe um 7.15-Uhr zelebrierte.

Erst als ich dabei war, mich im Generalvikariat zu verabschieden, um eine Stelle in Bonn anzutreten, führten Wolfgang Lentzen-Deis und ich ein längeres persönliches Gespräch in der damaligen Druckerei, vorne im Pfortenhaus, wo heute das Dombüro seine Bleibe hat. Er bedauerte mein Weggehen. Wir ahnten nicht, dass ich 1½ Jahre später als Sekretärin des Bischofs nach Trier zurück kommen sollte.

Im Juli 1972 löste ich Frau Dechêne im Bischofshof ab. Die ersten drei Wochen war ich alleine im Sekretariat, weil Bischof Stein und sein Kaplan gerade ihren Urlaub angetreten hatten. Als die beiden aus den Ferien kamen, verstand es Wolfgang Lentzen-Deis, mich sehr schnell mit den Abläufen und Gepflogenheiten im Bischofshof vertraut zu machen, so dass das selbständige Arbeiten bald Freude machte.

Das Büro von Wolfgang Lentzen-Deis im Bischofshof war vom Sekretariat entweder über den Flur oder durch das Sprechzimmer erreichbar. Ausgestattet war es mit einem alten, aber stabilen Holzschreibtisch, einem Schreibmaschinentisch noch älteren Jahrgangs, aber ebenfalls aus Holz, einem alten Holzaktenschrank – im Gegensatz zu den hellen Schränken war dieser aus dunklem Holz. Dann gab es noch zwei neuere Aktenschränke, die eigentlich ins Sekretariat gehörten, aber aus Platzmangel beim Kaplan im Zimmer standen. Diese äußeren Gegebenheiten schränkten jedoch unsere Freude an der Arbeit zusammen mit unserem Bischof keineswegs ein.

Überrascht hat mich, wie schnell – zwar nicht blind – Wolfgang Lentzen-Deis auf der uralten, großen, schwarzen Schreibmaschine Texte erstellte. Wenn die Manuskripte auch ästhetisch nicht sehr schön anzusehen waren

– das lag eben am nicht mehr neuen Seidenfarbband und überhaupt an dem Unikum von Schreibgerät – so waren die Inhalte der Manuskripte erbaulich und spannend zu lesen. (Heute geht er genauso flott mit dem PC um.)

Spannend war es allemal im Bischofshof. Immer wieder ereigneten sich neue und unvorhersehbare Begebenheiten, so dass von *Alltag* kaum die Rede sein konnte.

Bischof und Kaplan waren gut aufeinander eingespielt und ich fühlte mich bald aufgenommen in dieses Arbeitsteam. Das zog sich durch all die Jahre hin – bis zum Tod von Bischof Bernhard Stein im Jahre 1993.

Allmorgendlich kamen Bischof und Kaplan vom gemeinsamen Frühstück. Während des Frühstücks wurde schon die erste Post gelesen, die dann im Sekretariat registriert und zusammen mit dem zweiten und dritten Posteingang bearbeitet wurde.

Es machte Spaß, große Ereignisse mit vorzubereiten. Herausgreifen möchte ich die Eröffnung unseres altehrwürdigen Domes 1974 nach der zehnjährigen Renovierungszeit mit den vielen Vorarbeiten in den Sitzungen, Gesprächen und Ortsterminen im Dom und schließlich die Eröffnungsfeier selbst mit Gästen wie Julius Kardinal Döpfner, dem Apostolischen Nuntius Erzbischof Dr. Konrad Bafile, den Nachbarbischöfen, um nur einige zu nennen. Aus dem politischen Bereich an der Spitze Bundespräsident Dr. Heinemann mit Gattin und vielen anderen Gästen. Gab es Probleme: Wolfgang Lentzen-Deis war immer ansprechbar für alle Fragen, und gemeinsam fanden wir Lösungen.

Wolfgang Lentzen-Deis verstand es vorzüglich, die Menschen miteinander bekannt zu machen, ins Gespräch zu bringen und dabei stets selbst in den Hintergrund zu treten. Immer war er bereit, auch unangemeldete Besucher zu empfangen und sie anzuhören. Wo er helfen konnte, tat er es auf vielfältige Weise. Vor allem konnte ich bei ihm beobachten, dass er Menschen in Not besondere Zuwendung und Aufmerksamkeit schenkte, das ist bis heute so geblieben. Es war gut, wenn der Kaplan im Hause war, besonders in unangenehmen Situationen.

Mir persönlich kam er einmal *unter Einsatz seines Lebens* zu Hilfe, als jemand meine *Ente* klauen wollte. Ich kam gerade aus der Mittagspause. Als ich vom Domfreihof in die Liebfrauenstraße einbog, hörte ich, dass jemand mein Auto, das am Palais Kesselstatt parkte – damals war das auf dem Bürgersteig noch erlaubt – immer wieder zu starten versuchte. Als ich näher kam, bemerkte ich einen fremden Mann am Steuer. Ich klopfte ans Fenster und fragte ihn, was er in meinem Auto mache. Darauf behauptete er, das sei sein Auto. Das versuchte ich zu widerlegen und es ging eine Zeitlang hin und her. Inzwischen hatten wir so viel Lärm verursacht, dass auch

Wolfgang Lentzen-Deis in seinem Büro aufmerksam geworden war. Er kam mir zu Hilfe und forderte den Mann auf, das Auto zu verlassen. Dieser stieg endlich aus, griff aber plötzlich in seine Jackentasche und schrie Wolfgang Lentzen-Deis laut an: »Wenn Sie jetzt nicht ruhig sind, schieß ich Sie nieder.« Dabei formte der Fremde mit seiner Hand in der Tasche ein Schießgerät. Doch Wolfgang Lentzen-Deis ließ sich nicht beeindrucken und schickte den Mann weg, der dann auch endlich in Richtung Hauptmarkt verschwand. Am Nachmittag kamen Polizisten und berichteten, dass sie den »alten Bekannten« aufgegriffen hätten. Angeblich wollte er mit meinem Auto zu seiner Mutter fahren. Das hätte er einfacher haben können.

1979 feierte Bischof Bernhard Stein drei Jubiläen: Vollendung des 75. Lebensjahres, 50 Jahre Priesterweihe, 35 Jahre Bischofsweihe. Mit vielen Gästen aus dem kirchlichen und politischen Leben wurde die Eucharistie im Dom gefeiert. Der Festakt in der Europahalle mit der beeindruckenden Ansprache von Regionaldekan Paul Schütz und der anschließenden Begegnung mit dem Bischof, seiner Familie und den Festgästen war vortrefflich gelungen. Als Abschluss dieser Jubiläumsfeier organisierte Wolfgang Lentzen-Deis mit unserem Team, das durch die Schwester des Bischofs, den Vater Lentzen-Deis und zwei Kolleginnen aus dem Generalvikariat erweitert wurde, eine Romfahrt. Die Reise wurde zu einem unvergessenen Erlebnis, denn gleich zwei *Germaniker* konnten uns die Ewige Stadt viel näher bringen, als ich es bis dahin erlebt hatte. Bei diesem Aufenthalt zeigte uns Wolfgang Lentzen-Deis auch die Stelle, wo die Namen der *Konzilsväter* (Konzil 1962–1965) am Eingang des Petersdomes eingraviert sind – unter ihnen unser Bischof Bernhard. Die beiden *Germaniker* begleiteten uns auf den von Bischof Bernhard geliebten Spaziergängen, die er auch während seiner Studienzeit so gerne unternommen hatte.

Auch die gemeinsame Bolivienreise 1980 zum 80. Geburtstag von Kardinal Maurer, der die Partnerschaft zwischen Bolivien und dem Bistum Trier aufgebaut hatte, war ein beeindruckendes Erlebnis. Die Gemeinde Püttlingen hatte diese Reise organisiert. Wolfgang Lentzen-Deis sorgte für die entsprechenden Informationen vor und während der Reise sowie bei den vielen Begegnungen in Bolivien mit den Trierer Priestern und Schwestern. In Bolivien war und ist alles anders. Auffallend ist die Herzlichkeit, mit der sich die Menschen begegnen und mit der die Gäste aufgenommen werden. Das schlug sich bis in unsere Reisegruppe nieder. Wir waren allesamt *Brüder und Schwestern.*

Nach manch arbeitsreichen Bürotagen oder an Urlaubstagen machte unser Team zusammen mit Verwandten und Bekannten des Bischofs Ausflüge und Wanderungen in die von Bischof Stein so sehr geliebte Eifel und in seine Heimat.

Dabei kam es oft zu lustigen Begebenheiten, vor allem, wenn der Bischof mit seinem Bruder, Pater Alois Stein, verwechselt wurde. Übrigens war ich überrascht, wie es Pater Stein gelang, auf der Dauslay, in der Nähe von Weiler, ein solches Feuer zu entfachen, dass die mitgebrachten Würstchen für unsere Wandergruppe gegrillt werden konnten. Der Bischof und Wolfgang waren die *Handlanger,* die das Feuerholz beschafften.
Ausflüge dieser Art fanden auch in der Winterzeit statt. Dabei brachte uns die frühe Dunkelheit einmal in große Bedrängnis. Wir hatten uns auf der Wanderung in der Entfernung verschätzt und gerieten schließlich in die Nacht. Unser Fortkommen wurde immer langsamer, und schließlich war es so dunkel, dass an Weggabelungen Wolfgang Lentzen-Deis oder sein Bruder Bodo nur noch mit Hilfe von Zündhölzern die Wegbeschreibungen erkennen konnten. Pater Stein, dessen Sehkraft sehr eingeschränkt war, konnte nur noch den weißen Socken von Schwester Elsbeth folgen.
Als Bischof Stein emeritiert wurde und in die Kurie v. der Leyen einzog, fiel unser Team nicht auseinander. Wolfgang Lentzen-Deis ging weiterhin zum gemeinsamen Mittagsmahl zur Familie Stein. Er war für die Familie Stein immer da, wenn er gebraucht wurde. In derselben Kurie richteten wir im Gästeappartement von Bischof Stein zugleich das Büro ein, wir nannten es »Treffeck«. Der damalige Generalvikar Gerhard Jakob war einverstanden, dass ich weiterhin für Bischof Stein arbeitete. Nach dem Mittagessen kamen Bischof und Kaplan – so wurde Wolfgang Lentzen-Deis auch noch genannt, als er schon Professor war – ins »Treffeck«. Da wurden die amtlichen und privaten Dinge besprochen und bearbeitet. Seit 1992 ist dieses »Treffeck« meine Wohnung. Ein letztes Treffen unseres Teams war dort an meinem Namenstag 1992. Danach konnte der Bischof die Treppe nicht mehr hoch gehen und wir trafen ihn dann nur noch in seiner Wohnung.
Die Verbindung zu Wolfgang Lentzen-Deis gründete in unserer gemeinsamen Arbeit mit Bischof Bernhard Stein, der uns so viel Vertrauen entgegenbrachte und dem wir über den Dienst hinaus sehr verbunden waren. Die Verbindung zu Wolfgang Lentzen-Deis ist auch nach dem Tod von Bischof Stein geblieben. Sie hat sich auf meine ganze Familie und meine Freunde ausgeweitet. Er ist bei allen Familienfesten und -begegnungen dabei: als Priester, Freund und Begleiter. Wir hören ihm gerne zu und erfreuen uns köstlich an seinen Erzählungen.

Blumen in allen Farben

Gabriele Miller

Trier, eine alte Römerstadt. Das wusste ich – wenn nicht vorher schon, so doch aus unseren Kirchengeschichtsvorlesungen. Wie wichtig diese Stadt war! Und das wurde sie auch mir – nicht nur von den alten Bildern und Beschreibungen her. Die verblassten total, als ich zum ersten Mal in dieser herrlichen Stadt war, relativ weit entfernt von unserem Schwabenland. Bei uns gab es im höchsten Fall die Überreste der römischen »Mauer«, des Limes.

Ich war dann mehrfach im schönen Trier. Tagungen aller Art, meist mit religionspädagogischen Themen. Und weil ich damals schon in vielen Töpfen mitrührte, gab es auch viele Anlässe, einmal mehr in die alte Römerstadt zu fahren.

Neugierig und unternehmungslustig wie ich immer war, suchte ich nach einem Grund, den Trierer Bischof Bernhard Stein mit seinem guten Ruf kennen zu lernen. Ich hatte in Trier bereits zwei Religionspädagogen, die ich gut kannte, Josef Quadflieg und Franz Wendel Niehl. Die sprachen mir zu, mit dem Sekretär des Bischofs zu verhandeln – bei uns hieß so einer Bischofssekretär, dort sagt man Bischofskaplan. Dieser Wolfgang Lentzen-Deis war (und ist) ein außergewöhnlich netter Mensch. So hatte ich keine Hemmungen, bei ihm anzurufen, um ihn um einen Bischofstermin zu bitten.

Das Treffen mit dem Bischof klappte. Wolfgang arrangierte ein Abendessen im Bischofshaus. Dort gab es zwei Schwestern Stein und noch eine Haushälterin. Wer von den Dreien den Kochlöffel schwang, ich weiß es nicht, aber es war auf alle Fälle ein Festmahl, das Wolfgang da organisiert hatte.

Der Bischof und ich, wir verstanden uns vom ersten Tag an. Und Wolfgang hat uns in keiner Weise gestört, im Gegenteil! Er sprach auch dem Bischof zu, mich mitzunehmen, wenn er nächstes Mal zum Angeln gehe. Das war mein einziges *Angelerlebnis,* und wenn es nicht mit Bernhard Stein und seinem netten Kaplan gewesen wäre, dann wäre ich auch zum Rausangeln parat gewesen! Hatte der Bischof mich ins Herz geschlossen, so der Sekretär nicht minder.

Einmal erzählte mir Wolfgang am Telefon, er sei gerade dabei, einen Termin in Bonn auszuhandeln, und dabei wollte er auch Bischof Steins Bruder, den Jesuiten Alois Stein treffen. Also tat ich alles, um zu jenem Termin auch meinen Kalender auf Vordermann zu bringen. Und es klappte mit dem Treffen. P. Stein war ein außerordentlicher Mensch (wie konnte es auch anders sein!), vielseitig interessiert. Das Gespräch endete damit, dass ich mich nicht von P. Stein, dem Jesuiten, verabschiedete, sondern von Alois.

Irgendwann war in Trier das große Treffen des Deutschen Katecheten-Vereins (DKV). Professor Adolf Exeler war der Vorsitzende und obendrein: er hatte wirklich etwas zu sagen. Ich freute mich natürlich, Bernhard Stein zu treffen; doch damit war ich nicht allein. Es war eigentlich klar, dass zu Exelers wichtigem Vortrag der Bischof kommen würde. Aber es gab die große Panne. Ein überaus freundlicher Wolfgang Lentzen-Deis kam zeitig vor Beginn, um seinen Bischof zu entschuldigen. Der war nämlich krank geworden. Und Lentzen-Deis fügte hinzu, der Bischof lasse viele Grüße schicken, was Exeler sogleich den Wartenden mitteilte ebenso wie sein Bedauern. Doch, was sagte dieser Bischofskaplan? Der Bischof bedaure es auch sehr, dass er nicht kommen könne, schon weil er so gerne mich getroffen hätte. Dass Exeler darüber sichtlich verärgert war, sah man von weitem. Diesem Bischof war offensichtlich die Millerin wichtiger als er und der ganze DKV! Ich aber war stolz und ein wenig getröstet über diese Bischofsgrüße.

An eine andere Geschichte erinnere ich mich sehr gut. Wolfgang hatte für die beiden Stein-Brüder eine Romreise organisiert. Er kannte sich dort gut aus, da er in Rom studiert hatte. Wolfgang hatte mir die römische Adresse gegeben, dann würden sie sich über Post freuen können. Also setzte ich mich sofort an meinen Schreibtisch, um an die drei Männer einen herzlichen Kartengruß zu verfassen.

Also schrieb ich: Lieber Bischof Stein, lieber Alois und lieber Wolfgang. Aber dann gingen die Probleme los. »Ich hoffe, es geht Ihnen/Euch gut in der ewigen Stadt ...« Immer diese doppelte Anrede – sie ging mir selbst auf die Nerven. Doch die Karte kam pünktlich an, zur großen Freude der drei hohen Herrn, so wenigstens sagte mir Wolfgang sofort, nachdem sie zurückgekommen waren.

Einige Tage später hielt ich eine Tagung in Augsburg. Vor dem Mittagessen wurde ich ans Telefon geholt. Wer wollte mich denn sprechen? Ein Bischof, hieß die respektvolle Antwort. In meinem Büro hatte man ihm meine Telefonnummer gesagt. Bei mir meldete sich einer, der fragte, ob ich Gabriele heiße? Ja, wie denn sonst? Also, sagte der Anrufer, wenn das so sei, dann möchte er dieser Gabriele nur mitteilen, dass er Bernhard heiße. Mir blieb die Spucke weg – aber ich freute mich sehr. Von da an musste ich keine Unterschiede mehr machen. Und als wir uns das nächste Mal trafen, war der Herr Bischofskaplan sehr erstaunt. Ob er richtig gehört habe? Und seit wann? Dass er was nicht wusste, machte mir einen Mordsspaß!

Im Lauf der Zeit merkte ich auch, dass Wolfgang Lentzen-Deis ein guter Theologe ist. Ach ja, ich hätte bei der Organisation der Romreise schon erwähnen sollen, dass *in Rom studieren* mehr ist als nur ein Auslands-Semester. *Germaniker,* das sind ausgesuchte Studenten, die in der Gregoriana und im Biblikum studieren und dort auch ihr Examen machen. Im *Germanikum* wohnen sie und zwar sind das: Deutsche, Österreicher, Ungarn und auch ein paar Schweizer. Wenn man diese Lentzen-Deis'sche Vorgeschichte kennt, wundert man sich nicht, dass Wolfgang sozusagen mit der linken Hand den römischen Urlaub der Stein-Brüder organisiert hatte. Man wundert sich auch nicht, dass Lentzen-Deis vielen Pfarrern der Diözese überlegen ist. Allerdings muss man im gleichen Atemzug auch seine Bescheidenheit nennen.
Ich erinnere mich nicht mehr, wo und in welchem Fach Wolfgang seine Promotion gemacht hat. Habilitiert hat er sich erst nach dem Tod von Bischof Stein, und zwar in Bonn bei Professor Gottfried Bitter.
Inzwischen war er viele Jahre lang Professor an der Theologischen Fakultät Trier, und er war das gern, und das war bei Wolfgang keine Ausnahme. Er hat sich mit der Arbeit, die er machte oder zu machen hatte, jeweils ganz identifiziert. Das war im Hause Lentzen-Deis kein Sonderverhalten. Zwei seiner Brüder sind ebenfalls Theologen. Der Ältere ist leider zu früh gestorben. Er war Bibelprofessor in Frankfurt und Rom, und er hatte Schüler aus der halben Welt. Der jüngere Bruder war bis zu seiner Pensionierung sehr geschätzter Klinikseelsorger – und ein bisschen macht er das heute noch.
Die Freundschaft mit Wolfgang hat auch nach Bischof Steins Tod kein Ende genommen; sie besteht bis heute, und Wolfgang tut alles zum Weiterbestehen. Ich wünsche diesem langjährigen Freund von Herzen alles nur denkbar Gute, das der liebe Gott für ihn vorgesehen hat.

Das Konzil kommt im Bistum an

Die Konzilstage im Jahr 1966
Impressionen eines Aufbruchs

Bernhard Schneider

Für diejenigen, die das Zweite Vatikanische Konzil in Rom als Teilnehmer, als in Rom Studierende oder als Rombesucher in irgendeiner Form miterleben konnten, war es in der Regel ein packendes Erlebnis. Aus dem Bistum Trier waren Diözesanbischof Matthias Wehr und seine beiden Weihbischöfe Bernhard Stein und Carl Schmidt als Konzilsväter in Rom gewesen. Der Trierer Delegation, die in der Casa Palotti Quartier bezogen hatte, gehörten außerdem der Kirchenrechtler Msgr. Peter Israel (1911–1984), der Liturgieexperte Msgr. Johannes Wagner und Professor Balthasar Fischer als zusätzlicher bischöflicher »Peritus« (lat.: Erfahrener, Kenner [Anm. d. Red.]) für liturgische Fragen an (Heinz 2004). Während diese Trierer in Rom wirkten, begleitete man in der Heimat das Konzilsgeschehen in den Pfarreien mit eigenen Novenen, um für das Gelingen des Konzils zu beten. Neben der Presseberichterstattung und dem Fernsehen sorgten auch Predigten, Vorträge oder Katechesen dafür, die Gläubigen für das Konzil zu interessieren und sie an seinen Beratungen ein Stück teilhaben zu lassen. Diese Begleitung des Konzils im Bistum und die Reaktionen der Gläubigen sind noch unerforscht (als ein Beispiel sei hier nur auf entsprechende Einträge in der Pfarrchronik von Klausen hingewiesen; vgl. Gatz 1998, 96–104).

Am 8. Dezember 1965 fand der feierliche Abschluss des Konzils statt, das in 16 Dokumenten zu einer Vielzahl kirchlicher Themen Stellung bezog. Von da an stand man weltweit vor der Aufgabe, das Konzil auch in den Ortskirchen bei den Gläubigen wie beim Klerus ankommen zu lassen. Papst Paul VI. regte an, in Verbindung mit dem kleinen Jubiläumsjahr im ersten Halbjahr 1966 in den Bischofskirchen aller Diözesen eine Dankfeier für das zu Ende gegangene Konzil durchzuführen. In Trier stieß diese Anregung zwar nicht auf taube Ohren, aber auf ein konkretes Problem: die Bischofskirche stand nicht zur Verfügung, weil man mit der großen Domrenovierung begonnen hatte, die erst 1974 beendet sein sollte (vgl. Ronig 1980). Wer nun in dieser Situation auf den Gedanken verfiel, statt der zentralen Dankfeier dezentrale Feiern an mehreren Orten im Bistum durchzuführen, entzieht sich momentan noch unserer Kenntnis, da die möglicherweise einschlägigen Akten noch nicht zugänglich sind. Durch eine Ankündigung im Kirchlichen Amtsblatt (Nr. 33, 28) und im Bistumsblatt »Pauli-

nus« (Nr. 7, 17) wurde die Öffentlichkeit im Bistum über diese »Konzilstage« informiert. Demnach wollten Bischof Wehr und seine Weihbischöfe in der Zeit zwischen Ostern und Pfingsten zwölf Städte des Bistums besuchen, »um den Gläubigen die Ergebnisse und Anliegen des Konzils nahezubringen und die Einheit zwischen den Bischöfen, Priestern und Laien sichtbar zu machen.« Als Orte waren Trier, Saarlouis, Prüm, Koblenz, Idar-Oberstein, Kreuznach, Betzdorf, Ahrweiler, Neuwied, Neunkirchen, Saarbrücken und Mayen vorgesehen. Der Veranstaltungsreigen wurde am Ostersonntag in Trier eröffnet und am Pfingstmontag in Mayen geschlossen. Alle Termine waren auf einen Samstag, Sonntag oder Feiertag gelegt worden, damit möglichst viele Menschen teilnehmen konnten. Intendiert waren durchaus Massenveranstaltungen. Das einheitliche Veranstaltungsschema sah eine Vortragsveranstaltung am Nachmittag in einem Saal vor, als deren zentrales Publikum die Mitglieder der Kirchenvorstände und der Pfarrausschüsse sowie Lehrer und Vorsitzende der kirchlichen Vereine galten, für die eigens Plätze reserviert wurden. Gegen 17.00 Uhr sollte eine Eucharistiefeier auf einem großen Platz folgen, bei der die Bischöfe mit den Priestern aus den eingeladenen Dekanaten konzelebrieren wollten. Der größeren Mobilisierung dienten Triduen (Zeitraum von drei Tagen [Anm. d. Red.]), die in den einzelnen Pfarreien den Konzilstagen vorausgehen und »zu einer religiösen Besinnung und geistlichen Erneuerung« anleiten sollten. Als deren Zentrum waren Vorträge zur Kirchenkonstitution »Lumen gentium« des Konzils vorgesehen (Amtsblatt 1966 Nr. 69, 50 f.). Mit der Möglichkeit, den vollkommenen Jubiläumsablass zu erwerben, wurden die Gläubigen zur Teilnahme an den Triduen bzw. an der Messfeier des Konzilstages zusätzlich animiert. Zur inhaltlichen Vorbereitung sorgte das Seelsorgeamt im Generalvikariat für den Vertrieb von Sonderdrucken der deutschen Übersetzung des genannten Konzilstextes. Dem Klerus wurde eine Handreichung für die Triduen zur Verfügung gestellt.
Beim Startschuss in Trier war der damalige neue Leiter der Katholischen Akademie und Diözesanverantwortliche für die Erwachsenenbildung Dr. Jürgen Wichmann der Hauptredner. Er stellte sein Referat unter den markanten Leitgedanken »Laien an die Front« und ging den Fragen nach »Was hat das Konzil tatsächlich erbracht? Was haben unsere Bischöfe daraus gemacht? Was hat der Laie zu tun?« (Paulinus Nr. 16, 12–14). Dem Pontifikalamt vor dem Dom wohnten Tausende bei. Am folgenden Tag stand die Veranstaltung in Saarlouis unter dem sehr allgemeinen Motto »Der Mensch ist geliebt« (Paulinus Nr. 16, 14 f.). An ihr nahmen ca. 15.000 Gläubige aus den Dekanaten der mittleren und unteren Saar teil. Neben den Vortrag trat hier mit einer Podiumsdiskussion und einer anschließenden allgemeinen Diskussion ein stärker dialogisch geprägtes Element. Als

Gesprächspartner fungierte der Chefredakteur der »Trierischen Landeszeitung« Ignaz Keßler. Eine Podiumsdiskussion als Ergänzung zu einem Referat veranstaltete man auch in Saarbrücken, wobei die Ergebnisse einer vom Saarländischen Rundfunk organisierten Befragung unter katholischen Gläubigen über ihre Wünsche an Papst und Kirche den Ausgangspunkt bildeten (Paulinus Nr. 23, 14–16).

Bei der Durchsicht der Berichte im »Paulinus« fällt auf, dass als Redner überwiegend Laien auftraten. Sie bildeten damit gleichsam ein Gegengewicht zur geballten Präsenz der anwesenden Bischöfe, deren Forum das noch öffentlichkeitswirksamere Pontifikalamt war. Unter den Rednern waren katholische Medienexperten stark vertreten. Neben dem erwähnten Ignaz Keßler sind Franz Lorenz von Thadden, Chefredakteur aus Saarbrücken, Oskar Neisinger, Chefredakteur aus Karlsruhe, und der Zeitungswissenschaftler und Publizist Prof. Otto Roegele anzuführen. Mit diesen teils recht prominenten Katholiken aus dem Medienbereich wurde bewusst oder unbewusst der Idealtyp des weltzugewandten, in der Öffentlichkeit aktiven und wirksamen Laienchristen vorgeführt. Etliche Redner traten im Übrigen mehrfach auf: Neisinger sprach in Bad Kreuznach und Neuwied, Wichmann in Trier und Betzdorf, Keßler in Saarlouis, Prüm und Neunkirchen, von Thadden in Idar-Oberstein und Mayen. Als einziger Priester referierte Prälat Wilhelm Bokler aus Wiesbaden, der Leiter des deutschen Sekretariats zur Durchführung der Konzilsbeschlüsse, und zwar in Koblenz und Saarbrücken.

Inhaltlich erkannte der Bischöfliche Geheimsekretär Friedhelm Hammes, der in dieser Eigenschaft die Konzilstage miterlebt hatte, zwei Gedankenreihen, die in den Vorträgen hauptsächlich entwickelt worden seien (Paulinus Nr. 25, 12). Zum einen die Kirche in ihrem veränderten Verhältnis zur Welt, für die sie ihre Verantwortung neu entdeckt habe. Deshalb sei jetzt das Zeitalter der Laien angebrochen mit ihrer Sendung, die Welt zu gestalten. Zum anderen die durch diese Neuausrichtung vorhandene Verunsicherung. Der neue Typ des Christen, den die heutige Welt verlange, sei eben noch nicht vorhanden und müsse erst ausgebildet werden. Schließlich erwähnt Hammes noch einen neuen Stil des Zusammenlebens in der Kirche, der sich etablieren müsse, wofür die Konzilstage aber bereits einen Beitrag geleistet hätten. Hammes weist in diesem Zusammenhang auch auf den symbolischen Akzent hin, den Bischof und Weihbischöfe in ihrem Verhältnis zum Klerus bei den Konzilstagen dadurch setzten, dass sie auf die Pontifikalinsignien verzichteten und in einheitlicher, schlichter liturgischer Kleidung zelebrierten, die sich von derjenigen der Konzelebranten nicht unterschied. So sollte die »eine Brudergemeinde in Christus« veranschaulicht werden.

Was Hammes in groben Linien skizziert, lässt sich anhand der Berichterstattung im »Paulinus« weiter ausmalen. Die Redner suchten ganz offenkundig die Anwesenden darauf einzustimmen, die Beschlüsse des Konzils näher zur Kenntnis zu nehmen und zu diskutieren. Information tat offensichtlich Not. Fehlende Klarheit über die Absichten des Konzils, unklares Wissen über die tatsächlichen Beschlüsse und Veränderungen werden verantwortlich gemacht für Verwirrung wie Enttäuschung. Das lässt die Frage nochmals virulent werden, welche Rolle das Konzil als Ereignis bis dahin im Leben der Katholiken/Katholikinnen und in den Gemeinden des Bistums gespielt hat. Es drängt sich der Verdacht auf, dass der anfänglichen Faszination im weiteren Verlauf nachlassendes Interesse folgte.
Darüber hinaus zielten alle Redner darauf ab, das Konzil jetzt Wirklichkeit werden zu lassen. »Das Konzil in Rom ist beendet, das Konzil im Alltag der Menschen beginnt« formuliert Oskar Neisinger als Leitmotiv, und Otto Roegele versucht einer raschen Historisierung des Konzils entgegenzuwirken, indem er es nicht als historisches Faktum, sondern als ein fortwirkendes, lebendiges Geschehen charakterisiert. Überaus deutlich kennzeichnet alle Redebeiträge ein appelativer, ja persuasiver Tenor. Das Konzil könne verspielt werden, könne scheitern, wenn die Menschen sich nicht darauf einließen, meinte etwa Franz Lorenz von Thadden.
Das Konzil als fortwirkendes Geschehen wird auch als Forderung an die Menschen in der Kirche verstanden. »Bereitschaft zum Aufbruch« (Neisinger) wird gewünscht, ebenso wird gemahnt, die »unaufschiebbaren Dinge« beherzt anzupacken und nicht darauf zu warten, bis alle die »katholische Reifeprüfung« abgelegt hätten (Keßler). Konkret bedeutet das in erster Linie eine Neupositionierung der Laien und ihrer Aufgabe: »Laien an die Front«, »der Laie darf nicht abseits stehen« oder die »Verantwortung der Laien in der Kirche und in der Welt« lauten pointierte Formulierungen. Sie werden begleitet von Appellen der Redner an die Laien, die religiöse Weiterbildung nicht zu vernachlässigen, einen primitiven Köhlerglauben abzulegen, Ja zur Welt und den Wissenschaften zu sagen, die Welt mitzugestalten und die eigene Verantwortung in Freiheit zu übernehmen.
Dass sich mit dem Konzil und der schlagwortartig beschriebenen Neupositionierung der Laien auch die Verhältnisse in der Kirche veränderten, klingt in den Redebeiträgen ebenfalls wiederholt an. Oskar Neisinger postuliert den Übergang von der Klerikerkirche zur lebendigen Gemeinschaft, Otto Roegele würdigt das neue Kirchenverständnis als »Volk Gottes« und die Podiumsdiskussion in Saarbrücken mündet in den Ruf ein, Priester und Laien müssten gemeinsam die Frohe Botschaft verkündigen, wobei die Laien mutiger, die Priester aber etwas zurückhaltender als in der Vergangenheit agieren müssten. Damit war einem vermeintlichen Verkün-

digungsmonopol des kirchlichen Amtes der Abschied gegeben. Für ein neues Miteinander von Klerus und Laien und damit für das Weiterleben des Konzils sei es wichtig, dass zwischen ihnen das Gespräch in Gang käme. Ein neuer Stil des Zusammenlebens wird angemahnt, der sich auch in der Forderung konkretisiert, bei Titeln und Anreden neue Wege zu beschreiten. Die neuen Gremien (»Pfarrausschüsse«) finden in diesem Sinn verschiedentlich speziell Beachtung.

Rekapituliert man diese verschiedenen Inhalte, so erkennt man darin eine Absage an das Modell eines katholischen Milieuchristentums, wie es für den deutschen Katholizismus seit der zweiten Hälfte des 19. Jahrhunderts vielerorts typisch geworden war (vgl. Horstmann/Liedhegener 2001). Die bisher dominierenden Abschottungstendenzen gegenüber einer nur oder überwiegend als feindlich empfundenen *Welt,* der man das Milieu als ideale katholische Gegenwelt entgegenstellt, würden ihren bereits brüchig gewordenen Sinn verlieren, wenn Kirche und Gläubige sich im gewünschten Aufbruch zur Welt hinwenden sollten. Diese zu Ende gehende Phase war im Milieu oder in traditionellen katholischen Lebenswelten zugleich idealtypisch gekennzeichnet gewesen durch die weitgehend unhinterfragte Autorität der kirchlichen Amtsträger und der kirchlichen Normen und durch eine damit verbundene Überordnung des Klerus über die Laien. Kannte die Wirklichkeit auch nicht unwichtige Differenzierungen dieses Modells, so kann an der Grundtendenz kein Zweifel bestehen. Die Rede vom Hirt und seiner Herde und die Stilisierung der Bischöfe zu »Kirchenfürsten«, die noch in den 1950er Jahren so tituliert wurden, steht für diese Tendenz. Besonders sinnfällig wurde sie im traditionellen Zeremoniell der Vorkonzilszeit. Kniebeuge und Ringkuss, symbolische Akte nicht nur der Ehrfurcht, sondern in der Geschichte übliche Formen der rituellen Unterwerfung, bringen ein Kirchen- und Amtsverständnis zur Anschauung, das nun nach dem Konzil obsolet wurde. Die bloße Tatsache der Konzilstage zeigt die beginnende Veränderung. Bischöfe und Laien treten als gemeinsame Akteure auf, die Bischöfe gehen auf die Menschen vor Ort sichtbar zu und präsentieren sich wenigstens ansatzweise als Gesprächspartner. Gleichzeitig zeigen Fotos noch das begrenzte Fortleben des herrschaftlichen Zeremoniells. Aufbruchsstimmung, innerkirchliche Suche nach einem neuen Miteinander und der Weg in die Gesellschaft verbanden sich auch nach dem Eindruck, den die Konzilstage vermitteln, mit Rollenunsicherheit, Verwirrung, beginnenden Konflikten zwischen beharrenden und stürmisch vorpreschenden Kräften, aber stellenweise auch mit Gleichgültigkeit.

Immerhin wurden die Konzilstage im Ganzen zu einem Erfolg. Rund 70.000 Menschen nahmen an den großen Eucharistiefeiern teil, 14.000

Personen waren bei den Vortragsveranstaltungen anwesend, rund 65 % der Pfarreien beteiligten sich durch Delegierte an den Konzilstagen (Paulinus Nr. 25, 12). Mehr als ein Startschuss zur Aneignung des Konzils im Leben des Bistum, das sich in den folgenden Jahren beträchtlich änderte (vgl. Persch/Schneider 2004), konnten sie allerdings nicht sein. Wer möchte behaupten, dass wir heute damit ans Ende gelangt seien?

Literatur

Kirchliches Amtsblatt für das Bistum Trier 110 (1966).

Paulinus 92 (1966).

Heinz, Andreas (i. E. 2004), Das Bistum Trier und das Zweite Vatikanische Konzil, in: Persch, Martin/Schneider, Bernhard (Hg.), Geschichte des Bistums Trier Bd. 5, Trier.

Horstmann, Johannes/Liedhegener, Antonius (Hg.) (2001), Konfession, Milieu, Moderne, Schwerte.

Gatz, Erwin (1998), Alte Bundesrepublik, in: Gatz, Erwin. (Hg.), Kirche und Katholizismus seit 1945 Bd. 1, Paderborn, 53–131.

Ronig, Franz (Hg.) (1980), Der Trierer Dom, Neuss.

Vertrauen lernen

Günther Becker

Die 60er und 70er Jahre des vergangenen Jahrhunderts sind uns als eine bewegte und bewegende Zeit in Erinnerung. Ziemlich überraschend hatte der Papst das Zweite Vatikanische Konzil einberufen. »Macht die Fenster auf! Lasst frische Luft herein!«, soll er als eine erste Begründung gegeben haben. Bald wurde sein Anliegen und der Anspruch an das Konzil deutlich: Es ging um die ehrliche Wahrnehmung der Welt von heute und um die für den Heilsdienst an dieser Welt notwendige Reform der Kirche an Haupt und Gliedern.

Das Konzil definierte die Kirche als Volk Gottes, als »pilgerndes Gottesvolk« auf dem Weg durch diese Zeit – und bezog das nicht nur auf die Gesamtkirche, sondern auch auf das Bistum, ja sogar auf die einzelne Pfarrei (Liturgiekonstitution Nr. 42). Daraus ergaben sich sehr interessante Fragen: Wer ist mit der Sendung, die der Kirche von Jesus Christus gegeben ist, beauftragt? Wer ist verantwortlich dafür, dass die Heilsbotschaft verkündet wird bis an die Grenzen der Erde? »Es gibt in der Kirche eine Verschiedenheit des Dienstes, aber eine Einheit der Sendung«, sagt dazu das Dekret über das Apostolat der Laien (Nr. 2). *Alle* Getauften und Gefirmten haben diese Aufgabe. Die Laien werden in der Konstitution über die Kirche ausdrücklich ermutigt, sich nicht als passiv dem geistlichen Dienst untergeordnet zu verstehen, sondern die ihnen eigene Berufung zur tätigen Teilnahme zu erkennen und sie in unmittelbarer Mitarbeit mit dem Apostolat des Bischofs wahrzunehmen (Nr. 31, 32, 33). Das hat natürlich Konsequenzen für das Verhältnis zwischen denen, die das auf Grund ihres Amtes oder einer Weihe tun, und denen, die als Getaufte und Gefirmte unter dem selben Anspruch stehen. *Alle* sollen den Herrn als Heiland und Erlöser bezeugen, und zwar im Geiste der Einheit, »damit die Welt glaube« (Joh 17, 21).

Die Synode der Bistümer Deutschlands beriet von 1972 bis 1975 in Würzburg, wie die Konzilsbeschlüsse in den Diözesen und in den Pfarreien umzusetzen seien. Wir kannten die Synodalen aus unserem Bistum und waren stolz darauf, dass unser Bischof Dr. Bernhard Stein als Vizepräsident der Synode zusammen mit ihnen offen und ehrlich um den rechten Weg der deutschen Kirche ringen und wichtige Akzente setzen konnte. »Die Gemeinde ist nicht Objekt der Seelsorge, sondern Subjekt«, so kamen die Beratungen von Würzburg bei uns an. »Unter der Leitung des Bischofs trägt das Volk Gottes den Dienst der Verkündigung, feiert es die Heilige Liturgie und bezeugt im caritativen Dienst die Liebe unseres Gottes. Alle sind zu diesem Dienst berufen.«

Die Beratungen und Beschlüsse der Konzilsväter und der deutschen Synodalen brachten wir in unseren Gemeinden in Gesprächskreisen, bei Bildungsabenden, in Gruppenstunden und bei vielen Treffen der Verbände unters Volk und trafen auf großes Interesse. Die Menschen in unseren Pfarreien fühlten sich ernst genommen und bekamen wieder ein Gefühl für die besondere Würde, die der Gemeinde von ihrem Herrn gegeben ist.

Allerdings musste jetzt auch vor Ort neu buchstabiert, diskutiert, gelernt und eingeübt werden, welche Rolle die einzelne Gemeinde in unserer Trierer Kirche zu übernehmen hatte und wie wir sie ausfüllen konnten. Wie in vielen anderen Pfarreien stellten wir auch in der Gemeinde, in der ich damals Pastor war, alle Sparten des pfarrreichen Lebens auf den Prüfstand: Die Feier der Heiligen Eucharistie und der Sakramente, die Verkündigung

mit ersten Versuchen zur Gemeindekatechese, die Darstellung der Gemeinde in der Öffentlichkeit ebenso wie die Initiativen, die im caritativen und sozialen Dienst die Liebe Gottes den Armen und Hilfsbedürftigen erfahrbar machen sollten. Viel Neues wurde dabei entdeckt und angepackt. Alte Traditionen wurden auf ihren Sinngehalt befragt, nicht wenige wurden wieder neu in ihrem Wert erkannt. Dem inneren Umbau entsprach die Erschließung neuer Lebensräume für die Gemeinde. So wurde der Neubau eines Kindergartens ebenso angegangen wie der Bau eines Jugend- und Gemeindehauses, in dem von Anfang an die Begegnung zwischen Jung und Alt zum Programm gemacht wurde. Dass daneben auch die Kirche renoviert und nach den Richtlinien für die tätige Teilnahme des Volkes Gottes an der Heiligen Liturgie umgestaltet wurde, ergab sich aus dem neuen Gemeindeverständnis und wurde dann nicht nur akzeptiert, sondern mit großem persönlichen Einsatz auch vieler Menschen, die nicht zum inneren Kreis der Gemeinde gehörten, mitgetragen.
Die konkrete Aufgabenstellung ergab im Pfarrgemeinderat und im Verwaltungsrat eine engagierte Mitarbeit aller. Der wöchentlich erscheinende Pfarrbrief machte die zeitnahe Berichterstattung über alle Überlegungen, Planungen und Beschlüsse möglich. Damit wurde der Gesamtgemeinde vermittelt, dass in den gewählten Gremien kein unverbindlich diskutierender Stammtisch oder eine Bildungsveranstaltung für besonders fromme Leute am Werk ist, sondern dass hier Verantwortung wahrgenommen wird und das konkrete Leben der Pfarrgemeinde zur Sprache kommt.
Es kam zu spannenden Fragen: Wie stimmt das, was wir hier tun, mit der Kirche, mit der Weltkirche und ihrer Verantwortung für die Welt überein? Wie wird unsere Gemeinde durch den Bischof geführt, der der für uns bestellte Nachfolger der Apostel ist, unser Lehrer und unser Hirte –, und wie nimmt der von ihm beauftragte Pastor seine Leitungsaufgabe wahr? Welche Verantwortung für die Pfarrei oder auch wie viel Beteiligung an der Leitung ihrer eigenen Gemeinde haben die gewählten Vertreterinnen und Vertretern im Pfarrgemeinderat?
Wir haben vor Ort versucht, miteinander einen guten Weg für das gemeinsame Zeugnis zu finden und sind erste kleine Schritte gegangen. Damals berichtete ich auf einer Priesterkonferenz, dass ich dem neu gegründeten Pfarrgemeinderat in der konstitutionierenden Sitzung gesagt hatte: »Sie tragen jetzt hier bei uns die Verantwortung für die Gemeinde. Ausdrücklich binde ich mich an Ihre Beschlüsse und werde nur dann regelnd eingreifen, wenn der Glaube unserer Kirche falsch oder missverständlich dargestellt wird oder Anordnungen des Bischofs nicht aufgegriffen, nicht verantwortlich diskutiert oder nicht umgesetzt werden.« Es kam unter den Priestern zu einer hitzigen Diskussion. Den einen ging ich nicht weit genug in der

von ihnen favorisierten und propagierten »Demokratisierung der Kirche«, nach der Meinung anderer zerstörte ich die »gewachsene Ordnung unserer Kirche und die Einheitlichkeit«, die bisher ein besonderes katholisches Merkmal gewesen war. Eine schwierige Situation!

Durch die Vermittlung meines Freundes Josef Stiren und zusammen mit ihm konnte ich darüber mit dem Bischof Bernhard Stein sprechen. Er bestärkte uns in unserer Haltung und wurde sehr persönlich. Freimütig erzählte er, wie mühsam und auch schmerzlich es für ihn gewesen war, während des Konzils sein Gottes- und Kirchenbild, aber auch das Amtsverständnis, mit dem er groß geworden war, zu hinterfragen und für heute zu formulieren. Er fasste das zusammen in dem Satz: »Ich habe im Konzil und bei der Deutschen Synode gelernt, das Vertrauen, das Gott in uns und in unseren schwachen Dienst setzt, dankbar anzunehmen. Es ist richtig, wenn wir dieses Vertrauen genau so uneingeschränkt dem Volk Gottes schenken, wie er es tut.«

Auf meine Bemerkung, dass dann wohl vor oder mindestens zugleich mit den notwendig gewordenen neuen pastoralen Planungen eine geistliche Bekehrung angesagt sei, antwortete der Bischof mit seinem verschmitzten Lächeln: »Genau das ist es, Herr Pastor! Zuerst müssen wir alle vom hohen Ross herunter und begreifen, dass wir durch die Barmherzigkeit Gottes sind, was wir sind. Dann erst können wir den Leuten überzeugend vermitteln, wie viel Vertrauen Gott jedem einzelnen von ihnen schenkt, und ihnen sagen, was Gott ihnen zutraut. Und wenn wir ihnen dann zeigen, dass auch wir ihnen vertrauen und zusammen mit ihnen auf die Führung durch den Heiligen Geist setzen, werden wir merken: Das ist gut für die Menschen, das ist gut für die Kirche und gut für die Welt.«

Nach längerem Schweigen sagte der Bischof: »Das alles und besonders dieses Vertrauen habe auch ich neu lernen müssen. Das ist mir nicht leicht gefallen. Aber ich habe hier im Haus junge Menschen um mich, die mich darin bestärken – und von denen ich in dieser Beziehung viel lernen kann ...«

Wir wussten, wen er damit meinte. Auf seinen Kaplan und Geheimsekretär Wolfgang Lentzen-Deis konnte er sich verlassen, ebenso wie auf seine Sekretärin Theresia Witte. Er sprach von ihnen als »junge Menschen« – aber mit der Hochachtung und dem Respekt, die Frucht eines reifen Lebens ist, das bis ins Alter hinein lernfähig bleibt und sich am Wort Gottes orientiert.

Das Konzil und die deutsche Synode haben Bischof Bernhard Stein verändert, wie er selbst sagte. Was er im Umgang mit den Vertrauten in seinem Haus selbst an Vertrauen gelernt und erfahren hat, können wir nur vermuten. Eine Frucht könnte sein, was 1975 beim Jugendfestival geschah, als der inzwischen schon 71jährige Bischof viele junge Menschen für die Kirche begeisterte, indem er sie spüren ließ, aus welchem Vertrauen er selbst lebte

und wie viel Vertrauen er in die junge Generation zu setzen bereit war. Wir haben Grund zum Danken.
Bewegte Zeiten sind auch heute. Eine geistliche Besinnung auf die Grundlage unseres Verhältnisses zum Herrn der Kirche und zueinander, eine Besinnung auf das Vertrauen, aus dem wir alle leben, wird auch heute viel bewegen und lässt uns zum Segen füreinander und für die Welt werden.

Die Sache Jesu braucht Begeisterte
Erinnerungen

Hans Wilhelm Ehlen

Von Papst Johannes XXIII. wird erzählt, dass er, gefragt, was denn ein Konzil solle, das Fenster geöffnet habe. Das Zweite Vaticanum (1962–1965) hat in der Tat Fenster geöffnet und der Kirche weltweit Impulse gegeben, die bis heute nachwirken. In einer gewandelten und sich rasant wandelnden Welt hat die Kirche sich des gemeinsamen Glaubens an Jesus Christus, der gemeinsam getragenen Überzeugungen, weltweit und gemeinsam neu versichert. Die Synode der Bistümer Deutschlands hat diesen Impuls der Vertiefung und Erneuerung des katholischen Glaubens mit Elan aufgegriffen und auf die Situation in unserem Land hin konkretisiert. Ziel der Synode war die praktische Umsetzung der Konzilsbeschlüsse.
Als der erfahrene Weihbischof Dr. Bernhard Stein am 5. Juni 1967 von seinem Vorgänger Altbischof Dr. Matthias Wehr in das Amt das Diözesanbischofs eingeführt wird – das war in der Liebfrauen-Basilika, weil die Hohe Domkirche wegen Renovierung geschlossen war – da wählt er sich als Wappen- und Wahlspruch »Fides Caritate actuosa«, ein Wort aus dem Epheserbrief, das davon spricht, dass der Glaube in der Liebe wirksam wird. Als Bischöflichen Kaplan und Geheimsekretär, also als persönlichen Referenten, wählt er den Doktor der Theologie und Kaplan in Neunkirchen Herz Jesu Wolfgang Lentzen-Deis.
Es folgen 12 Dienstjahre für den Bischof und seinen Kaplan, mit Verlängerung 13, die den Atem des Konzils in sich tragen und von Aufbruch und

Umbruch in der Kirche gekennzeichnet sind, auch im Bistum Trier. Die Ergebnisse des Konzils sollen umgesetzt werden, die Liturgiereform greift tief in das Leben der Gemeinden ein, die katholischen Christen werden angehalten, sich aktiver einzubringen, Pfarrgemeinderäte werden gewählt, das Bistum in 10 Regionen gegliedert – die Aufzählung kann fortgesetzt werden. Vieles wird neu gesehen und neu gestaltet.

Die Frage, wie sich die katholische Kirche in Deutschland im Sinne des Konzils neu aufstellen könne, führt zur Würzburger Synode, einem ebenso arbeitsreichen wie ambitionierten Projekt der Bistümer Deutschlands. Julius Kardinal Döpfner ist der Präsident der Synode. Und Bischof Stein wird zur Überraschung vieler zum Vizepräsidenten gewählt. Eine nicht gerade leichte Aufgabe.

Den Bischof beeindruckt das Bild von der Kirche als dem pilgernden Gottesvolk, wie es das Zweite Vaticanum so eindrucksvoll herausgestellt und den geläufigen Bildern von der Kirche als dem Leib Christi und Tempel des Heiligen Geistes an die Seite gestellt hat. Dieses Bild vom pilgernden Volk Gottes, das durch die Zeit dem Herrn und seiner Ewigkeit entgegengeht, will er helfen umzusetzen, auch in dem Gedanken, die Gemeinschaft in der Nachfolge Christi zwischen Bischöfen, Priestern und Laien zu fördern und zu stärken.

Das Volk Gottes im Bistum Trier wird nicht nach 12, wohl aber nach 10 »Stämmen« geordnet. In der Ratio der Gliederung des Bistums in die 10 Regionen liegt die Errichtung von Kath. Jugendzentralen und die Ernennung von 10 Jugendpfarrern, die zusammen mit den pädagogischen Kräften in den Jugendzentralen und den Mitarbeiterinnen und Mitarbeitern in den Pfarreien und Verbänden Jugendarbeit aufbauen und voranbringen sollen. Eine ebenso mutige wie kluge Entscheidung. Sie trägt der Überzeugung Rechnung, dass kirchliche Jugendarbeit vorrangig personales Angebot ist. Es sei in Erinnerung gerufen, dass sie darüber hinaus wesentlich davon abhängig ist, den Jugendlichen die Botschaft Jesu in glaubwürdigen Menschen begegnen zu lassen. Die Aufbruchstimmung des Konzils ergreift die Weltkirche und setzt in den Bistümern, in vielen Pfarreien und bei vielen Jugendlichen Hoffnungen und Gestaltungskräfte frei, die sich positiv auf die Jugendarbeit auswirken, sie aufrichten und ihr gerade auch durch die strukturverbessernden Maßnahmen des Bistums zu einer erfreulichen Blütezeit verhelfen. Der Bischof und sein Kaplan sind in diesen Jahren auf je eigene Weise Förderer und Unterstützer der Ziele und Aufgaben kirchlicher Jugendarbeit.

Anfang der 70er Jahre kam der Gedanke auf, diesem Aufbruch mit seinen ungeahnten Kräften und Formen Rechnung zu tragen und zu einem großen Jugendtreffen nach Trier einzuladen. Die Idee wurde seitens des Bischofs alsbald gutgeheißen. Aber was für ein Treffen sollte es sein? Die herkömmlichen Treffen schienen nach Art und Inhalt der neuen Zeit nicht mehr zu entsprechen. Deren Vorbilder stammten ja noch aus der Vorkriegszeit und versprachen wenig Zugkraft. Modernere Formen schienen da schon eher Erfolg versprechend, Formen mit Festcharakter, viel Platz für Begegnungen, einem Markt der Möglichkeiten, liturgischen Elementen und einer großen Jugendmesse mit dem Bischof zum Abschluss. Die Projektidee war geboren: Es sollte ein Jugendfestival werden. Und so begannen überall die Vorbereitungen. Bei den Jugendzentralen und in den Verbänden bildeten sich Projektgruppen für die verschiedenen Aufgabenbereiche. Es wurde engagiert und mit großer Freude geplant und gearbeitet; auch an dem Motto. Es sollte einladend sein, dialogisch, kommunikativ. Der mitgedachte Bezug zu Gestalt und Botschaft Jesu sollte deutlich werden. Und um den Gedanken der Nachfolge deutlicher zu machen, sollte verbal formuliert werden. Es gab viele Vorschläge, lange Diskussionen, manche Kontroverse. Schließlich war ein Motto gefunden, das den Vorstellungen entsprach: »... die Antwort leben ...« Klaus Konstroffer schrieb damals in seinem Buch »Die Antwort leben« (Konstroffer 1976, 16), welche Gedanken für Geist und Motto wichtig waren: »Du fragst, was dich verändern kann. Ist es dein Zweifeln, deine Angst, deine Leere, ist es dein Schreien, dein Lachen, dein Hoffen, dein Lieben? ... Ich suche das Leben, das Glück, die Freude; ich suche mehr. Was suche ich eigentlich? Vielleicht suche ich dich, Herr. Wo finde ich dich? Das Böse behält nicht das Sagen, sondern die Liebe. Der Tod ist nicht das letzte Wort, sondern das Leben. Die Gewalt triumphiert nicht, sondern die Hingabe. Der Haß siegt nicht, sondern die Versöhnung. So hat er geredet, gehandelt, dafür hat er gelitten, ist dafür gestorben. Gott hat ihn bestätigt, er lebt, es geht weiter. Dies ist ein Festival für die, die nach dem Sinn suchen, die auf Antwort warten und auf Wege hoffen, die zum Ziel führen; für alle, die den Versuch wagen, die Antwort auf die Sinnfrage zu leben, indem sie für junge Leute und mit ihnen eine neue Zukunft schaffen.«

1975 war es so weit. Unter dem Motto: »... die Antwort leben ...« begann an einem strahlenden Samstagmorgen in der Innenstadt von Trier das zweitägige Jugendfestival. Mit Begeisterung und Freude kamen rund achttausend Jugendliche aus dem ganzen Bistum, von der Insel und aus der Eifel, vom Rhein und von der Saar, von der Mosel und der Nahe, vom Hunsrück und vom Hochwald, aus dem Neuwieder Becken und von der Ahr. Von überall her kamen die Gruppen. Sie kamen mit Bahn, Bus, PKW, Fahrrad und zu Fuß; alle hatten nur das eine Ziel: Sie wollten beim Jugendfestival dabei sein und brachten eine ausgelassene, frohe Stimmung mit. Großforen, Zimmertheater und Filmmatinee eröffneten das Samstagprogramm, das sich mit Gen Rosso, einem damals berühmten internationalen Jugendchor, mit Tanz, Meditation und Nachtwallfahrt bis in die Nacht fortsetzte. Ein großes Orgelkonzert durfte auch nicht fehlen. Mit einem wirklich allerletzten Volkstanz um das Marktkreuz sank nach einem eindrucksvollen Abend eine kurze Nacht über die Teilnehmerinnen und Teilnehmer.

Denn schon vor Morgengrauen sah man die Akteure wieder beim Aufbau. Flinke Hände waren am Werk, um den großen Markt der Möglichkeiten »Jugend stellt sich vor« aufzubauen. Hauptmarkt und Fußgängerzone waren die Bühne, auf der die phantasievollen Programme der Selbstdarstellung, der Unterhaltung, der Information über Projekte, Initiativen, Aktivitäten gezeigt wurden. Mit Hirn, Charme und Methode stellte sich die verbandliche und die kirchenamtliche Jugendarbeit aus Pfarreien, Pfarrverbänden, Regionen einem interessierten jugendlichen und erwachsenen Publikum vor. Musikgruppen und Jugendchöre sorgten für eine attraktive *Begleitmusik*. Das über die ganze Fußgängerzone verteilte und gut organisierte Programm sorgte für viel Bewegung und viel Begegnung. Schließlich wollten die Jugendlichen ja so viel wie möglich sehen und erleben. Das Motto »... die Antwort leben ...« zog sich wie ein roter Faden durch das ganze Programm. Und war Dank der intensiven Vorbereitung in Dekanaten und Pfarreien nicht nur die Eintagsfliege auf Buttons, Fahnen, Karten, Liedblättern. Das heitere Fest machte auch Passanten neugierig, und so entspann sich denn mancher Dialog zwischen den Generationen.

Doch unaufhaltsam strebte das Fest seinem Höhepunkt zu, der Abschlussmesse im Dom mit Bischof Bernhard Stein. Der Hohe Dom, dessen zentrale Baupartie im Altarbereich schon die Antike sah und auf Kaiser Gratian zurückgeht, war mit jungen Menschen hoffnungsvoll überfüllt, als die Messe begann. Selbst auf der Altarinsel gab es keinen Platz mehr, wo man sich hätte hinsetzen können. Niemals mehr nachher haben sich so viele junge Menschen im Dom um den Bischof gedrängt. Begeisterter Jubel empfing ihn, unterbrach und unterstrich seine Predigt. Er stand mitten unter den Jugendlichen und legte ihnen die Schrift aus. Es war das Wort Jesu: »Ich will, dass sie das Leben haben, und es in Fülle haben.« (Joh 10, 10) Und Bischof Bernhard legte es mit der ganzen Glaubens- und Lebenserfahrung seiner 70 Jahre aus, lebensnah und glaubensfroh. Die Stimmung im Dom war heiter und gelöst, und man weiß nicht so genau, waren es nun die Jugendlichen, die den Bischof inspirierten, oder war es der Bischof, der die Jugendlichen begeisterte, oder bedingte sich das wechselseitig. Jedenfalls war der Funke übergesprungen und sorgte in der ältesten Bischofskirche Deutschlands für ein dichtes geistliches Erlebnis. Das Jugendfestival '75 war ein strahlendes Fest der Begegnung und des Christusbekenntnisses.

Das Fest ging weiter. Denn Regionen, Pfarreien, Verbände nahmen die Idee auf. Die Begeisterung des Festivals und die Ermutigung des Bischofs in seinem Wort zum Jahresbeginn gaben Auftrieb und Mut. Bischof Bernhard schrieb damals: »Damit die wertvollen Impulse des Jugendfestivals '75 noch mehr junge Christen in unserem Bistum erreichen, würde ich es begrüßen, wenn 1976 in den Regionen, in den größeren Städten oder in den Dekanaten und Pfarrverbänden an zentral gelegenen Orten ein ›Fest der Jugend‹ – ähnlich dem großen Festival in der Bischofsstadt – durchgeführt würde. Organisiert nach Euren Ideen und mit wirklicher Begeisterung ein Zusammentreffen junger Menschen, die auf diese Weise ebenfalls mit der Sinnfrage konfrontiert werden. Viele könnten dabei eine gute, neue Erfahrung von kirchlicher Gemeinschaft machen. Viele könnten eine Antwort auf ihre Probleme finden oder einer Antwort auf die Sinnfragen näher kommen.«
Die Idee des Bischofs wird aufgegriffen: 1976 gibt es in Koblenz, Konz, Kyllburg, Oberwesel, Dillingen, um nur einige Orte beispielhaft zu nennen, große Feste der Jugend, und zum Odilienberg im Elsaß startet eine *Route spirituelle* der Saarbrücker katholischen Jugend. Aber es gibt nicht nur die Feste der Jugend, die großen Zulauf haben und viele Jugendliche mobilisieren. Eine Reihe von Initiativen beleben den Gedanken der Kinderfeste neu. »Kinder brauchen Freunde« ist ein beliebtes Motto für diese Tage der Begegnung mit Kindern. Sie nehmen ihren Impuls vom Jugendfestival und setzen ihn für Schulkinder um.
Wie ein Stein ins Wasser fällt und weite Kreise zieht, so zog das Jugendfestival '75 im Bistum seine Kreise – die angedeuteten Beispiele aus dem Jahr 1976 zeigen das. Vielerorts war Jugendarbeit eine attraktive Bewegung geworden. Die Impulse des Jugendfestivals wirkten nach. Sie belebten und inspirierten eine zeitlang die jährlichen Jugendseelsorgekonferenzen auf der Marienburg. Ihre Themen: »Hoffnung gestalten – Zukunft leben« und »Jüngerschaft« führten 1979 zu dem aus der Abrahamsgeschichte genommenen Jahresthema: »... und zieh in das Land, das ich dir zeigen will.«
Bei der großen Sternwallfahrt zur Marienburg am Dreifaltigkeitssonntag 1979 lud Bischof Bernhard die Gruppenleiter und Verantwortlichen in der kirchlichen Jugendarbeit ein, dieses Land, gerade um einer besseren und menschlicheren Zukunft willen, nicht aus den Augen zu verlieren und mit ihm, dem 75jährigen, in das Land aufzubrechen, das Gott zeigt.
Die Ermutigung des Bischofs und die Erfahrungen der Marienburger Sternwallfahrt inspirierten zu der Idee einer grenzüberschreitenden gemeinsamen Jugendwallfahrt nach Echternach. Schnell fanden sich als Kooperatoren Pax Christi Trier und Pax Christi Luxembourg, die Katholische Jugendzentrale Trier und die grenznahen Katholischen Jugendzentralen,

der Bund der Deutschen Katholischen Jugend Trier (BDKJ) und die Katholische Hochschulgemeinde Trier. Gemeinsam bewarben sie als »Route Pax Christi – Route Echternach« eine internationale nächtliche Sternwallfahrt zum Grab des heiligen Willibrord in Echternach. Als Termin wählten sie die Nacht vor dem Pfingstdienstag, dem traditionellen Tag der berühmten Echternacher Springprozession. 1980 war es das erste Mal, dass sich ca. 1.200 jugendliche Wallfahrer nach einer durchpilgerten Nacht mit ihrer Jahresfahne unter dem Schild von Pax Christi in die große Schar der Pilgerinnen und Pilger einreihten und in der Prozession mitsprangen.
Inzwischen kommen auch Jugendliche aus Frankreich und Belgien dazu, das Netz weitet sich aus. 2004 war es das 25. Mal, dass die katholische Jugend zur »Route Pax Christi – Route Echternach« eingeladen hat. Ein lebendiges Zeichen der langen und herzlichen Verbundenheit des Bistums Trier mit dem Erzbistum Luxemburg und der Offenheit zu den Nachbarn. Wo der Glaube in der Liebe wirksam ist, kann der Geist des Herrn so wirken, dass Freiheit wird.

Auf- und Umbrüche der Jugendpastoral

Werner Rössel

Zwei Großveranstaltungen rückten die Jugendpastoral im Bistum Trier in den 70er Jahren ins Blickfeld. 8.000 Jugendliche folgten der Einladung zum Jugendfestival 1975 in die Bischofsstadt, das unter dem Motto stand »Die Antwort leben«. Begegnung, Fest und Feier sollten Anstoß sein für das Zusammen von und mit jungen Menschen in den Pfarreien, Verbänden und Gruppierungen. Großforen, Musikgruppen, Meditation, Nachtwallfahrt, Orgelkonzert, Präsentation von Jugendarbeit in der Fußgängerzone sind einige Mosaiksteine, aus der sich das zweieinhalbtägige Fest zusammenfügte. Unvergessen bleibt die Eucharistiefeier zum Abschluss mit Bischof Dr. Bernhard Stein im Hohen Dom zu Trier. Dichtgedrängt bis hinauf auf die Altarinsel und den Kapitelschor empfingen die 8.000 den Bischof mit Begeisterung. Sichtlich bewegt nahm der Bischof die Ovationen der Jugendlichen auf und erwiderte sie mit den Worten: »Wo viel Jugend ist, da ist viel

Leben« und fügte hinzu »Gebt Antwort!« Eine Aufforderung, die mit anhaltendem Applaus bestätigend aufgenommen wurde.
Das Jugendfestival 1975 hat die Jugend des Bistums ganz dicht an die Seite ihres Bischofs gerückt. Der Brief einer Schülerin aus dem Saarland macht dies offensichtlich. Sie bittet Bischof Bernhard, ihn wie einen Bruder anreden zu dürfen – was der Bischof erlaubt. Hatte er sich doch der Jugend als Bruder im Glauben angeboten und es in seiner Predigt verdeutlicht, die er über das Herrenwort hielt »Ich bin gekommen, dass sie das Leben haben und es in Fülle haben.« (Joh 10, 10)
Das große Jugendtreffen 1975, an dessen Ende der Bischof anregte, in den Regionen und Pfarrverbänden Folgetreffen auszurichten, zu ihnen junge Menschen einzuladen und mit ihnen ihre Lebensfragen auf der Grundlage des Evangeliums zu besprechen, gehört in den größeren Zusammenhang der ausgehenden 60er und 70er Jahre. Gesamtgesellschaftlich waren es die 68er, nach denen mittlerweile eine Epoche benannt wird, die an der katholischen Jugendarbeit nicht spurlos vorbeiging. Einen starken Impuls hatte das Zweite Vaticanum unter anderem geben können mit seiner »Erklärung über die christliche Erziehung« (1965) und seinem »Dekret über das Laienapostolat« (1965) – ein Impuls, der von der Gemeinsamen Synode der Bistümer in der Bundesrepublik Deutschland aufgegriffen wurde und von dieser insbesondere im Beschluss »Ziele und Aufgaben kirchlicher Jugendarbeit« (1975) auf die bundesrepublikanische Situation übertragen wurde.
In diesen Jahren folgten eine Reihe von Bischofsworten, so Bischof Tenhumberg (Münster) »Erwartungen des Bischofs an die Leitung der Jugendverbände« (1973), »Der Bischof (Heinrich Maria Jansen) an die Jugend des Bistums (Hildesheim)« (1983), »Gegen die Angst – für die Hoffnung. Der Bischof (Klaus Hemmerle) von Aachen an junge Arbeiterinnen und junge Arbeiter« (1983).
Bischof Bernhard wandte sich 1979 mit einem Wort an die Mitarbeiter der kirchlichen Jugendarbeit der Diözese Trier: Ihr sollt meine Zeugen sein (Gen 12, 1–3). Hierin knüpft er an ein Hirtenwort von 1976 an, in dem er Väter und Mütter, Lehrer und Erzieher, Verantwortliche in Betrieben oder im öffentlichen Leben und im kirchlichen Dienst auf den seelischen Notstand vieler junger Menschen hingewiesen und sie um ihre intensive Mithilfe gebeten hat.
Nun kommt er auf die spezifische Situation junger Menschen zu sprechen: Viele können nicht den Beruf ergreifen, den sie sich wünschen, an Ausbildungsplätzen und in der Schule gehe es hart zu; Jugendliche müssten sich in einer Welt zurechtfinden – und diese Welt könne schon die eigene Familie sein –, die keinen Platz für Träume habe. Der Bischof weiß um die Herausforderung der Mitarbeiter in der kirchlichen Jugendarbeit, in ihrer

Aufgabe als Suchende, Schenkende und Glaubende. Er schreibt ihnen ein ermutigendes Wort. Er habe in seinem Leben oftmals die Erfahrung gemacht, dass die Zukunft immer wieder ungeahnte Möglichkeiten bringt; vor allem aber sei er in seinem Glauben gewiss »dass uns allen, die wir auf Erden leben, eine gute, heilvolle Zukunft offen steht.« Am Ende der Geschichte des alttestamentlichen Gottesvolkes, von Abraham angefangen, einer Geschichte, die Katastrophen kennt, in der es Zeiten gab, in denen kaum jemand an eine gute Zukunft glaubte, stehe Jesus. Darum glaube er »zutiefst daran, dass unsere Welt und unsere menschliche Geschichte von einem großen Wohlwollen, von Gottes Wohlwollen getragen wird und wir daher einer guten Zukunft entgegensehen.« Damit seien nicht schon sämtliche Probleme gelöst: Umweltverschmutzung, verknappende Rohstoffe, Arbeitslosigkeit, Bevölkerungsexplosion. »Aber ich bin sicher, dass wir mit diesen Problemen in einem Land der Brüderlichkeit und Friedfertigkeit, des Gottvertrauens und des Großmutes leichter, schneller und schmerzloser zu Lösungen kämen.«

Der Bischof schließt sein Schreiben mit Hinweis darauf, dass Jesus Menschen sammelte, die seinen Weg mitgehen wollten in Gemeinschaft. Einer kann den anderen »ermutigen, stützen und – wenn nötig – auch einmal weiterschleppen.«

Dann lädt er konkret ein: »Zieht mit mir und allen, die in das Land, das Gott uns zeigt, aufbrechen wollen – zieht mit uns am Dreifaltigkeitssonntag, 10. Juni 1979, auf die Marienburg.«

Der Einladung folgten 3.500 Mitarbeiter und Mitarbeiterinnen. Es war ein herrlicher, heißer Sonntag, an dem sie von verschiedenen Ausgangspunkten den Weg zur Marienburg nahmen.

Im Mittelpunkt des Tages stand die Eucharistiefeier, die auf dem großen Parkplatz unterhalb der Burg gefeiert wurde. Ein Foto hält den Augenblick fest: die Altarinsel – gestaltet mit einem Engelbildnis des Künstlers W. Richartz aus Koblenz, das auch auf den Einladungsplakaten zu sehen war –, der Bischof inmitten von 11 Jugendseelsorgern und seinem Sekretär als Konzelebranten, darum geschart die große Zahl der Mitarbeiter und Mitarbeiterinnen in der kirchlichen Jugendarbeit.

Auch dieser Tag war – wie 1975 das Festival – ein spürbarer Impuls für die Jugendpastoral im Bistum und wurde durch ein kräftiges Gewitter am späten Nachmittag, bei dem niemand trocken davon kam, in seiner Ausstrahlung nicht gemindert. Ein ganz konkretes Überbleibsel bis heute ist die Route Echternach – Route Pax Christi.

Das zweite große Jugendtreffen im Bistum Trier in den 70er Jahren hat sicherlich die Abfassung eines »Pastoralplan(s) für die kirchliche Jugendarbeit im Bistum Trier« beschleunigt, den Bischof Bernhard am 1. September

1980 unterschreiben konnte. Kurz vor seiner Emeritierung war der Plan unterschriftsreif, auf den Tag fünf Jahre nach der Inkraftsetzung des Synodenbeschlusses »Ziele und Aufgaben kirchlicher Jugendarbeit« für das Bistum Trier.

Im vorangestellten Wort des Bischofs zum Jugendpastoralplan steht ein Satz, den der Verfasser dieser Zeilen mit seiner eigenen Erfahrung als Regionaljugendseelsorger bestätigen kann: »Der Pastoralplan hat einen langen Weg genommen. Er war Gegenstand der Beratung in Pastoralrat, in zahlreichen Gremien und Kommissionen«, bis hinein in die Sitzungen des Redaktionsteams. Unter Leitung von Ordinariatsdirektor Lic. theol. E. Aretz mit dem Diözesanvorstand des BDKJ, drei Regionaljugendseelsorgern – unter ihnen der Verfasser dieser Zeilen – und der fachkundigen Begleitung des Regionaldekans Richard Feichtner. Der Jugendpastoralplan konnte über 20 Jahre für die Jugendpastoral im Bistum Trier einen Weg zeigen und verbindliche Orientierung geben, um »jungen Menschen zu helfen, dass in der Begegnung mit Jesus Christus Leben gelingt und die in seiner Botschaft eine Antwort finden in Fragen nach Sinn und Gestaltung ihres alltäglichen Lebens.«

Mit dem Plan wollte Bischof Bernhard, dessen 100. Geburtstag wir am 5. September 2004 begehen, alle Mitarbeiterinnen und Mitarbeiter in der Jugendarbeit ermutigen. Es sollte nicht nur von der Jugend als Zukunft der Kirche die Rede sein, sondern ebenso von Kirche als Zukunft der Jugend.

Wolfgang Lentzen-Deis hat Bischof Dr. Bernhard Stein in seinem Mühen um die Jugendpastoral mit manchem Hinweis und begleitendem Wort unterstützt. Es war nicht seine Aufgabe, aktiv in der Jugendarbeit mitzuwirken, dennoch hat er ihr wichtige Dienste erwiesen. Ich erinnere mich an vermittelnde Gespräche, wenn es den Jugendarbeiterinnen und Jugendarbeitern nicht schnell genug ging – so in der Zeit, als der Jugendpastoralplan im Entstehen war und der Bischof zu schnellerem Handeln *gemahnt* wurde. Wolfgang Lentzen-Deis konnte gut zuhören und sich in die Anliegen der Verantwortlichen in der Jugendarbeit hineindenken, was ihm als *Türöffner* zum Bischof zugute kam und dem gemeinsamen Ziel diente. Auf jeden Fall fühlte man sich ernstgenommen und es kam nicht der Eindruck auf, dass des Bischofskaplans vornehmste Aufgabe sei, tätige Querulanten fernzuhalten.

Dass sich das gute Zusammenwirken der Jugend mit dem Bischof in irgendeiner Weise auf die spätere Profession des bischöflichen Sekretärs als Religionslehrer und Religionspädagoge fruchtbar ausgewirkt hat, darf vermutet werden.

III.
»Der Glaube an Jesus Christus ist konkret!« – Religionspädagogische Arbeitsfelder

Übermalungen

Mehrfache Korrekturen am Bild einer facettenreichen Persönlichkeit

Rudolf Englert

Wenn ich's recht bedenke, so ganz besonders gut kenne ich Wolfgang Lentzen-Deis eigentlich gar nicht. Aber die wenigen Begegnungen mit ihm haben mir doch großen Eindruck gemacht. Ich glaube, das hat etwas zu tun mit dem Facettenreichtum seiner Persönlichkeit. Auf jeden Fall musste ich bei jedem neuen Zusammentreffen meine Vorstellungen von Wolfgang Lentzen-Deis korrigieren. Oder sagen wir so: Jedesmal kam ein neuer Farbauftrag ins Bild.

Das Mitglied des »magischen Zirkels«

Noch bevor ich Wolfgang Lentzen-Deis das erste Mal leibhaftig begegnete, war er für mich bereits gerüchteweise präsent. Das war ungefähr Ende der 80er, Anfang der 90er Jahre und kam so: Wolfgangs und mein gemeinsamer Habilitationsvater Friedel Bitter führte, erst in Remagen und später in Oberwinter, ein im besten Sinne offenes Haus. Dieser unser Mentor war (und ist!) alles andere als jener Typus von Privatgelehrtem, der nur gelegentlich hinter seinen Bücherschränken hervorkommt, um in seinen Vorlesungen zukünftigen Privatgelehrten etwas von seinen Lesefrüchten mitzuteilen. Er ist vielmehr, wenn der Ausdruck erlaubt ist, ein durch und durch *korrelativ* engagierter Mensch. »Christlich glauben«, das ist für ihn eine Lebensart – und dazu gehört ganz wesentlich auch die Gastfreundschaft.
Friedel Bitter kongenial zur Seite stand und steht bis heute der gute Geist dieses offenen Hauses, Traudel Schätzle vom Kaiserstuhl, die von Privilegierten auch mit dem allemannischen Diminuitiv für »Schatz« einfach »Schätzle« genannt werden durfte. Dieses »Schätzle« ist ein Phänomen, das sich der Beschreibung weitgehend entzieht und das man einfach erlebt haben muss. Sie war es, die mit unerreichter Hingabe, Kreativität und bis ins kleinste Detail gehender Akribie jene legendären Festmäler vorbereitete und inszenierte, die Freunde und KollegInnen in diesem Hause erleben durften. Es waren dies Gastmähler, die man sich bei allem Kalorienreichtum keineswegs als stumpfsinnige Völlereien vorstellen darf. Eher waren es Symposien im platonischen Sinne, wo das gute Essen und der gute Wein als Katalysatoren für gute Gespräche und kühne Gedanken fungierten. Es waren ausgeklügelte Synästhesien und man erlebte eine bis auf unmittelbar

prä-paradiesisches Niveau führende Spirale sich steigernder Tafelfreuden. Und man fühlte sich entsprechend ausgezeichnet, wenn man dazu eingeladen wurde.
Als derartig Privilegiertem blieb mir allerdings nicht verborgen, was gelegentlich kurz aufblitzte. Diese Tafelrunden wurden von unseren Gastgebern gewissermaßen nur als Abglanz – oder vielleicht besser als Vorgeschmack – der Teilhabe an etwas noch Größerem betrachtet. Dieses Größere war zwar offensichtlich noch nicht das himmlische Jerusalem selbst, schien aber doch schon in deutlicher Sichtweite dazu gelegen. Anscheinend handelte es sich um eine Art magischen Zirkel, von dem uns Uneingeweihten des Bonner religionspädagogischen »Lädchens« nur gelegentlich und fragmentarisch Kunde gegeben ward – eine kleine Anekdote vielleicht oder eine knappe Sentenz eines der zu dieser Runde gehörenden Gurus. Im Mittelpunkt dieses für uns Außenstehende sich geheimnisvoll ausnehmenden Zirkels schien ein gewisser Bernhard Stein zu stehen, den wir immerhin als den Alt-Bischof von Trier identifizieren konnten. Mit diesem Bischof Stein war man in dieser Runde offenbar auf eine Weise vertraut, die uns *amtskirchlich* mehr oder weniger Verwundeten höchst ungewöhnlich erschien. Und im unmittelbaren Umfeld dieser Sonne zogen, wenn wir recht verstanden, zwei bedeutende Planeten ihre Bahnen – Wolfgang und Fritzleo Lentzen-Deis. Möglicherweise musste, wer vom bischöflichen Glanz erwärmt werden wollte, erst einmal in die Umlaufbahn eines dieser Planeten gelangen. Ganz aufklären ließ sich das nicht.
Wie auch immer, aus der Rückschau stellen sich meine Phantasien von einem magischen Zirkel als ausgemachter Blödsinn dar. Ich selbst habe Bischof Stein zwar nie kennengelernt, aber doch von vielen Seiten gehört, er sei der Inbegriff eines wirklich menschenfreundlichen, weisen und ganz unprätentiösen »Oberhirten« gewesen. Kein Artus. Und Wolfgang: Kein Gralswächter – vielmehr ein Mensch, dessen Tugend nicht in der Kraft des Verwehrens, sondern in der Kunst des Einladens besteht.

Der charmante Mann von der Mosel

Wirklich kennengelernt habe ich Wolfgang Lentzen-Deis etwas später – bei einem Ausflug. Dazu eingeladen hatte Friedel Bitter, unser Bonner Habilitationsvater. Mit von der Partie waren auch »die Frauen«, das heißt das schon erwähnte »Schätzle« und meine Frau Hildegard. Auf dem Programm stand eine kleine Exkursion auf den Spuren des Nikolaus von Kues. Diese führte uns (Wahl)Rheinländer – natürlich – an die Mosel. Und

dort nun sollten wir jenen ominösen »Wolfgang« treffen, von dem ich zwar schon einiges gehört, den ich aber noch nie in Person gesehen hatte.
Dieser Wolfgang war offenbar als Professor für Religionspädagogik in Trier schon in statu possedentis – was einem sich in Kürze stellenlos wähnenden Familienvater mit drei Kindern wie mir ausgesprochen paradiesisch vorkam –, hinderte ihn aber gleichwohl nicht, die Knechtsgestalt eines Habilitanden anzunehmen und eine Untersuchung über Predigten des Nikolaus von Kues anzufertigen. Das kam mir sehr ungewöhnlich vor in einer Zeit, in der alle Welt möglichst pragmatisch und effizient sein wollte, um sich dann zum Ausgleich umso mehr Spaß gönnen zu können. Jener Wolfgang erwartete uns also an den Gestaden der Mosel. Wo genau wir ihn trafen, kann ich gar nicht mehr sagen. Auf jeden Fall war dieser Mann einfach hinreißend. Von einer umwerfenden Liebenswürdigkeit und einer so zwanglos-natürlich galanten Art, dass ich mich daneben wie ein Bauer aus der Sackeifel fühlte. Ganz besonders die Frauen waren sichtlich entzückt. Doch während »das Schätzle« diesen Charmeur ja bereits kannte, war meine Frau sozusagen erst-entzückt, was die Sache für mich nicht besser machte. Aber wenn man überhaupt irgendjemandem so viel positive Aufmerksamkeit gegenüber seiner Frau neidlos zugestehen mag, dann ihm, diesem Wolfgang.
Es war auf jeden Fall ein wirklich wunderbarer Nachmittag. Auch wenn die erste Station unserer nikolaitischen Spurensuche im wörtlichen Sinne fast ins Wasser fiel. Denn an der Mosel herrschte an jenem Tag ein mächtiges Hochwasser und die braunen Fluten reichten fast bis an die denkwürdigen Stellen, die wir aufsuchen wollten. Und wie das so ist bei Stadtführungen und Ausflügen in die Kunstgeschichte, von den berühmten Kapitellen und der bemerkenswerten Motivik des Seitenaltars hat man wenig behalten, aber dass man danach in einer schönen Trattoria einen herrlichen Teller Spaghetti Carbonara verzehrt hat, das ist einem noch ganz lebendig. Und so ist mir von unserer Cusanus-Exkursion vor allem ein Bild geradezu archetypischen Elends geblieben. Auf einem aus den reißenden Wassern des Flusses gerade noch so eben herausragenden Baum hatte eine Kolonie Wasserratten Zuflucht gesucht. Diese sonst wohl unsichtbar in den Unterwelten unserer Kloaken lebenden Tiere (ich muss dabei immer an die Abwasserkanäle aus »Der dritte Mann« denken) hatte das Hochwasser offenbar zum Auftauchen gezwungen. Da hockten sie nun und sahen ziemlich erbärmlich aus. Wobei man sich gar nicht sicher sein konnte, ob die schwimmsicheren Wasserratten auf ihrer Planke den Fortgang der Sintflut abwarteten und mitleidig auf die dem Untergang geweihten Menschen glotzten oder ob man umgekehrt die armen Tiere dafür bedauern musste, dass sie anscheinend so schutzlos auf ihrem Eiland in den gurgelnden Fluten saßen. In jedem Falle war das eine Szene, die ziemlich unter die Haut ging.

Unser Cusanus-Experte führte uns dann noch durch das von Nikolaus gestiftete und bis heute erhaltene Altenstift. Dabei wurde mir schnell klar, wie wenig ich selbst von Cusanus wusste, obwohl ich mich mit einem Teil seiner Schriften zeitweilig ein wenig intensiver auseinander gesetzt hatte. Aber Wolfgang hatte einen viel persönlicheren Zugang: die Predigten, in denen die Persönlichkeit des Autors viel plastischer hervortritt als etwa in den philosophischen Schriften und vor allem: die gemeinsame moselländische Heimat. Man hatte das Gefühl, hier gibt es so etwas wie eine natürliche Beziehung, eine sich durch die Jahrhunderte hindurchziehende Verwandtschaft. Hier gibt es jenseits der mühevollen Einarbeitung in die »Gedankenwelt des Cusaners« einen Schlüssel zum Wesen des Cusanischen, der zum Beispiel einem Menschen aus Nordbayern nicht gegeben ist. Ich weiß eigentlich nur sehr wenig über die Persönlichkeit des großen Kueser. Aber so stelle ich ihn mir vor: liebenswürdig, einnehmend, weltläufig, in jeder Beziehung grenzüberschreitend, ein Mensch, der noch im schärfsten Gegensatz die Gemeinsamkeit zu erblicken vermag. In diesem Sinne ist Wolfgang Lentzen-Deis wohl wirklich ein waschechter »Cusaner«.

Der gelassene Korrelationär

Anfang der 90er Jahre entspann sich in der Religionspädagogik ein lebhafter Streit über die Frage »Kann das bis dahin weitgehend konsensfähige didaktische Grundmuster religionsunterrichtlicher Arbeit, die sog. Korrelationsdidaktik, noch als wirklich praxistauglich gelten?« Die Zweifel waren unterschiedlich begründet. Häufig wurde vor allem auf die veränderte religiöse Situation heutiger Kinder und Jugendlicher verwiesen, bei denen in puncto christlichen Glaubens oft nichts mehr vorausgesetzt werden könne. Ich selbst hatte die Korrelationsdidaktik in den formativen Jahren meines religionspädagogischen Noviziats in Würzburg und Bochum geradezu aufgesogen, sie war so etwas wie mein religionspädagogisches Grundnahrungsmittel gewesen. Nun aber kamen mir im Zusammenhang mit einer Reihe von Entwicklungen doch Bedenken, ob dieses Konzept den heutigen Bedingungen schulischen Religionsunterrichts noch angemessen wäre. Ich sah die Felle davonschwimmen und beabsichtigte eine Art Ehrenrettung des Konzepts. Wenn es schon nicht zu retten sein würde, so sollte es in der sich erfahrungsgemäß schnell der neuesten Mode überlassenden Religionspädagogik wenigstens einen *ehrenhaften Abgang* erhalten. Allerdings wurde mein kleines Votum dann vor allem als das Plädoyer für einen Abgang gelesen – nicht für dessen Ehrenhaftigkeit. Nach mancherlei akademischer Erregung ist die Entwicklung mittlerweile längst weitergeschritten.

Im Moment diskutieren wir etwa über eine »abduktive Korrelationsdidaktik«. Das klingt für uneingeweihte Ohren vielleicht ein wenig abgedreht, aber es zeigt, so schnell lässt sich die Korrelationsdidaktik nicht verabschieden. Auch in der Religionspädagogik gilt, Totgesagte leben länger.
Jetzt aber komme ich auf den eigentlichen Punkt. Wo steckte der Religionspädagoge Wolfgang Letzen-Deis in diesen Auseinandersetzungen? Warum zeigte er so wenig Neigung, sich mit einem *letzten Wort* zur Sache vernehmlich zu machen? Warum legte er kein »Trierer Modell« vor? Natürlich weiß ich dazu nichts Genaues, aber ich habe doch eine Ahnung. Ich glaube, er ist zu sehr Cusaner, zu tief imprägniert von dem Gedanken an den mutmaßenden (»konjekturalen«) Charakter unseres Denkens, als dass er *ultimativen Konzepten* wirklich zu trauen vermöchte. Er ist zu sehr geprägt von der Idee einer »coincidentia oppositorum«, als dass er positionellen Flügelkämpfen viel abgewinnen könnte. Und vor allem glaube ich, er ist zu sehr beseelt vom Gedanken einer »concordantia catholica«, als dass ihn allzu starke Profilierungslüste überkommen könnten. Das heißt nun aber keineswegs, dass er in diesem Spiel nur stiller Betrachter wäre. Seine besondere Stärke dabei scheint mir zu sein, dass er auch gelten lassen kann, was er nicht selbst erfunden hat. Und er kann zu einer Synthese verschmelzen, was anderen auseinanderzustreben scheint. Man lese beispielsweise einmal seinen Beitrag »Symbole im Religionsunterricht« in der von Fritz Weidmann herausgegebenen Didaktik. Wolfgang Lentzen-Deis kümmert sich hier einen feuchten Kehricht um das Korrelationsgezänk, greift auf, was ihm brauchbar erscheint, lässt kommentarlos links liegen, was ihm entbehrlich vorkommt und zeigt an konkreten Beispielen, wie sich verschiedene Ansätze in ein größeres Ganzes integrieren lassen. Das ist ein Panorama, das von seiner Abgeklärtheit und gedanklichen Reife her im besten Sinne Lehrbuchcharakter hat; etwas, das man Studierenden getrost in die Hand geben kann, ohne damit Verwirrnis oder gar Verzweiflung auszulösen. Eine solche Arbeit ist vielleicht nicht sehr spektakulär und sie löst keine Kontroversen aus – aber sie hilft verlässliche Orientierung zu vermitteln. Das ist sicherlich nicht weniger verdienstvoll als manches, was sich als *großer Wurf* gibt.

Der Moderator der Modularisierung

Ende der 90er Jahre habe ich Wolfgang dann in seinem Element als Hochschulpolitiker erlebt. Ich hatte zwar gehört, dass er seit einiger Zeit in Trier als Rektor fungierte – aber richtig glauben konnte ich dies, ehrlich gesagt, nicht. Das passte einfach nicht zu meinem Bild von dem »charmanten

Mann von der Mosel«, von dem nach »concordantia« strebenden Cusaner, von dem mir eher irenisch anmutenden religionspädagogischen Kollegen. Rektor in diesen hochschulpolitisch so turbulenten Zeiten! Da konnte man doch nur als Rauhbein überleben. In einer solchen Position konnte ich mir nur jemanden mit einem mächtigen Ego und – sagen wir einmal – einem robusten Naturell vorstellen.
Dann nahm ich an einer Tagung des Katholisch-Theologischen Fakultätentages teil (bezeichnenderweise auf dem »Berg Moriah« bei Vallendar), auf der Wolfgang Lentzen-Deis eine maßgebliche Rolle in einer Studienreformkommission spielte. Die Tagung war ganz auf die Arbeit dieser Kommission zugeschnitten und Wolfgang moderierte den auf diese Vorarbeiten bezogenen Diskussionsprozess. Bei dieser Gelegenheit musste ich mein Wolfgang-Bild ein – vorläufig – letztes Mal korrigieren. Nicht dass ihm in dieser Rolle etwa der Charme verloren gegangen oder der Sinn für die »concordantia« abhanden gekommen wäre, ganz bestimmt nicht. Im Gegenteil, diese Qualitäten konnten hier nun gewissermaßen auf höchstem Niveau zum Einsatz gebracht werden. Aber dazu kamen eine Energie, eine Bestimmtheit und eine Durchsetzungskraft, die ich ihm so nicht zugetraut hätte. Hier wusste einer offensichtlich sehr genau, was er will und wie er es anstellen muss, damit sich sein Wille erfüllen kann. Glücklich kann sich preisen, wer solche Leute auf seiner Seite weiß. Felix alma mater treverensis!
Was kann jetzt noch kommen? Wolfgang als Fallschirmspringer? Als Cembalo-Virtuose? Als Küchenmeister? Wolfgang Lentzen-Deis als Erfinder einer vollautomatischen Hemdenbügelmaschine? Vor allem letzteres würde meine Bewunderung in dann wirklich unübertreffliche Höhen steigern.

Der Verein »Evangelium und Kultur« und das Projekt »Interkulturelle Exegese«

Detlev Dormeyer

Die Gründung des Vereins »Evangelium und Kultur«

Die Idee, einen Verein zu gründen, der das Projekt einer dialogischen, interkulturellen Exegese trägt, stammt von Fritzleo Lentzen-Deis, dem älteren Bruder des Jubilars. Fritzleo Lentzen-Deis wirkte von 1968 bis 1993 als Professor für Exegese des Neuen Testaments an der Phil.-Theol. Hochschule in St. Georgen in Frankfurt und am Päpstlichen Bibelinstitut in Rom. Seine Studenten kamen aus verschiedenen Erdteilen und Ländern. In der Begegnung mit ihnen stellte sich Fritzleo Lentzen-Deis die Frage: Wie können Christen unterschiedlicher kultureller Herkunft und Prägung gemeinsam die Bibel lesen und das Evangelium leben? Er war der Überzeugung, dass die Erfahrungen, die Christen eines anderen Kulturkreises mit dem Evangelium machen, auch dem eigenen Glaubensleben neue Impulse verleihen. 1987 erhielt er von der Lateinamerikanischen Bischofskonferenz (CELAM) den Auftrag, eine kommentierte Bibel für Lateinamerika herauszugeben. Deshalb stellte er sich die Aufgabe, gemeinsam mit seinen Schülern in jährlichen Studienwochen ein methodisches Instrumentarium zu entwickeln, das eine interkulturelle und pragmatische Exegese ermöglichen sollte. 1993 gründete er auf dem Sterbebett den Verein »Evangelium und Kultur«. Dieser sollte das Projekt »Interkulturelle Exegese« weiterführen. Mitglieder des Vereins wurden die Familie Lentzen-Deis, die Schüler und die Freunde.

Wolfgang Lentzen-Deis war seit den 80er Jahren Professor für Religionspädagogik an der Katholisch-Theologischen Fakultät der Universität Trier. Er übernahm es zum einen, als Schatzmeister des Vereins das Projekt der »Interkulturellen Exegese« finanziell zu tragen, zum anderen wurde er Mitglied des Projekts, um den exegetischen Dialog mit der Religionspädagogik/Pastoraltheologie zu erweitern. Ein Wissenschaftlicher Beirat des Vereins sorgte für eine weitere Bereicherung der Exegetenrunde. Prof. Dr. Wilhelm Breuning brachte als Beiratsmitglied die dogmatischen Aspekte in die Interkulturelle Exegese ein.

Die Herausgabe des »Kommentars zum Markus-Evangelium« von Fritzleo Lentzen-Deis

Das Projekt setzte die jährlichen Treffen von Fritzleo Lentzen-Deis mit dem Ziel der Bibelkommentierung fort. Den Anfang machte der auf Spanisch verfasste Kommentar von Fritzleo Lentzen-Deis zum Markus-Evangelium: »El Evangelio de san Marcos«, Bogota 1994. Allerdings war dieser Kommentar noch unvollständig und bedurfte der Überarbeitung. Insbesondere fehlte die Erklärung der neuen Methode des Kommentars. Fritzleo Lentzen-Deis hatte gemeinsam mit seinem Kreis dieses Projekt mündlich erarbeitet. Er hatte vielfältige Erfahrungen mit der Ausarbeitung des spanischen Kommentars gemacht, diese aber noch nicht veröffentlicht. So fehlte in der ersten spanischen Ausgabe eine Einleitung. Diese wurde 1998 in der zweiten Ausgabe des Kommentars vom »Projecto de Exégesis Intercultural«, also dem Projekt »Interkulturelle Exegese« nachgeholt (Lentzen-Deis 1998, 5). Parallel zur zweiten spanischen Ausgabe erstellten zwei Mitglieder des Projekts, Prof. Dr. R. Dillmann und Dr. A. Brendle, aus verschiedenen deutschen Manuskripten und der ersten spanischen Fassung eine deutsche Rohfassung für die deutsche Ausgabe: »Das Markus-Evangelium. Ein Kommentar für die Praxis«, die von Beck und Miller 1998 herausgegeben wurde. Auch dieser Kommentar hat nur eine ganz knappe Einführung in das Projekt »Interkulturelle Exegese« und in die neue Methode (V–XII). Doch die Einzelexegesen überzeugen mit ihrer Prägnanz. Sie üben vorbildlich in die kleinen Schritte des Hinhörens und Sich Entscheidens ein.

Der interkulturelle Dialog im Projekt »Interkulturelle Exegese« 1993–2004

Seit 1993 trifft sich das Projekt »Interkulturelle Exegese« jährlich unter der Leitung von Prof. Dr. Massimo Grilli, Universität Gregoriana, Rom. Es geht um die Ausarbeitung der handlungsorientierten, pragmalinguistischen Methode. Fritzleos Bruder Wolfgang Lentzen-Deis hat in diesem Dialog eine zentrale Rolle eingenommen. Ebenfalls hat sich das Miteinander so vieler Ex-Schüler, Professoren, Wissenschaftler und Kirchenmänner als sehr fruchtbar erwiesen. Denn es sollte nicht nur die historisch-kritische Methode linguistisch präzisiert und elementarisiert werden, sondern es sollte der *normale* heutige Leser in der »Einen Welt« in einen handlungsorientierten Lese- und Verstehensprozess verwickelt werden. Die Grenzen zwischen Exegese und Pastoraltheologie sollten dialogisch aufgehoben werden. Die-

ser Aushandlungs- und Definitionsprozess hat zum Ziel, dass einerseits der biblische Text weiterhin als ein Produkt einer vergangenen, einmaligen Ursprungssituation respektiert wird, andererseits das heutige Lesen des Textes eine handlungsorientierte Aneignung in Gang setzt.
So wurden die drei Schritte, die der erste Markus-Kommentar von F. Lentzen-Deis vorgegeben hatte, immer mehr praxisorientiert ausgearbeitet:
Gliederung
Erklärung zum Text
Handlungsimpulse

Die handlungsorientierte, pragmalinguistische Methode

Bereits die Verdoppelung des Adjektivs »handlungsorientiert« mit »pragmalinguistisch« zeigt an, wie schwer es ist, eine exakte Beschreibungssprache zu finden, die dem heutigen theologischen Leser, der nicht ein Fachexeget ist, verständlich bleibt.

Gliederung

Es wird die äußere Gestalt des Textes, d. i. die Syntax, analysiert. Dabei werden aber nicht alle Elemente des Satzbaues und des selbstständigen Einzeltextes aufgelistet. So gibt es keine linguistisch vollständige Kommentierung, sondern eine leserorientierte Auswahl. Bei dieser Elementarisierung ist der Religionspädagoge besonders am Zuge. Mit welchen Satzelementen geht ein heutiger Leser selbstverständlich um?, fragte wiederholt Wolfgang Lentzen-Deis. Subjekt, Prädikat und Objekte werden im spontanen, naiven Leseprozess normalerweise intuitiv bestimmt und bei einem vertrauten Text auch weitgehend fehlerfrei gefunden. Ein kritisches Nachlesen vermag außerdem kleine Fehlbestimmungen zu korrigieren.
Lesen nicht vertrauter Texte erregt dann Unwillen, wenn diese intuitive Satzbauanalyse fortwährend in Sackgassen von Unverständlichkeit hinein führt, und zwar deswegen, weil eine hohe Fehlerquote der Intuition vorliegt. Normalerweise legt dann der Leser den Text wegen Unverständlichkeit zur Seite. Dieses Schicksal erfahren z. B. alttestamentliche Gesetzestexte sehr häufig. Nun vermag die satzübergreifende Textanalyse diesem Frust entgegenzusteuern. Durch die Erzähltextanalyse erhält der Leser die Fähigkeit, auf einige wenige Textsignale besonders zu achten. Mit ihrer Hilfe lässt sich das intuitive, richtige Verstehen wieder herstellen. Die Aufmerksamkeit wird auf die handelnden Personen und die Verben als Zentrum der Handlung gelenkt. Wolfgang Lentzen-Deis wurde bei diesem Ausar-

beiten der narrativen Analyse zum unersetzbaren, kritischen Dialogpartner. Seine ständigen Fragen waren: Versteht der Laie die Begrifflichkeit der Erzähltextanalyse? Wird er von ihr zu einem neuen Blick angeregt? Kann er mit diesem Blick eine biblische Geschichte als Ganzheit angemessen verstehen?

Die Gruppe fand aufgrund dieser eindringlichen, elementaren Fragen zu einer bewusst einfach gehaltenen Definition von Erzählprinzipien und zu einer eindeutig definierten, sofort verständlichen Graphik des übersetzten Bibeltextes (Lentzen-Deis 1998 (spanisch), 10 f.; 1998 (deutsch) 10 f.; Dillmann/Mora Paz 2000, 11; Dormeyer/Galindo 2003, 11–13). Dazu folgendes Beispiel:

Apg 2, 37–41, Umkehr und Taufe

S1

37 (Es) hörend aber,
wurden sie durchbohrt im Herzen
und sprachen zu Petros und den übrigen Aposteln:
Was sollen wir tun, Männer, Brüder?

S2

38 Petros aber (sagt) zu ihnen:

Kehrt um, und getauft werden soll jeder von euch auf den Namen (des) Jesus Christos zum Erlaß eurer Sünden, und ihr werdet empfangen das Geschenk des heiligen Geistes. 39 Denn euch ist die Zusage und euren Kindern und allen in (der) Ferne, wieviele wohl herbeiruft der Herr, unser Gott.

40 Und mit vielen anderen Worten bezeugte er
und ermutigte sie, sagend:
Rettet euch aus diesem verkehrten Geschlecht!

S3

41 Die nun Aufnehmenden nun sein Wort
wurden getauft,
und hinzugefügt wurden an jenem Tag etwa dreitausend Seelen.

Der Satzbau ist ungewöhnlich, er folgt fast genau dem griechischen Satzbau. Die Erzählung hingegen ist leicht verständlich. Erzählungen enthalten eine Ereignis- und Handlungsfolge. Das bevorzugte Tempus ist die Vergangenheitsform. Jede Erzählung wird mit Hilfe von Handlungsträgern und von den Faktoren von Raum und Zeit organisiert. Raum ist die Voraussetzung für erzähltes Geschehen. Er ermöglicht den Figuren der Erzählung, miteinander eine Handlung anzustoßen und weiterzuentwickeln. Die Zeit bildet das zweite Strukturelement. Sie bewirkt einen chronologischen Ablauf. Es entsteht eine erzählte Welt. Anfang und Ende eines Erzählabschnittes werden durch das Auf- bzw. Abtreten von Personen sowie mittels Orts- und Zeitangaben markiert. Manche Abschnitte enthalten Leitworte, die das Thema bestimmen, oder sie sind durch Stichworte mit anderen Abschnitten verknüpft. Der Leser wird angeregt, diese Textsignale wahrzunehmen, zu sammeln, zu vergleichen, zu unterscheiden und so eine erste Deutung zu entwerfen.

Jede Erzählung enthält mehrere Ebenen der Kommunikation. Die erste Ebene ist die direkte Anrede des Autors an den Leser. In der Apostelgeschichte bildet sie das Vorwort »Das erste Buch machte ich über alles, o Theophilos, was Jesus anfing zu tun und zu lehren ...« (Apg 1, 1) Der *allwissende* Autor spricht den Katechumen Theophilos stellvertretend für den impliziten Leser an. Wie er sollen alle anderen Leser die Geschichte der Apostel und Zeugen im Zusammenhang mit dem ersten Buch lesen. Dieses stellt eine Evangeliumbiographie von Jesu Taten und Lehren dar. Das zweite Buch bringt die Fortwirkung des Evangeliums nach Jesu Auferweckung und Himmelfahrt in der Form der biographischen Geschichtsschreibung. Die Gemeinde der ersten Christen ist besonders angesprochen.

Die Erzählung selbst bildet die zweite Ebene. Sie konstituiert sich durch Raum und Zeit sowie durch die Handlungsträger. In der Apostelgeschichte stellt diese zweite Ebene das Wirken der Apostel vor. Die einzelnen Personen in der Erzählung agieren miteinander. Der Erzähler tritt hier nicht mehr unmittelbar mit seinem Hörer in Kontakt, sondern die erzählten Figuren beeinflussen sich gegenseitig und deuten durch ihre Worte die dargestellten Ereignisse. In der Apostelgeschichte geschieht die Interaktion insbesondere durch die Handlungen der Apostel.

In den Worten und Reden treten neue Figuren auf, so dass hier eine weitere Erzählebene entsteht.

Die jeweiligen Erzählebenen werden in der Textanordnung durch entsprechendes Einrücken gekennzeichnet: 1. Ebene: Autor – Leser, links am Rand; 2. Ebene: Erzählung, eingerückt; 3. Ebene: Rede in der Erzählung, doppelt eingerückt.

Es steht also unmittelbar am Rand der Kommentar des Autors. Er bildet die 1. Ebene der Autor-Leser-Kommunikation. Die erzählte Handlung wird eingerückt, sie stellt die 2. Ebene der Kommunikation dar. In der er-

zählten Handlung wird die Rede erneut eingerückt, sie stellt die 3. Ebene der Kommunikation dar. Es reden die Erzählfiguren, nicht der Autor selbst. Die Reden können sich mit der Intention des Autors decken, können ihr aber auch widersprechen. Wenn Gegner der Apostel und der christlichen Zeugen reden, werden in der Regel Handlungsmöglichkeiten aufgezeigt, die der Leser als falsch zurückweisen soll.
Um das Lesen langsam zu gestalten, werden Erzählsequenzen gebildet (Abkürzung S). Die Aufmerksamkeit wird auf jedes Handlungsverb gerichtet. Das Verb erzeugt zusammen mit den Handlungsträgern die Handlung. Aus drei Zuständen entsteht ein Ereignis: 1. Zustand in Virtualität mit beginnender Veränderung des Zustands, 2. Gegenaktion als Aktionsaktivierung oder Aktionswechsel, 3. neuer Zustand.
Gliederung von Apg 2, 37–41
3 Sequenzen bilden ein Schulgespräch.
Sequenz 1 berichtet von der erfolgreichen Wirkung der Predigt von Petrus auf die Hörer. Diese erfragen vom Redner Petrus und den ihn umgebenden Aposteln Handlungsanweisungen.
Sequenz 2 bildet den Mittelpunkt. Petrus gibt eine dreiteilige Handlungsanweisung, die die Basissequenz der Christwerdung ist: Umkehr, Taufe, Geistempfang. Eine knappe Begründung und Vertiefung schließen sich an.
Sequenz 3 berichtet vom Erfolg: das Wort aufnehmen, sich taufen lassen, sich zur Gemeinde hinzufügen lassen ergeben den neuen Zustand.
Die drei Handlungen der Sequenz 1 »Hören, durchbohrt werden, sprechen« stellen das Ereignis »Eröffnung eines Schulgesprächs« her. Was wäre, wenn das eine, kleine Ereignis oder die eine, kleine Sprecheinheit dieses Ereignisses fehlen würde? Die Zuhörer und Apostel blieben weiterhin die Zeugen, aber anders, ohne Erschütterung und ohne Umkehrfrage. Ohne diese vorhergehende Erschütterung und Umkehrfrage bleiben aber Angebot und Vollzug des Taufsakraments ohne Wirkung nach außen, z. B. auf »eure Kinder« und »alle in der Ferne« (V 39). Die hinzugefügten »dreitausend Seelen« (V 41 Sequenz 3) werden zu rein statistisch erfassbaren Nummern. Die Taufe wird zu einem volkskirchlichen, oberflächlichen Ritual, das nur aus dem Rettungswunsch in ein anderes Ghetto gespeist wird.
Um ein von langer Erziehung vermitteltes Vorwissen aufzubrechen, muss jeder Einzelzug gelesen und wahrgenommen werden. Wie die Gottesherrschaft im Kleinen und Unscheinbaren anbricht (Apg 1, 6–8), werden Bedeutung und Wirkung ihrer Zeugengeschichte im langsamen Lesen gefunden. Der Bauhandwerker Jesus von Nazaret und seine Apostel waren genaue Beobachter, der Evangelist und seine Gemeinde waren es ebenfalls. Mit Hilfe der vorliegenden graphischen Darstellung mit S (Sequenz) erhält auch der heutige Leser eine Chance, ein genauer Beobachter zu werden.

Erklärungen zu Text und Handlungsimpulsen

Da das Evangelium vor fast 2.000 Jahren geschrieben wurde, sind insbesondere das Weltbild und die Denkvoraussetzungen dieser Zeit zu erhellen. Wie haben damalige Hörer bestimmte Informationen aufgenommen? Was haben sie mit den einzelnen Begriffen verbunden? Welche Vorstellungen wurden bei ihnen gezielt durch die Art der Darstellung wachgerufen? Besonders für diese Erarbeitung der sozialen Bedingungen und Lebensgewohnheiten der Menschen damals waren die Anfragen und Rückkoppelungen von religionspädagogischer Seite unerlässlich. Wie lassen sich innerhalb der biblischen Erzählwelt Korrelationen von damaliger und heutiger Lebenswelt herausarbeiten?

Handlungsimpulse

Die Ausarbeitung dieses dritten Schrittes geht weitgehend auf die Interventionen von Wolfgang Lentzen-Deis zurück. Er erprobte den vorliegenden Kommentar seines Bruders Fritzleo mit den Studierenden des Faches Religionspädagogik/Pastoraltheologie, mit den Fachkollegen und mit vielen KollegInnen aus der Praxis. Für diese empirische Überprüfung sei ihm hier ausdrücklich Dank gesagt.

Die Kritik war einhellig. Wenn die »Handlungsimpulse« die Anleitungen für die Praxis heute formulieren, wozu müssen dann noch die »Gliederung« und die »Erklärungen zum Text« gelesen werden? Die Projektgruppe einigte sich darauf, die »Handlungsimpulse« nicht mehr direkt auf heute zu beziehen und auf diese Weise voreilig zu aktualisieren, wie es noch der Markus-Kommentar nahelegte, sondern die Eingebundenheit der Texte in eine erzählte Welt und eine vergangene Ursprungssituation zu verdeutlichen und so stärker den Übertrag auf heute zum Auftrag an die Leser zu machen.

Ein Leser lernt durch Identifikation mit den Ursprungserzählungen und den Ursprungspersonen seines Glaubens, seiner Geschichte, seiner Kultur. Er konstruiert »Handlungsmodelle«. Diese können die lebensgeschichtlich sozialisierten Handlungsmodelle bestätigen, kritisieren und erneuern. Die Fremdheit der biblischen Welt- und Kommunikationssituation bleibt bei dem kritischen Vergleichen erhalten und wird gleichzeitig zur Nähe. Wer mit »Harry Potter«, dem »Herrn der Ringe«, mit Märchen und mit dem ganzen Schatz der Welt- und Fernsehliteratur aufwächst und gerne lebt, wird auch die Fremdheit der Bibel als Gewinn und nicht als Belastung erfahren. Zugleich fordert die Bibel intensiver zum *umkehrenden* Handeln auf als die eben genannte Literatur.

Die Projektgruppe ist optimistisch, dass gerade die Herausarbeitung der kulturellen Differenz der Bibel zu den heutigen Kulturen die Handlungsimpulse der Bibel intensiviert. Denn der einzelne Leser und die einzelne Lesergruppe müssen selbst für sich herausfinden, wie sie die neuartigen, biblischen Handlungsmodelle erkennen und mit ihnen arbeiten. Die Umrahmung innerhalb des Bibeltextes, d. i. der Kasten, zeigt den Kern des damaligen Textes an. Es geht um Umkehr, Taufe, Sündenerlass, Geschenk des Hl. Geistes, Zusage dieser Gaben auch für die eigenen Kinder und alle Menschen. In der heutigen Konstruktion des biblischen Handlungsmodells bleibt auch dieser Kern der Mittelpunkt. Er wird so im Handlungsmodell akzentuiert, dass er spontan und reflektiert auf heutige Situationen übertragen werden kann.

Die heutigen aktuellen Fragen nach dem Sinn der Säuglingstaufe, nach dem Glaubensleben der Eltern des Täuflings, nach der Ausgestaltung des Taufritus und nach der Gestaltung des Gemeindelebens von Getauften gehören nicht mehr in die »Handlungsimpulse«. Denn in der neutestamentlichen Zeit war nicht die Kindertaufe ein Problem, da der Vater den Glauben des Hauses repräsentierte und in seiner Taufe die Kinder mitgetauft wurden, sondern das Einführen von Häusern = Familien in das »Mysterium« der Königsherrschaft Gottes analog zu griechischen Mysterienkulten (dazu näher Dormeyer/Galindo 2003, 56–58). Die Einsicht in diese Grundlagen stellt wiederum ein Lösungspotential für die heutigen Fragen dar.

Ohne glaubende Betroffenheit und Umkehrbereitschaft der Eltern bleibt die Kindertaufe ein äußeres Ritual trotz theologisch richtiger Anrede durch den Taufenden. Die heutigen pastoralen Anstrengungen, die Eltern in die Taufvorbereitung aktiv einzubeziehen, erhalten gerade von Apg 2, 37–41 ihre zwingende Berechtigung, ihre Legitimation. Und diese Verbindung muss der Leser selbst herstellen (Lentzen-Deis 1991, 153–161).

»Tradition in der Kirche ist als Prozess zu verstehen, als lebendige Weitergabe der Ur-Kunde, des Ur-Sprungs von einer Generation zur anderen. Es handelt sich um eine lebendige Weitergabe mit der Aufforderung an jede Generation, das Überkommene neu zu entdecken, die Ur-Kunde neu zu interpretieren. Das ist religionspädagogisch äußerst wichtig. Tradition muss immer wieder von innen her belebt und erneuert werden, damit sie nicht zu starrem Traditionalismus abstirbt. Zur lebendigen Weitergabe gehört ein hohes Maß an kritischer Freiheit. Darum braucht schon das Kind in dem Maß, wie es selbstständig wird, die Einsicht in die historische Bedingtheit der Verhaltensweisen der Christen und der Kirche. Es braucht die Unterscheidung zwischen Ursprünglichem, gesund Gewachsenem und Wucherndem. Dann kann es das Tradierte in eigenständiger Verarbeitung übernehmen und selbstständig weiterführen.« (Lentzen-Deis 2000, 302) Kinder und Erwachsene erkennen intuitiv und reflektierend beim Lesen solche Handlungsmodelle, die unter den damaligen Bedingungen faszinieren und überzeugen. Diese Modelle regen dazu an, unter heutigen Bedingungen ähnliche Modelle zu suchen, zu erkennen und zu erproben.

Im Dialog der Projektgruppe zeigte sich, dass die unterschiedlichen gegenwärtigen Kulturen in der »Einen Welt« sich in der Diskussion darin ausprägten, dass nur bestimmte Aspekte der damaligen Handlungsorientierung betont wurden. Es geht besonders um die Praxis der Zeit und deren Heiligung, um die Gestaltung des Raumes, um die ökonomischen, gesellschaftlichen und religiösen Verhältnisse, um intertextuelle religiöse Parallelvorgänge und um die damalige Evangelisierung der Welt auf der Grundlage der Botschaft Jesu. Die Art der Modellierung der Handlungsimpulse damals macht die Texte offen für die vielen, verschiedenen Zugänge heute.

Schluss

Der Dialog der Projektgruppe ist weiterhin im Fluss. Ein Kommentar zum Johannes-Evangelium befindet sich in der Drucklegung (van Tilborg). Ein Kommentar zum Matthäus-Evangelium wird vorbereitet (Grilli). Weitere Kommentare zu den Briefen sollen folgen.

Außerdem hat das Projekt zwei Bücher zur Erläuterung der Methode herausgegeben (Mora Paz/Grilli/Dillmann 1999 (spanisch); 2002 (deutsch); Dormeyer/Grilli 2004).

Der Jubilar hat noch viele Gelegenheiten, seinen unersetzbaren, fundamentalen Anteil an diesem fortlaufenden Dialog einzubringen und in eigenen Beiträgen festzuschreiben. Verein und Projekt erwarten noch viel von ihm.

Literatur

Dillmann, Rainer/Mora-Paz, Cesar (2000), Das Lukas-Evangelium. Ein Kommentar für die Praxis, Stuttgart.

Dillmann, Rainer u. a. (2002), Vom Text zum Leser. Theorie und Praxis einer handlungsorientierten Bibelauslegung, Stuttgart.

Dormeyer, Detlev/Galindo, Florenzio (2003), Die Apostelgeschichte. Ein Kommentar für die Praxis, Stuttgart.

Lentzen-Deis, Fritzleo (1998), Das Markus-Evangelium. Ein Kommentar für die Praxis, Beck, Eleonore/Miller, Gabriele (Hg.), Stuttgart.

Lentzen-Deis, Fritzleo (1998), Commentario al Evangelio de Marcos. Modelo de nuova evangelización, Estella.

Lentzen-Deis, Wolfgang (1991), Den Glauben Christi teilen. Theologie und Verkündigung bei Nikolaus von Kues, Stuttgart u. a.
Lentzen-Deis, Wolfgang (2000), Kirchlicher Religionsunterricht angesichts der Individualisierung und Pluralisierung des Religiösen, in: Theologische Fakultät Trier (Hg.), Christlicher Glaube und säkulares Denken, Trier, 295–311.
Mora-Paz, Cesar u. a. (1999), Lectura pragmalinguistica de la Biblica. Teoria y aplicación, Estella.

Liturgie – Gabe Gottes und Feier des Lebens

Manfred Scheuer

Ein Grundanliegen der theologischen und religionspädagogischen Arbeit von Wolfgang Lentzen-Deis war und ist die Sakramentenkatechese. Der Autor, drei Jahre lang Tischgenosse und Kollege an der Theologischen Fakultät Trier, bedenkt im folgenden Essay den grundlegenden Zusammenhang von liturgischer Ästhetik, Ethik und theologischer Reflexion.

Die Feier der Liturgie ist alles andere als selbstverständlich. Nicht selten wurde sie zum Angriffspunkt aufgeklärten Denkens, das an der Verdinglichung der Transzendenz Anstoß nahm und glaubte, äußerlicher Formen und Rituale nicht mehr zu bedürfen. Zudem stand Liturgie unter dem Verdacht des bloß schönen Scheins und so ersetzte man bisweilen liturgisches Feiern lieber gleich durch direktes soziales und politisches Handeln.

Zuletzt waren liturgische Ästhetik und Rituale durchaus wieder gefragt, denn die Zerstörung der Sinnlichkeit im Lebensraum der Kirche hatte ihre z. T. katastrophalen Kehrseiten. Die Bilderstürme führten zur Zerstörung der Symbolik, sie nahmen dem Menschen die emotionale Beheimatung und endeten in Kälte. Die gesellschaftlich verbreitete Hypostasierung einer naturwissenschaftlich technischen Rationalität presste den Menschen mit Gewalt in ein Korsett der Manipulation, der Bürokratie und Technologie. In einer puristischen Zerstörung der Sinnlichkeit verstümmelt der Mensch sich selbst und wird dabei auf ein bloß funktionierendes, geschichtsloses Wesen reduziert.

Bei dieser Kritik am »Konzil der Buchhalter« (M. Lorenzer) wurden Sinnlichkeit und Ästhetik wiederum vom Glauben losgelöst. Wird liturgisches

Symbolhandeln von der theologischen Wahrheitsfrage gelöst bzw. diese verabschiedet, verkommt Liturgie zu einer sublimen Form des Egoismus bzw. der Selbstinszenierung: Liturgie im »do it yourself-Verfahren«.

Reduktion auf Ethik?

Der Grundsatz, wonach Gebet, Kult, Sakramente nur zur Beförderung der moralischen Gesinnung des Menschen, aber nicht als unmittelbar auf Gott gerichtete Akte zulässig sind, wird vor allem von Immanuel Kant entfaltet. Als Mittel zur Beförderung unserer sittlichen Gesinnung dienen sie dem Endzweck des Reiches Gottes, dem durch die eigene moralische Gesinnung zu dienen der einzige und wahre Gottesdienst eines vernünftigen Menschen ist. In Abwandlung dieser These werden die Sakramente in der Gegenwart als Provokation zu gesellschaftsveränderndem Handeln verstanden. Alles christliche Symbolhandeln wird so dem ethisch-gesellschaftlichen Handeln zu- und untergeordnet. – Kant hatte den Grund des Bösen in der Freiheit bzw. freien Willkür des Menschen geortet. Er begnügte sich mit der Hoffnung, zu der unbegreiflichen und niemals gewissen »Revolution der Gesinnung« durch »eigene Kraftanwendung« zu gelangen (Immanuel Kant, Die Religion innerhalb der Grenzen der bloßen Vernunft (WW 7) 698 (B 54, A 50), 702 (B 60, A 56)). Freiheit und Liebe nur zum Postulat des Sollens zu erheben, ist aber »selber Bestandstück der Ideologie, welche die Kälte verewigt. Ihm eignet das Zwanghafte, Unterdrückende, das der Liebesfähigkeit entgegenwirkt.« (Adorno 1969, 99) Wird also die wichtige soziale und ethische Dimension der Sakramente exklusiv gesetzt, so kommt der Gabe- und Geschenkcharakter der Selbstmitteilung Gottes nicht mehr in den Blick.

Gott ist aber kein bloßer moralischer Imperator. Glaube und Sakramente lassen sich nicht auf asketische Peitschenknallerei oder auf ethische bzw. politische Kommandos reduzieren. Leben in der Spur Jesu ist nicht primär Vergatterung oder Befehl, sondern Geschenk. Es ist dem christlichen Glauben eigen, dass sich in ihm der Mensch von Gott unbedingt erwünscht weiß. Im Glauben lässt sich der Mensch von Gott sagen, was er sich selbst nicht autosuggestiv sagen kann und nicht durch die eigene Sehnsucht, nicht durch Machen, Leisten, Grübeln oder Denken erreichen kann, nämlich von Gott gutgeheißen zu werden. Das ist der kategorische Indikativ des christlichen Glaubens (1 Joh 4, 1; 2 Kor 1, 20), der in der Liturgie dargestellt wird. Sich selbst von Gott lieben zu lassen, befreit aus dem Teufelskreis der Selbstüberhebung und der Selbstverachtung, befreit vom Gotteskomplex und vom Mittelpunktwahn.

Wie hoch wäre der Preis, wenn Glaube, Christsein, Liturgie und Sakramente ins Denken sublimiert, d. h. auf das Argument, auf das bloß Gedachte reduziert würden? (vgl. dazu Wolmuth 1992) – Jesu Verkündigung und Wirken hatten einen anschaulichen, sinnlich erfahrbaren und somit öffentlichen Charakter. So kann der Verfasser des ersten Johannesbriefes schreiben: »Was von Anfang an war, was wir gehört haben, was wir mit unseren Augen gesehen, was wir geschaut und was unsere Hände angefasst haben, das verkünden wir: das Wort des Lebens.« (1 Joh 1, 1) Glaube und Gotteserfahrung hat von Jesus her eine inkarnatorisch konkrete sinnenhafte Dimension und auch sozialen Charakter.

Mit der gnostischen Abstraktion von der ästhetisch-zeitgebundenen Gestalt würde die Wahrnehmung, das Sehen und das Hören, zerstört, die für den ganzheitlichen Zugang zum Glauben und zu einem überzeugenden Leben in der Nachfolge notwendig ist. Man könnte dann die Erlösung vielleicht noch *denken* statt feiern. Würde man nach dem Prinzip der Ökonomie Wege und Zeit einsparen und so statt eines mühsamen Glaubensweges ein patentes Abkürzungsverfahren anbieten, so wäre der Preis dieser Einsparung zu hoch. Ein total ins Denken aufgehobener Glaube an die mögliche Versöhnung würde das Problem des Scheins neu aufwerfen. Das Denken des Heils würde mit dem realen Heil gleichgesetzt. Das bloße Denken lässt aber die wirklichen Unversöhntheiten, die konkrete Not außen liegen. Es schafft keinen Aufbruch, keine Verwandlung und ist als Abstraktion kein Ort der Hoffnung.

Als Ästhetik des Glaubens sucht Liturgie einen Zugang zu Jesus, dem Erlöser, nicht über die Vergeistigung oder gar Rationalisierung, sondern über die möglichst ganzheitliche, symbolisch sinnenhafte und worthafte Präsentation seiner Gestalt. Liturgisches Gedenken erhebt den Anspruch, über Raum und Zeit hinweg das vergangene und in der Schrift überlieferte Handeln Gottes am Menschen in der Feier heilswirksam zu vergegenwärtigen. Die Anamnese leistet die notwendige Vermittlung zwischen der historischen Einmaligkeit von Leben, Kreuz und Auferstehung Jesu und deren universaler Bedeutung, die keinem geschichtlichen Vergessensprozess unterliegen kann und darf, sondern sich stets als neu und gegenwärtig erweist.

Abraham Joschua Heschel, der jüdische Rabbiner und Religionsphilosoph (1907–1973), warnt vor der Gefahr, dass menschliche Bedürfnisse zu absoluten Zielen werden. Er wendet sich gegen eine Verkrümmung der Sorge um die transzendente Bedeutung in eine Sorge um Bedürfnisbefriedigung. Demgegenüber betont er, dass Bedürfnisse nicht gegen die Humanität und die Ausrichtung des Menschen auf *Transzendenz* wirken sollen. Nach Heschel sterben mehr Menschen an Bedürfnisepidemien als an Krankheitsepidemien. Er definiert geradezu die Zivilisation als Anpassung von Umweltbedingungen an menschliche Bedürfnisse. »Es gibt fast keinen materiellen Wunsch, den die Wissenschaft und Technik nicht zu erfüllen verspricht. Sich der Expansion der menschlichen Bedürfnisse, die durch die technologische und soziale Entwicklung noch gesteigert wird, entgegenzustemmen, würde bedeuten, die Entwicklung der Zivilisation zu hemmen. Jedoch darf zugleich auch nicht übersehen werden, daß eine unkontrollierte Entwicklung die Zivilisation selbst wegschwemmen könnte, da die rasante Entwicklung von neuen Bedürfnissen sich auch in aggressive Interessen wandeln könnten, ein oftmaliger Grund für Kriege.« (Heschel 1993, 182)
In einer technologisch orientierten Gesellschaft tendieren auch geistliches Leben, Gebet und Liturgie dahin, eine Funktion zu erfüllen. Sie sollen dazu verhelfen, sich zu stimulieren, Gefühle zu erzeugen, dem Alltag zu entfliehen, sich am Schönen zu ergötzen, Musik als Kunst zu bewundern. Es wäre aber auf Dauer fatal, wenn in der Liturgie die Geisteshaltung vom Funktionalen bestimmt wird und wenn es in der Folge zu einer Rollenverteilung in Produzenten und Konsumenten nach dem Gesetz von Angebot und Nachfrage kommen würde. Denn: »Geistliches Leben ist kein Mittel zur Befriedigung von Bedürfnissen. Es ist so wichtig, uns nicht anzugewöhnen, unsere Geisteshaltung vom Funktionellen her bestimmen zu lassen, wie eine Maschine, die man in Betrieb setzen kann, oder wie ein Geschäft, das man nach eigenen Berechnungen betreibt. Die Ordnung des geistlichen Lebens ist geistlich. Sie hat eine eigene innere Logik, die man nicht verstehen kann, wenn man ihre Grundsätze nicht lebt und liebt. Deshalb ist es wichtig zu verstehen, daß von Gott gegebener Sinn spirituell ist. Daß das Erfassen dieses Sinnes an geistliche Bereitschaft gebunden ist. Und daß dieser Sinn im Handeln erfahren wird.« (Heschel 1999, 74)
Liturgie ist dem gegenüber immer auch Widerfahrnis der Nähe des fleischgewordenen Logos, der uns anspricht, berührt und verwandelt. Gott ist nicht nur Ende oder Resultat intentionalen Denkens, er darf nicht zum Koordinator unserer Bedürfnisse, zur Dienstleistungsstelle für allerlei Wünsche, zum Lückenbüßer auftauchender Defizite degradiert werden. Litur-

gie geht auf die Initiative Gottes, auf die Stiftung Jesu zurück. Sie stellt immer auch die Sache eines Anderen dar. Deshalb bedeutet Liturgie immer auch Unterbrechung, Bruch der Kontinuitäten. Die Liturgie realisiert die Rückbesinnung auf die historisch-greifbare Ursprungsgestalt, um dem Unverwechselbaren der Jesustradition gerecht zu werden.
Positiv braucht es kirchliche Räume, in denen eine Kultur der Sehnsucht und Leidenschaft für das Reich Gottes, ohne Selbstzelebration oder Selbstinszenierung, ohne Verliebtheit in das eigene Wünschen, ohne Funktionalisierung Gottes für die eigene Selbstverwirklichung, wachsen kann. Es braucht in der Liturgie das gute Wollen und Begehren, das sich durch Aufmerksamkeit und Güte auszeichnet. Und es darf das vehemente Bitten in alltäglichen Nöten sowie das Einstehen für die Würde des Lebens geben.

Vor-Gabe Gottes

Primäres Subjekt der Liturgie ist Gott. Es liegt in der Logik, in der Rationalität, Stimmigkeit und Weisheit Gottes, sich selbst mitzuteilen. Die Liebe Gottes teilt sich ohne Neid mit (Weish 7, 13). Liturgie geht nicht von einer unaufhebbaren Verweigerung, nicht vom göttlichen Geiz, sondern von der Selbstmitteilung Gottes aus. Gott ist kein absolutistischer, tyrannischer Herrschergott, der neidisch sein Geheimnis hüten müsste, dem man magisch Stück für Stück abtrotzen müsste.
Menschliche Grundhaltung in der Liturgie ist die der Kontemplation und Aufmerksamkeit: »Verleih deinem Knecht ein hörendes Herz.« (1 Kön 3, 9) »Der Mönch muß sein wie die Cherubim und Seraphim: ganz Auge!« (Miller 1980, Nr. 166) »Die von jeder Beimischung ganz und gar gereinigte Aufmerksamkeit ist Gebet.« (Weil 1987, 61) Aufmerksamkeit weist einen Doppelcharakter auf: Aufmerksamsein bedeutet einerseits eine Aktivität unserer selbst, Leistung unserer Freiheit. Wir gehen über uns selbst hinaus in der Absicht, dass sich uns die Welt erschließen soll. Diese Intentionalität suspendiert sich aber zugleich selbst: Das Hinausgehen über uns selbst geschieht in einem ursprünglichen Erleiden, einer Liebe, die ein Gehorchen ist. Aufmerksamkeit bedeutet ein Warten auf das Andere als das Unverfügbare. Im Empfangen der Gabe empfange ich zugleich mich selbst als den, dem gegeben wird. Erst in der Freigabe an das Ereignis der Gabe des anderen finde ich auch zu mir selbst, darf ich in Wirklichkeit selbst sein.
Wenn also Gott primäres Subjekt der Liturgie ist, so werden die Menschen dabei nicht zu passiven Statisten degradiert. Gnade ist kein Ersatz für Freiheit, sondern provoziert Freiheit, d. h. die vorausgehende, initiierende Gabe Gottes wird zur Auf-Gabe für den Menschen. Gott ist es, der gibt, aber

er gibt zum Tun. Gott befähigt zum Mittun. »Wir sind Gottes Mitarbeiter.« (1 Kor 3, 9) »Durch die Gnade Gottes bin ich (Paulus), was ich bin. Und seine Gnade an mir ist nicht vergeblich gewesen, sondern ich habe viel mehr gearbeitet als sie alle; nicht aber ich, sondern Gottes Gnade, die mit mir ist.« (1 Kor 15, 10) Es geht also darum, dass Gott mit seiner Lebenskraft und Liebe nicht ins Leere geht, dass seine Gabe nicht zum Frust da ist (vgl. das Gleichnis von den Talenten in Mt 25, 14–30). Gott will Mitliebende (Duns Scotus).

Aus Liebe zur Wirklichkeit

»Freude und Hoffnung, Trauer und Angst der Menschen von heute, besonders der Armen und Bedrängten aller Art, sind auch Freude und Hoffnung, Trauer und Angst der Jünger Christi. Und es gibt nichts wahrhaft Menschliches, das nicht in ihren Herzen seinen Widerhall fände ... Darum erfährt diese Gemeinschaft (der Kirche) sich mit der Menschheit und ihrer Geschichte wirklich engstens verbunden.« (GS 1) Liturgie lebt aus einer wachen Zeitgenossenschaft. Bei der Wahrnehmung der Wirklichkeit darf gerade die Erfahrung des Leidens, der Trauer, der Tränen, der Aggressivität, der Verderbtheit, der Bosheit, der Gespaltenheit und des Widerspruchs nicht ausgeblendet werden. Liturgie zelebriert nicht den schönen Schein, sie lässt den Schatten des Absurden, den Schmerz des Leidens heran und deckt diesen nicht harmonisierend zu.

Sören Kierkegaard trat zu einer Zeit, in der dies ein verbürgerlichtes anständiges Christentum als anstößig empfand, vehement für das Recht des Klagens ein: »Wehe dem, welcher den Leidtragenden arglistig bringen will, um des Leidens einstweiligen Trost, sich Luft zu machen und zu ›hadern mit Gott‹. Oder ist in unserer Zeit etwa die Gottesfurcht so groß, daß der Leidtragende nicht mehr dessen bedarf, was in jenen alten Tagen Brauch gewesen? Traut man sich etwa nicht vor Gott Klage zu erheben?« (Sören Kierkegaard 1995, 232)

Klageverzicht würde Beziehungs- und Lebensverlust bedeuten. Dabei lebt die Wahrhaftigkeit und Erdverbundenheit der Liturgie aus der Hoffnung: »Denn die ganze Schöpfung wartet sehnsüchtig auf das Offenbarwerden der Söhne Gottes« (Röm 8, 19). Gebet und Hoffnungslosigkeit, Erwartungslosigkeit und Resignation sind unverträglich. Eucharistie wurde immer auch als eschatologisches Mal, als Symbol der Hoffnung verstanden. Liturgie muss also geerdet sein, aber aufgebrochen nach vorne hin. Sie ist ein Akt der Hoffnung, ein Akt der Sehnsucht nach dieser Vollendung; sie will immun machen gegen den Virus der Hoffnungslosigkeit und der Ohnmacht. »Denn wir sind gerettet, doch in der Hoffnung.« (Röm 8, 24)

»Das sind wie zwei Flöten mit verschiedenem Ton, aber der eine Geist bläst in beide, einer erfüllt sie beide, und sie ergeben keinen Mißklang zusammen.« (Augustinus, In 1 Jo tr 9, 9) In der Liturgie spielen zwei Flöten, die Flöte des Leidens und des Todes sowie die Flöte der Hoffnung und Sehnsucht nach Auferstehung und Vollendung. Würde in der Liturgie nur die Melodie der himmlischen Vollendung gespielt, so würden die realen Leiden ignoriert und unverwandelt bleiben. Wäre nur das Lied vom Tod zu hören, würden sich Nekrophilie und Resignation breit machen.

Mystik und Politik

Mystik hat häufig einen privatistischen und verinnerlichten Beigeschmack. Die großen Mystiker hatten jedoch einen fast selbstverständlichen sakramentalen und liturgischen Hintergrund. Die sakramentale kirchliche Gemeinschaft ist für sie nicht bloß äußerliches Maß und Kriterium der mystischen Erfahrung, sondern auch ihr Ort und ihre symbolische Verleiblichung. Die eucharistische Frömmigkeit der Mystiker ist dabei nicht ein isolierter Teil ihres geistlichen Lebens. Ihr Glaube kreist um den gottmenschlichen Christus. Es wäre durchaus eine spirituelle Aufgabe, die mystischen Wurzeln der Liturgie zu heben.

Liturgie ist kein Alibi für Solidarität. Es gibt einen inneren Zusammenhang von Mystik und Politik, von Mystik der Innerlichkeit und Mystik der Äußerlichkeit, d. h. einer Mystik, die im Anderen, im Armen, in der Gemeinschaft in den gesellschaftlichen, sozialen und wirtschaftlichen Kontexten die Spuren Gottes sucht. Innerlichkeit, Mystik oder auch Gelassenheit ist nicht fatalistisch oder quietistisch misszuverstehen, »sondern als Résistance der Innerlichkeit, als höchste innere Freiheit zu verstehen, die gerade dazu befähigt, angstfreier und nicht korrumpierbar sich einzumischen in die Verhältnisse, wie sie sind.« (Fuchs 1996, 264)

Beide Pole, Liturgie und Solidarität, können zur Krisis werden. Liturgie ohne Solidarität verkommt zum toten Ritual, wird stumm und starr, an die Vergangenheit gefesselt, versenkt sich ins Grundlose und kennt so keine lebendige Spannung mehr. Das andere Extrem ist es, wenn soziales und politisches Engagement so weit außer sich gelangt, dass es den Zusammenhang mit der Einwurzelung in Gott aber auch mit sich selbst buchstäblich verliert, sich selbst als fremd empfindet. Ohne Gang zu den Quellen verkarstet Solidarität, brennt sie aus, wird oberflächlich und leer. Praxis verkommt zu sinnlosem, zerstörendem Aktivismus. Der Gang zu den anderen wird zum heimlosen Schweifen, zum Vagabundentum in jeder Beziehung, zur Freibeuterei.

Liturgie muss von Anfang an davor bewahrt werden, in ethische Belanglosigkeit verkürzt zu werden. Denn so würde der Leib der Gemeinde nicht nach dem Leib des Gekreuzigten gebildet (vgl. 1 Kor 11). Caritas bzw. Diakonie ist immer Testfall der Ernsthaftigkeit einer liturgischen Ästhetik. Um aber umgekehrt den Glauben nicht in reine Innerlichkeit oder auch in eine Ethik ohne Transzendenz zu reduzieren, bedarf es der Dignität des Ästhetisch-Ausdruckhaften.
Es braucht personale und sakramentale Räume der absichtslosen Kontemplation, die sich der Zweckrationalität, dem Leistungsdruck, der Bemächtigung, auch der Verdinglichung und Instrumentalisierung entzieht, in der nichts erreicht werden muss. Denn erst durch Muße, Kontemplation, Meditation wird die Arbeit entgiftet und substanzvoll. Kontemplation ist weniger eine Technik als vielmehr eine Lebensweise, eine Lebenshaltung, eine Gebetsweise. Kontemplation ist einfaches Dasein vor Gott. Kontemplative Grundhaltungen sind die Liebe zur Wirklichkeit, das Zulassen der Dinge, der Menschen, ohne sie gleich gewaltsam verändern und abschaffen zu wollen.

Literatur

Adorno, Theodor W. (1969), Stichworte, Frankfurt a. M.

Fuchs, Gotthard (1996), Und alle Fragen offen?, in: Fuchs, Gotthard. (Hg.), Angesicht des Leids an Gott glauben? Zur Theologie der Klage, Frankfurt a. M.

Heschel, Abraham Joschua (1993), Man is not Alone. A Philosophy of Religion, New York.

Heschel, Abraham Joschua (1999), Der Mensch fragt nach Gott. Untersuchungen zum Gebet und zur Symbolik, Neukirchen-Vluyn.

Kant, Immanuel, Die Religion innerhalb der Grenzen der bloßen Vernunft (WW7).

Kierkegaard, Sören (1995), Die Wiederholung (WW III), Düsseldorf.

Miller, Bonifaz (Übs.) (1980), Weisung der Väter. Apophthegmata Patrum, auch Gerontikon oder Alphabeticum genannt. Einl. W. Nyssen, Trier.

Weil, Simone (1987), Aufmerksamkeit für das Alltägliche. Ausgewählte Texte zu Fragen der Zeit, München.

Wolmuth, Josef (1992), Jesu Weg – unser Weg. Kleine mystagogische Christologie, Würzburg.

Auf der Suche nach religionspädagogischen Visionen

Burkard Porzelt

Visionen – damals und heute

Religionspädagogen – empirisch orientierte zumal – haben es nicht leicht mit Visionen. Und schon gar nicht in heutigen Zeiten.

Zunächst lässt sich streiten, ob es überhaupt angemessen ist, das Wort *Vision* auf heutige Erfahrungszusammenhänge zu münzen. In Schrift und Tradition jedenfalls bezeichnet Vision einen reichlich exklusiven Vorgang, nämlich die Rezeption und Kommunikation »gottgewirkter« (Kessler 2000, 813) Mitteilungen durch einzelne Personen. Durch Menschen, die in ebenso seltener wie besonderer Weise disponiert waren, »gewissermaßen einen direkten Draht zu Gott« (Schroer 1998, 97) aufzunehmen.

Von solcherart prophetischen Visionen wird im Folgenden nicht die Rede sein. Nichtsdestoweniger lohnt sich ein genauerer Blick auf jene Phänomene, die in Schrift und Tradition als Vision gekennzeichnet sind. Ungeachtet grundlegender Differenzen werden folgende Strukturmerkmale erkennbar, die sich in analoger Weise hier und heute wiederfinden lassen.

Transzendierung: Den klassischen Visionen der jüdisch-christlichen Tradition wohnt transzendierende Kraft inne. Was die prophetisch begabten Seherinnen und Seher im visionären Wort oder Bild wahrnehmen, liegt jenseits des aktuell Gegenwärtigen. Die dominierende Wirklichkeit wird aufgesprengt. Fragmente einer anderen Wirklichkeit werden sichtbar. Ein transzendierender Grundzug findet sich auch in jenen Bewusstseinsphänomenen, die es heute Visionen zu nennen lohnt. Verstrickt in die Zwänge des Gegebenen lassen sie uns da und dort weit über die »Mühen der Ebenen« (Brecht 1986, 960) hinausblicken.

Orientierung: Den klassischen Visionen der jüdisch-christlichen Tradition wohnt orientierende Kraft inne. Sie sind kein Selbstzweck. Vielmehr geben sie den prophetischen Seherinnen und Sehern eine Lebensrichtung vor, die es einzuschlagen gilt. Ein orientierender Grundzug findet sich auch in jenen Bewusstseinsphänomenen, die es heute »Visionen« zu nennen lohnt. Einem Kompass ähnlich bewahren sie davor, dass unser Denken und Tun in den Routinen des Alltages aufgeht. Sie geben unserem Alltagshandeln Ziel und Richtung.

Motivierung: Den klassischen Visionen der jüdisch-christlichen Tradition wohnt motivierende Kraft inne. »Die Vision ist handlungsorientiert und nicht eine selige Schau der Ewigkeit.« (Sölle 1988, 16) Die prophetischen Seherinnen und Seher ziehen handfeste Konsequenzen für ihr Leben, sie machen sich auf einen Weg. Ein motivierender Grundzug findet sich auch in jenen Bewusstseinsphänomenen, die es heute Visionen zu nennen lohnt. Indem sie uns den *Geschmack* einer die Faktizität des Alltags sprengenden Wirklichkeit gewahr werden lassen, schenken sie uns Kraft und Energie, den Alltag handelnd zu bewältigen.

Kommunizierung: Den klassischen Visionen der jüdisch-christlichen Tradition wohnt kommunikative Kraft inne. Die subjektive Wahrnehmung der prophetischen Seherinnen und Seher verbindet sich stets mit der intersubjektiven Weitergabe des Wahrgenommenen. Und dies ungeachtet der Tatsache, dass eine ungebrochene Versprachlichung niemals möglich ist. (vgl. James 1997, 384) Anders gesagt: Visionen wollen mitgeteilt werden. Sie sind kein solipsistischer Privatbesitz. Ein kommunikativer Grundzug findet sich auch in jenen Bewusstseinsphänomenen, die es heute Visionen zu nennen lohnt. Nicht, dass wir sie pausenlos herumposaunen würden. Für die Preisgabe jener Wünsche, Ängste und Ideale, die unseren Alltag sprengen und grundieren, bedarf es besonderer Zeiten und Gelegenheiten. Sofern aber solche Mitteilung stattfindet und gelingt, kann gegenseitiges Verständnis wachsen und sich zu gemeinschaftlichem Handeln verdichten. Oder aber die Geister scheiden sich, Differenzen werden sichtbar, Klärung tritt ein.

Den Wert und die Notwendigkeit von Visionen stellt das Buch der Sprichwörter sehr drastisch vor Augen. »Ein Volk ohne Vision geht zugrunde«, heißt es da (in Spr 29, 18). Diese Einschätzung gilt auch für jene Bewusstseinsphänomene, die es heute Visionen zu nennen lohnt. Ohne ihre transzendierende, orientierende, motivierende und kommunikative Kraft laufen wir Gefahr, uns betriebsblind im Alltäglichen zu verlieren. Visionen schaffen produktive Distanz zum Alltag. Die dominierende Wirklichkeit wird durchlässig für Neues, für Anderes, für Grundlegendes. So wird sinnvolles, gezieltes und beherztes Handeln möglich.

Auf der Suche nach religionspädagogischen Visionen

Die biblische Tradition kennt visionäre Gottesmitteilungen von Glück und Versöhnung ebenso wie solche von Vernichtung und Gericht. Und schließlich kennt sie auch Zeiten, in denen prophetische Gesichte weithin ausbleiben. »Visionen waren in jenen Tagen nicht häufig« schreibt etwa das 1. Samuel-Buch (in 1 Sam 3, 1), um allerdings postwendend auf eine solche zu sprechen zu kommen.

Betrachten wir unsere Gegenwartssituation, dann liegt zunächst der Verdacht nahe, dass im Bereich des Religiösen positive Visionen aktuell kaum Konjunktur haben. Eine Fülle an Daten signalisiert, dass sich die semantisch identifizierbare Religion – zumindest in der westlichen Welt – beharrlich auf dem Rückzug befindet. In Deutschland beispielsweise kehren »gut zehnmal mehr Personen [...] dem Christus-Glauben den Rücken als zu ihm hinfinden.« (Röser 2003, 107) Bis weit in den Kreis der Kirchenmitglieder hinein schwindet die religiöse Sozialisation in der Familie. Bleibt angesichts solcher Daten nur mehr Raum für visionslose Resignation oder aber für jene »Unglückspropheten«, denen der prophetische Papst Johannes XXIII. (2003, 215) energisch entgegentrat?

Angesichts zunehmender religiöser Heterogenität und voranschreitender Säkularität fällt es jedenfalls aktuell nicht leicht, Visionen auszumachen, die religionspädagogisches Handeln in positivem Sinne zu transzendieren, orientieren und motivieren vermögen. Zugleich aber ist kaum anzunehmen, dass positive Visionen angesichts der problematischen sozioreligiösen Zeitsituation für religionspädagogisch Handelnde verzichtbar werden. Eher das Gegenteil scheint der Fall. Gerade in Zeiten, in denen seit langem fraglos geltende Begründungsmuster und Zielsetzungen brüchig werden, in Zeiten, wo Handeln nach gängigen Schemata auf massive Widerstände stößt, ergibt sich die besondere Notwendigkeit, nach Fixpunkten auszuschauen, die dem eigenen Handeln über den Tag hinaus Ziel und Richtung geben. »Visionen haben ihren Platz in schwierigen Situationen.« (Hartmann 2000, 114)

Religionspädagogisches Handeln verlangt somit gerade in Zeiten des sozioreligiösen Umbruchs nach Visionen. Notwendig sind Visionen, die realistisches und utopisches Potenzial in sich vereinigen. Realistisches Potenzial in dem Sinne, dass die Alltagserfahrungen in Schule und Religionsunterricht, in Jugendarbeit, Gemeindekatechese und Erwachsenenbildung illusionslos ernst genommen werden. Utopisches Potenzial in dem Sinne, dass jenseits dieser Alltagserfahrungen spürbar und kenntlich wird, worin religionspädagogisches Handeln wurzelt und worauf solches Handeln zielt. Mehr denn je scheint religionspädagogisches Handeln angewiesen auf *geläuterte, geerdete,* auf *alltagstaugliche* Visionen!

Als empirischer Religionspädagoge hege ich den Verdacht, dass den Praktikerinnen und Praktikern *vor Ort* solcherart Visionen nicht fremd sind. Versteht sich wissenschaftliche Religionspädagogik als Reflexion der Praxis für die Praxis, die intersubjektiv nachvollziehbar und kritisierbar vorgeht, dann stellt sich die Aufgabe, solchen Visionen von Religionslehrerinnen, Jugendarbeitern, Katechetinnen und Erwachsenenbildnern auf die Spur zu kommen. Genährt wird dieses Vorhaben durch den Optimismus, dass die Alltagstheorien der unmittelbar Betroffenen durchaus der wissenschaftlichen Theorie voraus sein können: »Zugelassen wird, dass die religionspädagogische Praxis auf die pädagogische und theologische Theorie zurückwirkt, sie modifizieren, kritisieren, begrenzen oder auch weitertreiben kann und soll.« (Schlüter 2000, 138 f.)

Spuren einer konkreten Vision

Von geerdeten, alltagstauglichen Visionen war zuvor die Rede. Eine solche Vision will ich nun näher in den Blick zu rücken versuchen. Die Textpassage, die ich heranziehe, stammt aus einem Interview, das im Rahmen eines empirisch-religionspädagogischen Projektseminars von vier Studentinnen realisiert, transkribiert und sequenziell analysiert wurde – nämlich von Susanne Bolder, Judith Brockhausen, Claudia Freier und Petra Vestert. Zu Wort kommt ein 55jähriger Lehrer, der an einem Gymnasium Religion unterrichtet. Nachdem dieser ausgiebig auf die säkularisierte Befindlichkeit vieler Schüler zu sprechen gekommen war, konfrontiert ihn die Interviewerin mit der Frage, »ob Sie in der letzten Zeit mal 'ne Situation erlebt haben, wo Sie gedacht haben, *Mensch,* ist doch *richtig gut,* dass ich den Schülerinnen und Schülern dieses Fach, also *gerade Religion* gebe?« Dieser Impuls wendet die Aufmerksamkeit hin zur positiven *Schubkraft,* durch die sich der befragte Lehrer im alltäglichen Religionsunterricht getragen fühlt. Er wird eingeladen, eine konkrete, selbst erlebte »Situation« darzulegen, in der seine eigene Vision von Religionsunterricht real wurde (»ist doch *richtig gut,* dass ich [...] dieses Fach, also *gerade Religion* gebe«). Der Lehrer hält auf diesen Impuls hin zunächst einige Sekunden inne, bevor er die folgende Stegreiferzählung entfaltet.

1 also, *heute* war in der Elf so 'ne *eigenartige* Situation, (3)

2 wir haben dort in der Ethik eine Reihe gemacht, Bilder des Bösen, und zwar nur *Bilder,* keine Texte, und die Elfer haben in Partnerarbeit dann Bilder, zu denen ich *keine* Hilfestellung gegeben habe, haben die vorgestellt, ausgewer-tet und mit der Leitfrage, wo zeigt sich denn das *Bösartige* in diesen Bildern,

3 und dann kamen die *Schüler* heute darauf, ich war gar nicht so vorbereitet, auf die Frage, (.) wie ist das denn mit all den Menschen, die im Laufe der Geschichte *verheizt* worden sind?

4 – äh – ja, und dann waren wir ja urplötzlich bei der Frage was gibt denn das Christentum dazu für 'ne Antwort? – äh – jetzt kann man das nicht so – äh – spontan, so halt aufarbeiten,

5 aber, wichtig, also das fand ich glaube ich, da guckten auch die meisten

irgendwie verblüfft und aufmerksam, da wurde ihnen mal bewusst, dass Menschenle-ben ja auch einfach aus ganz niederträchtigen Gründen verheizt werden kann,

6 und dann hab' ich den Schülern auch gesagt, stellt euch mal *vor,* ihr geratet über die Machtgelüste irgendeiner Person demnächst in so 'ne Situation und werdet da einbezogen und lasst euer *Leben,* da fragt man sich ja wofür und was soll das, (.)

7 ich hoffe, dass die Elfer das so 'n bisschen *andenken,* das war 'ne ziemlich *harte* Situation, aber die kann man denen ja auch nicht ersparen, denn – äh – ...

8 [Interviewerin: die Frage kam von den Schülern selber auf?] ja, das hat sich aufgrund *dieser Bilder* dann ergeben, das sind diese typischen Situationen, das Goldene Kalb und – äh – ja, Kain und Abel und so und dann,

9 das kann man ja nicht steuern und will ich ja auch gar nicht, aber das war heute so ganz – ja – die Entwicklung zu einer der zentralen Fragen, obwohl ich das vorher nicht so geplant hatte nicht daran gedacht hatte, (.) insofern hab' ich heute also gedacht, das ist ja doch mal schön, dass das so *nebenbei* als Frage auch auf die Schüler zurückfällt,

10 ich hab' auch gesagt, das Christentum ist die *einzige* Religion, die sagt, da glauben wir daran, dass Gott diese unabgegoltene Lebensgeschichte irgendwie *weiterführt,* denn sonst wär' das ja (.) sinnlos

Zunächst (1) führt der Sprecher eine konkrete »Situation« ein, die er nicht nur zeitlich (»*heute*«) und sozial (»in der Elf«) verortet, sondern auch adjektivisch als »eigenartig« qualifiziert. Die Bedeutung dieses Adjektivs ist schillernd. Einerseits hebt es das darzulegende Ereignis aus der Normalität des Alltags als etwas Besonderes heraus. Zugleich weist es dem Erzählgegenstand ein Moment der Ungeklärtheit und Rätselhaftigkeit zu. Nachdem die angeführte Situation in der allerjüngsten Vergangenheit stattfand (»heute«), scheint sie bislang kaum reflektiert worden zu sein. Der Sprecher hat sich wohl noch keinen Reim auf sie gemacht.

In (2) umreißt er nun aus doppelter Perspektive (zunächst »wir«, dann »die Elfer« bzw. »die«) das Thema (»Bilder des Bösen«, »das *Bösartige* in diesen Bildern«) und den Ablauf einer ethisch orientierten Unterrichtsreihe. Besonders tritt hervor, dass (entgegen der oftmals beklagten Textlastigkeit des Religionsunterrichts) »nur *Bilder,* keine Texte« zum Einsatz kamen und den Schülern ein hohes Maß an Eigenständigkeit in der Interpretation dieser Bilder zugemutet wurde (»keine Hilfestellung gegeben«).

In (3) fokussiert der Erzähler die zu Beginn angesprochene und als »eigentümlich« qualifizierte Situation des *heutigen* Tages. In den Mittelpunkt rückt eine Fragestellung, welche »die *Schüler*« eigenständig aufgebracht haben (»kamen [...] darauf«), ohne dass der Lehrer selbst dies geplant oder antizipiert hätte (»ich war gar nicht so vorbereitet, auf die Frage«). Die allgemein gehaltene »Leitfrage« (2) nach dem Bösen, die vorgegeben war, spitzen die Schüler auf jene konkreten Menschen zu (»wie ist das denn mit all den Menschen«), die »im Laufe der Geschichte« zu Opfern existenzieller Vernichtung wurden. Die Fremdbestimmtheit wie Radikalität dieser Vernichtung kommt im drastischen Verbum *»verheizt«* zum Ausdruck.

Nach (4) nahm die gerade angesprochene existenzielle Fragestellung ebenso rasch wie unerwartet (»urplötzlich«) eine ausdrücklich theologische Wendung (»was gibt denn das Christentum dazu für 'ne Antwort?«). Die Wir-Perspektive, die nun ins Spiel kommt, lässt erahnen, dass der Lehrer selbst an dieser theologischen Wendung aktiv mitgewirkt hat, während er die zuvor erfolgte existenzielle Zuspitzung ja dezidiert den Schülern zugeschrieben hatte.

Nachdem er bislang (in 2–4) schrittweise dargelegt hatte, wie sich die Unterrichtskommunikation entwickelt hat, zieht der Sprecher in (5) ein erstes Resümee. Aus subjektiver Darstellungssicht (»fand ich glaube ich«) umschreibt er die besondere Bedeutung (»wichtig«) der rekonstruierten Ereignisfolge. Eindeutig verortet er diese Bedeutsamkeit darin, dass es bei der Mehrzahl der Schüler (»die meisten«) der äußeren Beobachtung nach (»guckten«) zu nachhaltigem inneren Engagement kam. Diese innere Aktivität, die durch äußeres pädagogisches Handeln allenfalls angeregt, keinesfalls aber erzeugt oder erzwungen werden kann, beschreibt der Sprecher zunächst vermittels der Adverbien »verblüfft« und »aufmerksam«, wobei ersteres auf intensives Erstaunen hindeutet, während letzteres von hoher Konzentration Zeugnis gibt. Durch eine prädikative Umschreibung kennzeichnet der Narrator die innere Aktivität der Schüler summierend als Prozess der *Bewusstwerdung* (»da wurde ihnen [...] bewusst«). Diese bezieht sich dem Text zufolge einzig auf das von den Schülern selbst aufgebrachte existenzielle Thema der Vernichtung Unschuldiger, die analog zu 3 mit dem drastischen Terminus »verheizen« umschrieben wird, wobei nun noch verschärfend die Amoralität der Täter (»aus ganz niederträchtigen Gründen«) in den Blick rückt.

In (6) umschreibt der Lehrer einen *einbahnigen* Kommunikationsverlauf. Er selbst spricht zu den Schülern (»hab' ich den Schülern [...] gesagt«), während diese nicht aktiv in Erscheinung treten. Er fordert sie auf, sich in die zuvor aus geschichtlicher Distanz beleuchtete Situation ungerechtfertigten Vernichtetwerdens unmittelbar hineinzuversetzen (»stellt euch mal vor, ihr geratet [...] und werdet da einbezogen und lasst euer *Leben*«).

Rückblickend legitimiert er in (7) diese seine Intervention. Er lässt die Intention (»ich hoffe«) anklingen, die Schüler zu eigener geistiger Auseinandersetzung zu motivieren (»*andenken*«), räumt jedoch ein, eine »ziemlich *harte* Situation« heraufbeschworen zu haben, um die Provozierung schmerzhafter Betroffenheit schließlich generalisierend und ohne nähere Begründung als unausweichlich zu postulieren (»die kann man denen ja auch nicht ersparen«).

Nach einem klärenden Einschub (8) blickt der Erzähler in (9) noch einmal (nach 5) resümierend auf das »heute« erlebte Geschehen zurück, das er im Interview selbst spontan als Exempel eines sinnvollen, stimmigen und gelungenen Religionsunterrichts angeführt hat. Was also macht die geschilderte Religionsstunde aus seiner Sicht zu einem Glanzpunkt im Unterrichtsalltag, sodass erlebbar wurde, dass es »*richtig gut*« (Interviewimpuls) ist, ausgerechnet das Fach Religion zu unterrichten? Hinleitend verdeutlicht der Sprecher durch zweimalige Negation (»kann man ja nicht [...] will ich ja auch gar nicht«), dass sich der besondere Charakter der beschriebenen Unterrichtsstunde jeglicher Plan- und Machbarkeit (»steuern«) entzieht. Sternstunden des Unterrichts – so könnte man sagen – lassen sich letztlich nicht machen, sie ereignen sich. Diesen intransitiven Zug verdeutlicht auch die eigentümliche Satzkonstruktion »dass das so *nebenbei* als Frage auch auf die Schüler zurückfällt«. Eine aus Sicht des Lehrers entscheidende Problemstellung des Religionsunterrichts (»einer der zentralen Fragen«) wurde in der rekonstruierten Unterrichtsstunde zur eigenen Frage der lernenden Subjekte, sie »fiel den Schülern zu«. Dass es zu solch einem harmonischen *Passungsverhältnis* zwischen Problemstellung und Schülerinteresse kommen konnte, verdankt sich jedoch in keiner Weise einer didaktischen Vorausplanung. Dies verdeutlicht eine abermalige Doppelung von Negationen (»vorher nicht so geplant [...] nicht daran gedacht«). Die als keineswegs selbstverständlich (»ja doch mal«) und zugleich als erfreulich (»schön«) gekennzeichnete Passung zwischen einem zentralen Thema einerseits und der geistigen Produktivität der Schüler andererseits ist Ergebnis einer Entwicklung, nicht Produkt didaktischer Allmacht.

Zum Abschluss der Interviewpassage nimmt der Sprecher in (10) noch einmal den Erzählfaden auf, den er nach (6) unterbrochen hatte. Wie bereits in (6) schildert er eine *einbahnige* Kommunikationsstruktur. Knapp legt er dar, wie das von den Schülern selbst eingebrachte (3) und durch seinen Identifikationsappell (6) zugespitzte Problem existenzieller Vernichtung von der christlichen Tradition aufgenommen und bearbeitet wurde. War bereits in (4) erkennbar geworden, dass der Lehrer bei der theologischen Wendung der von den Schülern aufgebrachten Vernichtungsproblematik nicht unbeteiligt war, erscheint er nun als exklusiver Verfechter des theologischen Inhaltes. Dieser wird recht apologetisch zum Ausdruck gebracht, indem »das Christentum« konstativ als »die einzige Religion« herausgestellt wird, welche den Skandal der Vernichtung Unschuldiger durch den Heilswillen Gottes überboten sieht. Die entsprechende *Urentdeckung* des Judentums (vgl. Dan und 2 Makk) bleibt ausgespart.

Ausblick

Die Textstelle, die ich betrachtet habe, entstammt nicht dem geschliffenen Diskurs der akademischen Theologie. Sie verdankt sich dem religionspädagogischen Alltag. Fragmentarisch, aber erkennbar scheint innerhalb dieses Alltages für den zu Wort kommenden Lehrer eine Vision auf. Und zwar die Vision eines Unterrichts, in dem sich die Schülerinnen und Schüler jenseits aller didaktischer Steuerungsphantasien aus *eigenen* Stücken und in *eigenständiger* Auseinandersetzung an eine *grundlegende* Problematik des Menschseins herantasten. An eine sperrige und schmerzhafte Problematik, welche für die jüdisch-christliche Tradition zur *Initialzündung* wurde, um den das irdische Leben übersteigenden Heilswillen Gottes zu entdecken. Dass diese genuin theologische Entdeckung offensichtlich für die Schüler weit schwieriger zugänglich ist als die zugrundeliegende existenzielle Problematik, diese Erfahrung machen wir im Alltag religiöser Bildung zuhauf. Sie zu bedenken, erscheint für die gesamte Theologie dringlich.
Die den Alltag transzendierende und im Alltag orientierende, motivierende wie kommunikative Kraft einer religionspädagogischen Vision, welche darauf setzt und hofft, dass heutige Lernsubjekte theologisch relevante Grundfragen des Menschseins *entdecken* können, schmälert dies jedoch in keiner Weise.

Literatur

Brecht, Bertolt (1986), Die Gedichte von Bertolt Brecht in einem Band, Frankfurt/M.
Hartmann, Richard (2000), »Visionen waren in jenen Tagen nicht häufig« – Arbeit an der Zukunft der Kirche, in: PThI 20, 112–129.
James, William (1997), Die Vielfalt religiöser Erfahrung. Eine Studie über die menschliche Natur, Frankfurt/M., [erstmals erschienen 1902].
Johannes XXIII. (1963), Eröffnungsrede Papst Johannes' XXIII. vom 11. Oktober 1962, in: Müller, Otfried (Hg.), Vaticanum Secundum. Band 1. Die erste Konzilsperiode, Leipzig, 213–220.

Kessler, Hans (2001), Vision [systematisch-theologisch], in: LThK[3] X, 813 f.
Röser, Johannes (2003), Szene Religion. Aufbrüche in der Kirche? Beobachtungen des Religionssoziologen Michael N. Ebertz, in: CiG 55, 107 f.
Schlüter, Richard (2000), Konfessioneller Religionsunterricht heute? Hintergründe - Kontroversen - Perspektiven, Darmstadt.
Schroer, Silvia (1998), Glücklich, wer Lust hat an der Weisung JHWHs. Illustrierte Kurzkommentare zur ersten Sonntagslesung der drei Lesejahre, Freiburg/Schweiz.
Sölle, Dorothee (1988), Ein Volk ohne Vision geht zugrunde, in: Rothbucher, Heinz/Wurst, Franz (Hg.), Wovon wir leben - woran wir sterben. Von der Chance, einander Sinn und Halt zu geben, Salzburg, 15–33.

Die Erfindungsaufgabe

Gedanken über eine Korrelation von morgen

Stefan Altmeyer

»Woran erkennt man einen Katholiken?« – Lange Zeit schien die Antwort plausibel, dass es sich hier um einen Menschen handelt, bei dem bestimmte regelmäßige religiöse Praktiken zu beobachten sind: der sonntägliche Besuch der Messe etwa oder die Beichte mindestens einmal im Jahr, die täglichen Gebete morgens, mittags und abends sowie bei Tisch usw. Oder erkennt man eine Christin oder einen Christen an Herkunft und Familie, wie man mit Blick auf die Vita von Wolfgang Lentzen-Deis vermuten könnte? Es ist kein Geheimnis, dass spätestens seit den siebziger Jahren des vergangenen Jahrhunderts von der Selbstverständlichkeit solcher und ähnlicher Antworten kaum mehr im Präsens, sondern wohl hauptsächlich im Präteritum zu sprechen ist. Sind aber mit den gesellschaftlichen, kirchlichen und individuellen Veränderungen die christlichen »Vollzugsformen des Glaubens« nicht bloß statistisch mehr oder weniger verschwunden, sondern auch für die Entwicklung und Bildung einer religiösen Identität irrelevant geworden? Es kann vielleicht als Grundanliegen sowohl von Wolfgang Lentzen-Deis als auch der zentralen Stationen der Theologiegeschichte der letzten 50 Jahre bezeichnet werden, auf diese Frage ein »Nein« nicht bloß zu behaupten, sondern immer wieder neu zu begründen. Und trotzdem kann die Frage »Woran erkenne ich einen Katholiken?« gerade heute nicht als abgearbeitet gelten. Sie scheint sich vielmehr von innen wie von außen zu verschärfen, worauf schon recht willkürlich herausgegriffene Beispiele wie kirchliche Werbekampagnen oder die Diskussionen um die Enzyklika »Ecclesia de Eucharistia« oder den »römischen Kragen« hinweisen. Die hier eher andeutungshaft vorgestellten Gedanken können nicht den Versuch einer Antwort auf der Suche nach dem »Unterscheidend Christlichen«, den »Grundformeln des Glaubens« usw. wagen. Die Frage nach dem »Erkennbar Christlichen« soll lediglich als Frage nach der religionspädagogischen Bedeutung religiöser Ausdrucksformen thematisiert werden (1). Im zweiten Schritt wird sodann deutlich, wie Glaubenserfahrung und Glaubensausdruck in einer kreativ-ästhetischen Beziehung stehen und sich daraus ein erneuerter Blick auf den Korrelationsgedanken ergibt (2). Als eine religionspädagogische Zukunftsaufgabe möchte ich schließlich formulieren (3): »Woran erkenne ich einen Katholiken?« – eine *Erfindungsaufgabe!*

Zur Bedeutung von Ausdrucksformen

»Werde der du bist!« oder »Erfinde dich selbst!« – Irgendwo zwischen diesen beiden Extremen werden sich wohl die meisten Lebenskonzepte, Lebenswege, Lebensideen heutiger Menschen einordnen lassen. Vielleicht aber nicht nur heute, denn auch theoretische (philosophische, theologische, politische) Modelle aller Zeiten, die nach dem gelingenden Leben, der *Eudaimonia,* fragen – von Aristoteles über Augustinus bis M. Foucault – scheinen vor der grundlegenden Alternative des *objektiven* oder *subjektiven* Weges zu stehen: Entweder ist die Form eines (oder meines) glückenden Lebens vorherbestimmt – ob nun im *Wesen,* dem *Welt-Ordo* oder den *Genen* – oder aber es ist umgekehrt so, dass das Leben darauf angelegt ist, selbstgestaltend oder aus einem unendlichen Pool von Möglichkeiten auswählend je individuell konstruiert, *designed* zu werden. Nie kann es deshalb *von außen* oder *für alle* beschrieben werden. Im objektiven Konzept werden die Entscheidungen nach dem Muster »desired because valuable« (gewünscht, da wertvoll) getroffen, im subjektiven nach dem Schema »valuable because desired« (wertvoll, da gewünscht; vgl. Griffin 1988, 26–31). Ich könnte mir vorstellen, dass sich heute in einer Umfrage die deutliche Mehrzahl dem »Erfinde dich selbst!«-Modell zuordnen würde, das durch Zeitgeistbegriffe wie »Identitätsstyling« und »Biografiedesign« allgegenwärtig ist. Interessant fände ich auch die Frage, ob in manchem christlich-kirchlichen Bereich vielleicht die »Werde der du bist!«-Option größere Anhängerschaft findet. Der allenthalben wachsende Hunger nach dem

»Volksnahrungsmittel Spiritualität« (G. Bitter) z. B. könnte ein Hinweis hierfür sein. Aber auch was immer wieder als *riskante Freiheiten* von Individualisierung und Pluralisierung, z. B. als nur scheinbare, nämlich letztlich erzwungene Selbstverantwortlichkeit für die eigene Existenz, beschrieben wurde und entsprechende gegenläufige Bedürfnisse offen gelegt hat, deutet in diese Richtung.

Warum aber wird vor diesem Hintergrund die eingangs gestellte Frage »Woran erkennt man einen Katholiken?« nicht völlig irrelevant, wenn es doch *die* Christin und *den* Christen (und schon gar den Katholiken) faktisch nicht mehr geben kann? Auch mehr und mehr Religionspädagoginnen und Religionspädagogen scheinen die Suche nach dem »Erkennbar Christlichen« als unerreichbar und utopisch, wenn nicht gerade abgeschrieben so doch als sekundär eingestuft zu haben. »Lebenshilfe«, »religiöse Sensibilisierung«, »Wahrnehmungsschulung«, »elementare Alphabetisierung« lauten die Stichworte. Die zentrale Bedeutung dieser Anliegen ist zu unterstreichen, gleichzeitig aber ist auf die Gefahr hinzuweisen, das Konvergenzmodell einer ausbalancierten Verhältnisbestimmung pädagogischer und theologischer Anliegen zu verlassen. (vgl. Lentzen-Deis 1997) Ich meine sogar, dass triftige Gründe dafür sprechen, die Frage, ob und woran man einen Christen erkennen könne oder müsse, als gerade heute notwendige zuzulassen. Sie stellt sich dabei nicht als Problem demonstrativ zur Schau gestellter Kirchlichkeit, sondern – wie folgende drei Begründungszusammenhänge verdeutlichen sollen – als Frage nach Authentizität und Identität von individuellen und gemeinschaftlichen Ausdrucksformen des Glaubens.

(1) Nach Ansicht von namhaften Religionspädagogen stehen Theorie und Praxis der religiösen Bildung heute vor der Aufgabe, »pluralitätsfähig« zu werden (vgl. Schweitzer u. a. 2002). Diese Aufgabe besitzt u. a. auch eine inhaltliche Dimension. Wenn Religion in der Situation gesellschaftlicher Pluralität immer mehr zu etwas völlig Relativem wird – »Über Religion lässt sich noch weniger streiten als über Geschmack« – und zudem aus dem Bereich des Öffentlichen und der Kommunikation verdrängt und zu etwas ganz Privatem wird – »Was ich glaube, ist *meine* Sache« –, dann ist »Pluralitäts-Befähigung« ein Bildungsziel. Es geht darum, Religiosität wieder kommunikabel zu machen und ihre vorherrschenden diffusen, wenig greifbaren Formen in markante Formen zu überführen, die in der bunten Vielfalt (innerer und äußerer Pluralität) überhaupt wahrnehmbar sind (vgl. Englert 2002, 99–104). Ich nenne dies den *christentumsgeschichtlichen* Aspekt der Aktualität der Ausdrucksfrage.

(2) Auch in *bildungstheoretischer* Perspektive lassen sich Argumente finden. Ganz allgemein ist zunächst auf die Einsicht von W. Klafki hinzuweisen,

dass Bildung sich weder allein auf den (formalen) Erwerb von Fähigkeiten noch auf einen Kanon von Inhalten (material) reduzieren lässt, sondern nur in einer Kombination beider Kategorien gelingt. Dies gilt insbesondere für religiöse Ausdrucksformen, die sowohl als vorgegebene als auch als neu zu findende ihre Bedeutung im Lernprozess haben. Zum einen ist das Erlernen von ritualisierten Ausdrucksformen laut E. H. Erikson für die Entwicklung des Kindes von hoher Bedeutung, solange sie nicht wie Manieren beigebracht, sondern mit lebendigen Erfahrungen verbunden werden. Zum anderen ist an die prinzipielle Bedeutung aktiven Ausdrückens in jedem Lernprozess zu erinnern. Wahrnehmungen und Erfahrungen werden im Akt des Ausdrückens weiterverarbeitet, erhalten Bedeutsamkeit. So werden Kommunikation und schließlich neue Erfahrungen möglich.
(3) Zu den beiden genannten gesellt sich ein *theologischer* Punkt. Ist Theologie an sich schon der Versuch einer begründeten und auf dem gelebten Glauben der Christinnen und Christen gegründeten Rede von Gott, so ist deren prinzipielles *Ausdrucksproblem* gerade heute von besonderer Brisanz. Je weniger Sprache, Symbole, Bilder und Gesten von Religion und Theologie verständlich sind oder Verstehensversuche überhaupt unternommen werden, desto mehr werden die christlich motivierten Stimmen in der Gesellschaft, an der Universität und im Leben des Einzelnen zurückgedrängt. Je stärker im Gegenzug vielleicht die Reserve der Christinnen und Christen gegen ein offenes Sich-Einlassen auf die gesellschaftliche Realität sowie ein banges Festklammern am *Altbewährten* wachsen, desto größer wird dieser Graben zwischen den Sprachspielen. Deshalb kann aus theologischer Sicht nicht auf die Suche nach zeit- und evangeliumsgemäßen Ausdrucksformen verzichtet werden. Die Kritik alttestamentlicher Propheten oder auch die jesuanische Kritik an der pharisäischen Bewegung (wie die neutestamentlichen Schriftsteller sie sehen) zeigen ja, dass biblischer Glaube immer auch Zeugnis der Auseinandersetzung um die angemessenen Ausdrucksformen ist: gegen Ritualismus, Legalismus und Formalismus. Aber natürlich sind auf dieser Suche nach Ausdrucksformen Kriterien zu beachten, gerade was das Verhältnis von vorgegebenen und frei-kreativen Formen angeht. Eine sehr markante Position hat etwa K. Rahner (1971) mit seiner Unterscheidung zwischen *kategorialen* und *transzendentalen* Formen eingenommen. Während die transzendentalen Akte als innere Glaubenshaltung die *Wirklichkeit* des Glaubens selbst sind, stellen die kategorialen zwar notwendige (v. a. was den Glaubenszugang angeht), aber dennoch sekundäre äußere Verhaltensweisen dar: Bekennen, Bitten, Danken usw. sind *Gestalt* der Sache, die ohne eine innere Lebendigkeit die *reife* Glaubensform verfehlen. Mit J. Ratzinger (1968) lässt sich wiederum die Bedeutsamkeit des *objektiven* Pols verstärken: Zur Begründung von Aus-

drucksformen reicht nicht der Hinweis auf eine Glaubenserfahrung des Einzelnen, denn dies würde eine Verkürzung des *inkarnatorischen Prinzips* des Glaubens bedeuten. Christentum muss immer seine Bezogenheit zum geschichtlichen Ursprung in Jesus Christus nachweisen können: als synchron wie diachron stiftendes Ereignis. Jede konkrete (überlieferte wie neue) Form steht deshalb unter der Anfrage, inwieweit das ursprünglich Gemeinte in ihr zum Ausdruck kommt. Vielleicht ist in vorsichtiger Zusammenschau der beiden Ansätze Glauben als Nachfolgen grundsätzlich als ein Akt des (individuellen und gemeinschaftlichen) Ausdrückens dieses (erfahrenen) Christusbezugs zu verstehen: Glaubenserfahrung und -ausdruck bedingen sich gegenseitig.

Korrelation: Wahrnehmen und Ausdrücken

Wenn Lernen im Allgemeinen und religiöses Lernen im Besonderen auf solche Weise eingespannt sind zwischen die Pole von Vertrautem und Fremdem, zwischen aktuellen Fragen und Antworten nach einem tragenden Sinn und alten, überlieferten Fragen und Antworten, schließlich zwischen Anverwandlungsversuchen gestern und solchen Unternehmungen heute, so ist damit gerade das angesprochen, was mit Korrelation als hermeneutischem, theologischem und didaktischem Prinzip gemeint ist: ein Prozess »aus Erfahrung durch Vermittlung von Erfahrung zu tieferer Erfahrung« (Lentzen-Deis 1995, 757). Das Konzept der Korrelation geht aus von einer kritisch-produktiven Wechselbeziehung zwischen der Glaubensüberlieferung bzw. den ihr zugrunde liegenden Glaubenserfahrungen gestern und vorgestern, und neuer Erfahrung heute. Leitende Idee ist die Überzeugung, Christlich-glauben-Lernen verläuft damals wie heute in analoger Weise. In zahlreichen Einwänden ist inzwischen auf die Schwierigkeiten hingewiesen worden, die verbindenden Stücke der weit entfernten Erfahrungskorrelate aufzudecken. Ich meine, dass in dieser Frage die Perspektive der Ausdrucksformen ein hilfreicher Impuls sein kann. Für alle Ausdrucksformen gilt, egal ob für rituelle, gestische, verbale und nonverbale der Überlieferung (und auch biblische Texte sind Ausdrucksformen!) als auch für individuelle Formen aller Zeiten: Immer steht dahinter ein kreativer Prozess aus Wahrnehmen und Ausdrücken. Wahrnehmungen werden über Deutungen zu religiösen Erlebnissen und schließlich Erfahrungen. Auf dem *Weg* von der Wahrnehmung zur Erfahrung ist aber der kreative Moment des Ausdrückens bedeutsam, zunächst in einem allgemein hermeneutischen Sinn – nur so kann Verstehen gelingen –, dann in einem theologischen und anthropologischen – nur so vollzieht sich konkrete Nachfolge

–, und schließlich in einem didaktischen – nur so geschieht individuelle, lebensbezogene *Anverwandlung* und Weitergabe. Damit beschreibt »Ausdruck« den gestaltgebenden Akt, der einerseits Wahrnehmungen verarbeitet und andererseits Eindrücke (Wirkungen) erzeugt, an die sich neue Wahrnehmungen anschließen können. Diesen kreativen Aspekt der Korrelation gilt es noch stärker und allgemeiner aufzugreifen als es bereits die Symboldidaktik, zumindest dort wo sie korrelativ angelegt ist, getan hat (vgl. Lentzen-Deis 1997 a). Deshalb meine ich, dass folgende Aufgabenbeschreibung, die A. Exeler schon Mitte der siebziger Jahre formuliert hat, einen gerade heute wichtigen Punkt trifft:

Religionspädagogisches Handeln ist »Förderung des Menschseins durch Religion« in zwei untrennbaren Momenten:

- durch »Sensibilisierung für das, was hinter dem vordergründig Feststellbaren und Handhabbaren liegt und was für den Menschen und seine Welt sinngebend ist«, und
- durch »Anleitung zu entsprechenden Ausdrucksformen für die Beziehung des Menschen zum sinngebenden Grund seines Daseins.« (Exeler 1978, 66)

Neben der elementaren Sensibilisierung wird durch den Blick auf die Ausdrucksformen eine kreativ-ästhetische Dimension akzentuiert: Es geht um die Frage »Wie arbeitet christliche Kreativität?«, d. h. wie ist der Weg des Ausdrückens zwischen wahrgenommener und gestalteter Erfahrung lernbar zu machen? Ein Versuch in dieser Richtung könnten z. B. die Beiträge sein, die W. H. Ritter (2000) unter dem Stichwort »Religion und Phantasie« zusammengestellt hat. Phantasie heißt im wörtlichen Sinn ja *Sichtbarmachen* und soll »bewußt anders verstanden werden denn als Gaukelspiel und Phantasterei, nämlich als ein pointierter, aber adäquater Ausdruck religiösen Bewußtseins und eine legitime Gestalt des Glaubens und der Religion« (Ritter 2000, 18). Es geht um die Wiederentdeckung der kreativen Dimension, die vielleicht auch M. Luther vor Augen stand, als er vom Glauben als »Begabung mit Phantasie« sprach (vgl. Trowitzsch 1996, 470). Entsprechend ist z. B. H. Hanisch (2000) in empirischen Untersuchungen der Frage nachgegangen, wie der Gebrauch von »religiöser Phantasie« genauer beschrieben werden kann. In der Analyse von Interviews mit Kindern hat er fünf Kategorien von Phantasie und daran anknüpfende religionspädagogische Aufgaben herausgearbeitet, die vielleicht in ähnlicher Weise auf Lernende aller Altersklassen übertragen werden können.

(1) *Märchenhafte Phantasie* ist oft dort zu beobachten, wo religiöse Vorkenntnisse fehlen. Bei Konfrontation mit religiösen Fragen versucht hier die Phantasie, Wissenslücken selbständig kreativ zu schließen. So entstehen anschauliche Bilder, die nicht direkt greifbare, eben auch religiöse Phä-

nomene erklären können. Verfestigen sich diese ersten Bilder im Laufe der Biografie, verlieren sie in Krisensituationen zwangsläufig ihre Plausibilität. Bleibt dann ein Eingreifen Gottes aus, heißt die logische Folgerung: Er existiert *nur* in der Phantasie. Als religionspädagogische Aufgabe ergibt sich in diesem Fall, durch pünktliche Thematisierung und Reflexion der Phantasiebilder sowie Kontakt mit differenzierten Gottesbildern etwa der Überlieferung die märchenhaften Phantasien von Gott behutsam auszuweiten.

(2) *Aneignende Phantasie* versucht, sich religiöse Inhalte vorstellbar und plausibel zu machen. Dazu entwickeln Menschen eigene Vergleiche und Analogien, die auf der jeweiligen Erfahrungswelt beruhen, oder sie greifen auf Geschichten zurück. Die aneignende Phantasie ist religionspädagogisch von zentraler Bedeutung, kommt hier doch der selbständige Versuch zum Ausdruck, nicht bloß vorgegebene Inhalte zu übernehmen, sondern mit dem eigenen Verstehen zu durchdringen. Die Entfaltung solcher Ausdrucksformen ist zu unterstützen und gleichzeitig in gleichberechtigtem Gespräch durch Kontakt mit der Tradition weiter anzuregen.

(3) *Verbindende Phantasie* bezeichnet den Versuch, Glauben und Alltag in Beziehung zu setzen und den Alltag von Gott her zu deuten. Dadurch wird Gott zur erfahrbaren Realität. Dabei führen naive Vorstellungen mit fortschreitender Reifung zu Plausibilitätskrisen, die ähnlich wie im Fall der märchenhaften Phantasie am besten durch Thematisierung und Reflexion bearbeitet werden können.

(4) *Apologetische Phantasie* tritt auf, wenn Menschen ihren Gottesglauben in Krisensituationen rechtfertigen wollen und deshalb Gott verteidigen müssen. Diese Phantasie bildet eine Art negative Kehrseite der verbindenden Phantasie. Gott ist ganz mit der eigenen Lebenswelt verwoben. Stellen sich nun Anfragen gegen diese enge Verbindung ein, führt dies weniger zu einer Gottes- als vielmehr zu einer Wirklichkeitskrise. Die apologetischen Gründe halten dann allerdings oft einer späteren rationalen Betrachtung nicht stand. Wieder ist die Balance zu wahren, die Inhalte der apologetischen Begründungen ernst zu nehmen und gleichzeitig deren Reflexion anzubahnen.

(5) *Gestalterische Phantasie* kann zum Beispiel dort beobachtet werden, wo Menschen ihre Gottesvorstellungen zeichnerisch oder auch in Gebetsform darzustellen versuchen. Diese Versuche sind als sehr gutes Mittel aufzunehmen, die Vorstellungen der Lernenden kennen zu lernen, um dann ihre Gottesvorstellungen und -phantasien thematisieren zu können.

»Woran erkennt man einen Katholiken? Gibt es Merkmale, die heute Christinnen und Christen von anderen Zeitgenossen unterscheiden?« Sollen diese und ähnliche Fragen für Lehr- und Lernprozesse in Sachen Religion nicht als nebensächlich eingestuft werden, so ist mit dieser Entscheidung eine Aufgabe verbunden. Vielleicht ist sie als Erfindungsaufgabe angemessen charakterisiert? Wobei Erfindung hier in einem doppelten, eben korrelativen Sinn gelesen werden müsste. Nicht im reinen autopoetischen Sinn des »Erfinde dich selbst!«, aber dennoch als Gebrauch der eigenen kreativen Phantasie. Nicht im reinen essentialistischen Sinn des »Werde der du bist!«, aber sehr wohl als Erfinden in den Ausdrucksformen der jüdisch-christlichen Tradition. Die Rede von der Korrelation als kreativem Wechselspiel zwischen Wahrnehmen und Ausdrücken will diese Aufgabe aufgreifen. Im Nachahmen und phantasievollen Neugestalten des kreativen Entstehungsprozesses religiöser Ausdrucksformen und christlicher könnten vielleicht Glaubenserfahrungen und Lebenserfahrungen aufs Neue miteinander ins Gespräch gebracht werden. Vielleicht könnte auf diese Weise eine – wie mir scheint – heute dringliche Fähigkeit gelernt werden, die Robert Musil in seinem »Mann ohne Eigenschaften« auf ironische und zugleich treffende Weise als *Möglichkeitssinn* beschrieben hat: »Das Mögliche umfaßt jedoch nicht nur die Träume nervenschwacher Personen, sondern auch die noch nicht erwachten Absichten Gottes. Ein mögliches Erlebnis oder eine mögliche Wahrheit sind nicht gleich wirklichem Erlebnis und wirklicher Wahrheit weniger dem Werte des Wirklichseins, sondern sie haben, wenigstens nach Ansicht ihrer Anhänger, etwas sehr Göttliches in sich, ein Feuer, einen Flug, einen Bauwillen und bewußten Utopismus, der die Wirklichkeit nicht scheut, wohl aber als Aufgabe und Erfindung behandelt.« (Musil 1952, 16)
Eine Korrelation von morgen müsste sich der Aufgabe stellen, Möglichkeitssinn und Wirklichkeitssinn in gleicher Weise zu stärken: als *Förderung des Menschseins durch Religion.*

Literatur

Englert, Rudolf (2002), Skizze einer pluralitätsfähigen Religionspädagogik, in: Schweitzer u. a. 2002, 89–106.

Exeler, Adolf (1978), Glaube und Routine. Der Glaube und seine Ausdrucksformen. (Als Manuskript vervielfältigt. Durchges. Neuauflage), Tübingen (= DIFF Religionspädagogik, Studienbrief II/3).

Griffin, James (1988), Well-being. Its meaning, measurement, and moral importance, Oxford.
Hanisch, Helmut (2000), »... manchmal träume ich, daß Gott eine Tochter hat, die sich um die Gedanken, Wünsche und Träume der Kinder kümmert ...« Zur religiösen Phantasie von Kindern, in: Ritter 2000, 89–112.
Lentzen-Deis, Wolfgang (1995), Art. »Erfahrung. IV. Praktisch-theologisch«, in: LThK3 3, 756 f.
Lentzen-Deis, Wolfgang (1997), Begründung des Religionsunterrichts, in: Weidmann, Fritz (Hg.), Didaktik des Religionsunterrichts. Neuausgabe, Donauwörth, 73–85.
Lentzen-Deis, Wolfgang (1997 a), Symbole im Religionsunterricht, in: Weidmann, Fritz (Hg.), a. a. O. 180–200.
Musil, Robert (1952), Der Mann ohne Eigenschaften. Roman. Hg. v. A. Frisé, Reinbek bei Hamburg.
Rahner, Karl (1971), Die Rücksicht auf die verschiedenen Aspekte der Frömmigkeit, in: HPTh[2] II/1, 61–79.
Ratzinger, Joseph (1968), Einführung in das Christentum. Vorlesungen über das Apostolische Glaubensbekenntnis, München.
Ritter, Werner H. (Hg.) (2000), Religion und Phantasie. Von der Imaginationskraft des Glaubens, Göttingen.
Schweitzer, Friedrich u. a. (2002), Entwurf einer pluralitätsfähigen Religionspädagogik. Gütersloh, Freiburg.
Trowitzsch, Michael (1996), Art. »Phantasie«, in: TRE 26, 469–472.

Lebenswelt. Eine Herausforderung für die Erwachsenenbildung

Joachim Theis

Den folgenden Beitrag habe ich im Rahmen meines Habilitationsverfahrens an der Katholisch-Theologischen Fakultät Bonn gehalten. Dass ich eine solche pädagogische und theologische Ausrichtung habe, hat seinen Grund auch in den vielen Gesprächen, die ich mit meinem Lehrer und Freund Wolfgang Lentzen-Deis geführt habe.

Orientierung und Lebensrhythmus

Eigentlich war ihr Leben immer klar gegliedert und hatte seinen Rhythmus. Seit sie ihren Beruf aufgegeben hatte, um die Kinder zu versorgen und groß zu ziehen, wusste sie, was sie wann zu tun hatte. Vielleicht hatte sie es sich zu einfach gemacht. Sie hatte sich dem Rhythmus ihrer Umgebung angepasst. Aber er hatte ihr gut getan: Montagabends um 20.00 Uhr war das Treffen der katholischen Frauen, mittwochs der Gesprächskreis und freitags um 19.00 Uhr die Abendmesse, in der sie regelmäßig den Lektorendienst ausübte.

Nun war alles anders. Die Kinder waren groß und gingen ihre eigenen Wege. Sie hatte sich dazu entschlossen, wieder arbeiten zu gehen. Und ohne lange zu warten, fand sie eine Stelle als Verkäuferin bei einer großen Handelskette. Der Einstieg in ihren Beruf war ihr leicht gefallen, die Arbeit machte ihr viel Freude. Schnell hatte sie Anschluss an das Berufsleben gefunden. Aber ihre Freizeit, ihr Engagement in ihrer Pfarrgemeinde und die Gottesdienstbesuche mussten ganz neu geregelt werden. Denn Feierabend war erst um 20.00 Uhr! Keine Möglichkeit mehr den Gesprächskreis zu besuchen, erst recht nicht den Gottesdienst am Freitagabend. Sie musste nun in der ganzen Stadt suchen, um eine Messe zu finden, die sie noch besuchen konnte. Ihre Arbeitswelt brachte einen neuen zeitlichen Rhythmus. Ihre Freizeit, und damit auch ihre privaten Kontakte, ihr soziales und religiöses Engagement wurden von Grund auf verändert. Nun musste sie jeweils neu entscheiden, ob sie einen Gottesdienst – und wenn ja, welchen – sie besuchen konnte.

Dieses kleine Beispiel macht deutlich, wie sehr die Arbeitswelt Auswirkungen auf das gesamte Leben des einzelnen Menschen hat. Die früher sicherlich vorhandene (normative) Sicherheit des Menschen gegenüber der gesellschaftlich institutionalisierten Welt resultierte aus dem sozialen »Wissen«, wie die Zusammenhänge sein sollten bzw. sind. Nun löst sich diese Sicherheit auf.

Die heutige Situation kennt dieses *Wissen* nicht mehr. »Die Einzelperson selbst wird zur Instanz, welche die widersprüchlichen Teilsysteme, zwischen denen sie hin und herpendelt, miteinander zu vermitteln hat.« (Porzelt 2002, 275) Dies führt zu Unsicherheiten. Möglicherweise steht dahinter ein grundlegender Wandel der Gesellschaft: Traditionelle Vernetzungen und Rollen lösen sich auf. Es existieren viele Lebensstile und -räume nebeneinander. »Im Zuge der Differenzierung der Gesellschaft bilden sich autonome Subsysteme (Wirtschaft und Verwaltung), die instrumentalisierend auf die sozial integrierte Lebenswelt zurückwirken (›Kolonialisierung‹).« (Henke 2001, 1176)

Lebenswelt(en) oder: Die »durchschnittliche Exotik des Alltags«

Was heißt Lebenswelt?

In den Sozialwissenschaften spielt der Lebenswelt-Begriff seit den 70er Jahren eine wichtige Rolle. Sowohl in der wissenschaftstheoretischen bzw. -methodologischen Diskussion als auch als Gegenstand empirischer Untersuchungen wird immer wieder von Lebenswelten gesprochen. Die Begriffsverwendung ist allerdings alles andere als einheitlich. Begriffe wie »Alltag«, »Alltagswelt« oder »alltägliche Lebenswelt« werden oft synonym benutzt. Alfred Schütz hat in der Nachfolge Husserls den Lebenswelt-Begriff für die sozialen Wissenschaften fruchtbar gemacht. Für ihn beinhaltet der Begriff die sich als Sinnzusammenhang konstituierende Welt des Subjekts. Die alltägliche Lebenswelt wird als ein geschlossener Sinnbereich verstanden. Er existiert als Lebenswelt neben anderen Lebenswelten. Mit diesen Überlegungen hat Schütz die Alltagspraxis zur Frage erhoben und zu vielen soziologischen Untersuchungen angeregt.
Jürgen Habermas versucht in seiner Gesellschaftstheorie zwischen Lebenswelt und Systemperspektive zu vermitteln. Lebenswelt gilt als »Komplementärbegriff« zum kommunikativen Handeln. Sie ist »der Horizont, in dem sich die kommunikativ Handelnden ›immer schon‹ bewegen.« (Habermas 1981, 182)

Pluralisierung und Individualisierung

In einer wenig differenzierten Gesellschaft stimmt die Lebenswelt des einzelnen Menschen mit dem sozialen Gesamtsystem in vielen Bereichen überein. Aber im arbeitsteiligen und weltanschaulich pluralistischen System ist sie zur Privatsache des Einzelnen erklärt und ausgegliedert. (vgl. Hohn 1985, 165; Schmidt-Salomon 1999) Es ist schon fast ein Gemeinplatz zu betonen, dass die gesellschaftliche Realität zunehmend durch Pluralisierung und Individualisierung gekennzeichnet ist, und dass dieser Prozess mit dramatischen Veränderungen der menschlichen Lebenswelten verbunden ist. Diese Beobachtung wird von zahlreichen sozialwissenschaftlichen Arbeiten der letzten Jahre bestätigt. Aber was ist das dramatisch Neue an dem beobachteten Trend? Warum sehen sich vermehrt Sozialwissenschaftler dazu veranlasst, von einer neuen Qualität, gar einer neuen Epoche zu sprechen? »Das Neue ist erstens die Demokratisierung von Individualisierungsprozessen und zweitens (eng damit zusammenhängend) die Tatsache, dass Grundbedingungen der Gesellschaft Individualisierungen begünstigen

bzw. erzwingen: die institutionalisierte Individualisierung.« (Beck 1994, 21) Dieser gesellschaftliche Druck zur Individualisierung ist mit den individuellen Lebenswelten und den sich daraus ergebenden Lebensstilen eng verknüpft. »Der einzelne wird zum Autor, Regisseur und Hauptdarsteller seiner Lebensgeschichte.« (Hofrichter 2000, 6 f.) Er *muss* ein eigenes Leben führen. (vgl. Beck 1986, 217: Der Einzelne als »Planungsbüro«) Dieser Druck zur Individualisierung hat bisweilen recht skurrile Folgen. Dies beschreibt kaum jemand besser als Hans Magnus Enzensberger:
»Niederbayerische Marktflecken, Dörfer in der Eifel, Kleinstädte in Holstein bevölkern sich mit Figuren, von denen noch vor dreißig Jahren niemand sich etwas Träumen ließ. Also golfspielende Metzger, aus Thailand importierte Ehefrauen, V-Männer mit Schrebergärten, türkische Mullahs, Apothekerinnen in Nicaragua-Komitees, mercedesfahrende Landstreicher, Autonome mit Bio-Gärten, waffensammelnde Finanzbeamte, pfauenzüchtende Kleinbauern, militante Lesbierinnen, tamilische Eisverkäufer, Altphilologen im Warentermingeschäft, Söldner auf Heimaturlaub, extremistische Tierschützer, Kokaindealer mit Bräunungsstudios, Dominas mit Kunden aus dem höheren Management, Computer-Freaks, die zwischen kalifornischen Datenbanken und hessischen Naturschutzparks pendeln, Schreiner, die goldene Türen nach Saudi-Arabien liefern, Kunstfälscher, Karl-May-Forscher, Bodyguards, Jazz-Experten, Sterbehelfer und Porno-Produzenten. An die Stelle der Eigenbrötler und der Dorfidioten, der Kauze und der Sonderlinge ist der durchschnittliche Abweichler getreten, der unter Millionen seinesgleichen gar nicht mehr auffällt.« (Enzensberger 1991, 264)

Individualisierungsdruck

Betrachtet man das Resultat des Individualisierungsdrucks, so kann man einerseits größere Freiheiten des Einzelnen feststellen. Andererseits führt dies aber auch zum Zwang, die eigene Biographie zu gestalten und persönliche Lebensorientierung zu suchen. Dies erfordert vermehrte Eigenaktivität bezüglich der Entwicklung des individuellen Lebenskonzepts.
Von Individualisierung nur im Sinne von Befreiung, Emanzipation und Zugewinn an Autonomie zu sprechen, ist daher reichlich verkürzt. Der Prozess der Individualisierung muss als ein höchst mehrdeutiger Prozess der Vergesellschaftung verstanden werden.
So weist Wilhelm Heitmeyer in einer neueren Studie zur Gewalt bei Jugendlichen mit Nachdruck auf die Schattenseiten der Individualisierung hin. Er listet die unterschiedlichen Dimensionen auf, die die Ambivalenz der Individualisierung verdeutlichen:

»– Die Chancen der Lebensplanung und die Vielfalt der Optionen nehmen zu, aber die Berechenbarkeit der Lebenswege nimmt ab.
– Die Entscheidungschancen werden größer, aber es steigt auch der Entscheidungszwang.
– Die Gleichheit in manchen Bereichen wird größer, dadurch steigt aber auch der individuelle Konkurrenzdruck zur sozialen Platzierung und Statussicherung.
– Die Individualisierung nimmt zu, aber als Masse verschwindet sie in Standardisierung.
– Selbst wo Autonomie auftaucht, ist auch Anomie nicht weit.
– In dem Maße, in dem alte Strukturen und Umgangsformen reißen und neue Optionen sich vervielfachen bis zur Kontingenz, wächst das Bedürfnis nach Unterscheidung.
– Die Befreiung aus einem Lebenskorsett erhöht die Verlustmöglichkeiten sozialer Verordnung.
– Der Verlust von Gewissheiten entsteht, aber das Bedürfnis nach ihnen bleibt.« (Heitmeyer u. a. 1995, 50)

Auf die hier angedeuteten Ambivalenzen reagieren Individuen häufig mit Fluchtbewegungen. Pluralisierung und Enttraditionalisierung von Lebensformen verunsichern. Die daraus resultierende »Neue Unübersichtlichkeit« verstärkt und verschärft den Wunsch nach Klarheit, Überschaubarkeit und Einfachheit. Entsprechende gesellschaftliche Angebote stehen hoch im Kurs. Dies hat einen neuen – manchmal recht obskuren – Glaubensboom zur Folge: Man glaubt an die Wiedergeburt der Seele, den Astralleib, den deutschen Wein, an den Kapitalismus, Schalke 04, die Macht der Frauen und den französischen Käse.

Möglicherweise erklärt sich auch hieraus, wie es dazu kommt, dass die Biographie des »Neu-Schriftstellers« Dieter Bohlen über mehrere Wochen die Bestsellerlisten anführte. In einer Zeit, in der es wenige gemeinsame Themen zum Reden gibt, werden solche Personen zu modernen *Helden* und dadurch besonders interessant. Jeder kann über sie reden. Sie heizen den Small Talk an. So werden die Beckers, Bohlens und Beckenbauers zum Schmierstoff einer individualisierten Gesellschaft. Neben die »Neue Unübersichtlichkeit« tritt die Oberflächlichkeit. Die aus der »Furcht vor der Freiheit« geborenen Fluchtbewegungen sind auch Wurzeln für den New-Age-Psychoboom. Zahlreiche andere, religiöse oder weltanschauliche Gruppierungen machen Sinnangebote, die durch umfassende, dogmatische Weltdeutungsmuster vermeintlich Schutz vor postmodernen Identitätsrisiken bieten.

So ist das Problem der westlichen Konsumkultur nicht der Verfall des Religiösen, sondern die Inflation des Lebens mit Ersatzreligionen aus Wer-

bung, Medien und Mode. »Insbesondere die modernen Trendforscher und Trendagenturen spielten dabei Gott nach dem Motto ›Posthuman: Schicksal wird zur Ware‹ (6. Deutscher Trendtag am 10. Mai 2001 in Hamburg). Sie animierten die Verbraucher zum naiven Glauben an das Kultmarketing. Die alten Religionen sollten durch die neuen Götter des Marktes verdrängt werden und Markennamen ein Ersatz für das fehlende Sinnsystem sein.« (BAT 2001, 4)
Trendforscher wie beispielsweise Matthias Horx und Peter Wippermann treten mit dem vermessenen Anspruch auf, den wirklichen Krieg durch den »Krieg der Marken« zu ersetzen. »Statt des Hakenkreuzes« solle das Coca-Cola-Emblem über Deutschland zu leuchten beginnen, und an die Stelle des Kommunismus »das kultische Begehren in Richtung McDonald's und Sony« treten. Zugespitzt in der Botschaft: »Wo nicht genügend konsumiert wird, herrscht früher oder später Krieg.« (Horx/Wippermann 2001, 17) Marken werden wie echte Religionen gehandelt – und verkauft: Liebe aus der Steckdose und Lebenserfüllung aus dem Warenregal? Es ist deutlich: Nicht die Pluralität der Gesellschaft ist das Problem, sondern es ist der Umgang mit ihr!

Es gibt keine objektive Hierarchie der Sinnangebote

Die Ausdifferenzierung aller Lebensbereiche führt zugleich auch zur *Entgrenzung*. Menschen erhalten vielfältige Möglichkeiten sich zu verhalten, zu konsumieren und ihr Leben zu gestalten. Dies führt dazu, dass sich neue Sinngrundlagen des Handelns entwickeln bzw. entwickeln müssen (z. B. ist für die Arbeitswelt das Motto »Soziale Sicherheit durch Fortschritt und Wachstum der Industrie!« Sinn gebend).
Zugleich sind an die Stelle einer gesamtgesellschaftlichen Sinnwelt formale Ordnungen – gestützt auf Gesetze – getreten. So genannte Rahmenbedingungen regeln und steuern die Funktionen des sozialen Handelns. Mit dieser formalen Sicherung wird der einzelne Mensch zwangsläufig auf sich selbst verwiesen, wenn er eine Sinngrundlage für sein eigenes Handeln sucht. Oft verliert dabei die überlieferte (religiöse) Sinnwelt, die einst bei vielen dieser Entscheidungen helfend zur Seite stand, an Gewicht. Vielleicht weil ihre lebensweltliche Bedeutung nicht direkt erkennbar ist.
Inzwischen hat sich ein Markt (Kosmos) an Weltdeutungen in unserer Gesellschaft etabliert. Und der einzelne Mensch ist darauf verwiesen, sich selbst darüber klar zu werden, ob und wie er einen (*letzten*) Sinn- und Wertehorizont findet.
Wie nie zuvor sind die Einzelnen in ihrer Lebensgestaltung auf sich selbst gestellt. Das Individuum muss »lernen, sich selbst als Handlungszentrum,

als Planungsbüro in bezug auf seinen eigenen Lebenslauf, seine Fähigkeiten, Orientierungen, Partnerschaften usw. zu begreifen.« (Beck 1986, 217)

Enttraditionalisierung und mit ihr die Aufhebung des »Sinn-Daches« haben die Menschen stark verunsichert. Sie müssen versuchen, ihre existentielle Verunsicherung, dadurch zu bewältigen, dass sie sich aktiv mit der Sinnsuche und mit entsprechenden Deutemustern auseinander setzen. Die Abnahme Sinn sichernder Institutionen zwingt zur persönlichen Entscheidung und Sinnsicherung. Der postmoderne Mensch ist quasi dazu verurteilt, sein Lebensstilpaket selbst zusammenzustellen. Er befindet sich dabei in einer sehr schwierigen, existentiellen Situation. Jeder einzelne Mensch muss sich stets neu entscheiden, wie seine ganz persönlichen Antworten auf die großen und kleinen Fragen des Lebens aussehen. Er wird zum »Sinnbastler«: Der Einzelne ist nicht mehr *zu Hause* in einem stimmigen Sinnkosmos. Das Individuum muss zunehmend selbst entscheiden, ob es die Hochschule und/oder die Tanzschule absolviert, ob es sich im Heimatverein oder in der Kirche engagiert. Manchmal ähnelt der einzelne Mensch eher einem Nomaden auf der Suche nach geistiger und gefühlsmäßiger Heimat. Oft gleicht sein Tages- und Lebenslauf einer Wanderung, die er durch eine Vielzahl von Sinnprovinzen unternimmt. So muss er die Drehbücher seines individuellen Lebens selbst schreiben, die Landkarten für seine Orientierung in der Gesellschaft selbst zeichnen und letztlich über sein *Ich,* seine Biographie, seine Persönlichkeit, sein Selbstverständnis selbst Regie führen.

Das »Projekt des schönen Lebens«

Die empirisch festzustellende zunehmende Verschiedenartigkeit der Menschen ist unverkennbar auch Ausdruck einer neuen, großen Gemeinsamkeit: Typisch ist für den heutigen Menschen das »Projekt des schönen Lebens«. (Schulze 1993, 38) »Erlebe dein Leben« wird zum umgreifenden Motto. Wichtig ist der Erlebniswert von Angeboten. Dieses Kennzeichen umschreibt Gerhard Schulze mit dem Begriff »Erlebnisorientierung«. Er versteht darunter die »situationsübergreifende Tendenz eines Menschen, sein Handeln an dem Ziel auszurichten, vorübergehende psycho-physische Prozesse positiver Valenz (›schöne Erlebnisse‹) bei sich selbst herbeizuführen.« (Schulze 1993, 736)

Der Wandel in der Werbung spiegelt diesen Trend. Wurde früher der Gebrauchswert der Produkte in den Mittelpunkt gestellt (Haltbarkeit, Zweckmäßigkeit etc.), so sind es heute vor allem der Erlebniswert, der Spaßfaktor. Das Image einer Ware wird Haupt-, die Funktion eher Nebensache.

Kaufreize werden nicht mehr in der Außenwelt, im Produkt, sondern in der Innenwelt des Subjekts gesucht.

Menschen gleichen sich darin, dass sie äußere Umstände für das Innenleben funktionalisieren. »Das Subjekt wird sich selbst zum Objekt, indem es Situationen zu Erlebniszwecken instrumentalisiert. Erlebnisrationalität ist der Versuch, durch Beeinflussung äußerer Bedingungen gewünschte subjektive Prozesse auszulösen. Der Mensch wird zum Manager seiner eigenen Subjektivität, zum Manipulator seines Innenlebens.« (Schulze 1993, 35) Alltäglichkeiten und Gebrauchsgegenstände werden umgewertet. Sie werden zu Erlebnisräumen. Essen, Kleidung, Partnerschaft, Wohnung und Beruf dienen dazu »schöne Erlebnisse« zu haben. Es kommt nicht darauf an, ob und wie ein Auto fährt, sondern darauf, ob man es toll und interessant findet und ob mit ihm ein Erlebnis, ein schönes (Fahr-)Gefühl verbunden ist. Wichtig wird dabei der »persönliche Stil«. Der Mensch nimmt sich vor, »Prozesse auszulösen, die sich in ihm selbst vollziehen – Innenorientierung ist Erlebnisorientierung. Das Projekt des schönen Lebens ist das Projekt, etwas zu erleben.« (Schulze 1993, 38)

»Erlebnisrationalität« kennzeichnet einen spezifischen Selbstbezug des Menschen. Er ist charakteristisch für den postmodernen Menschen. Aber das mit »Erlebnisrationalität« gekoppelte »Projekt des schönen Lebens« ist – wie Schulze betont – alles andere als eine Selbstverständlichkeit. »Es gab und gibt Gesellschaften mit anderen Selbstverständlichkeiten: Leben als Überleben; Leben als Dienen, Pflicht, Selbstaufopferung; Leben als Existenz mit metaphysischem Bezug. Bei solchen Lebensauffassungen ergeben sich schöne Erlebnisse allenfalls als Nebeneffekt, ohne zentrales Lebensziel zu sein. ›Erlebnisrationalität‹ bringt eine Besonderheit unserer Gesellschaft auf den Begriff.« (Schulze 1993, 40)

Erlebnisrationalität/Erlebnisorientierung durchzieht wie ein roter Faden die so unterschiedlich erscheinenden Lebensstile und Lebenswelten. »Erlebe dein Leben« ist zum allgemeingültigen Motto geworden. Von diesem Schlagwort weichen nur die wenigsten ab. Charakteristisch ist die Suche nach dem individuellen Glück. Die neue Gemeinsamkeit ist der Versuch, die eigenen Bedürfnisse unmittelbar, im Hier und Jetzt zu befriedigen (»we want it all and we want it now!«). Beim »erlebnisorientierten Handeln richtet sich der Anspruch ohne Zeitverzögerung auf die aktuelle Handlungssituation. Man investiert Geld, Zeit, Aktivität und erwartet fast im selben Moment den Gegenwert.« (Schulze 1993, 14)

Vor einiger Zeit wurde das Projekt des »schönen Lebens« schlagartig – aber anscheinend nur kurzfristig – in Frage gestellt. Am 11. September 2001 wurde durch den Anschlag auf die Zwillingstürme in New York die Brüchigkeit dieser Lebensgestaltung offensichtlich. Der Philosoph Jürgen Habermas sprach anlässlich der Verleihung des Friedenspreises in der Frankfurter Paulskirche am 14. Oktober 2001 davon, dass dieser Tag »im Innersten der Gesellschaft eine religiöse Saite in Schwingung versetzt« habe. Doch hatte er damit sicher nicht die Wiederkehr des Religiösen gemeint. »Eher ist dies als Eingeständnis zu werten, den Sinngehalt und die Nachhaltigkeit von Religionsangeboten nicht kritischer hinterfragt und die Kirchen als moralische Sinnstiftungsunternehmen nicht stärker gefordert zu haben.« (BAT 2001, 3)

Wie schon lange nicht mehr stellt sich die Frage nach Sinn. Viele suchen nach der wahren Welt hinter der Welt der Waren. Aber oft bleiben sie dem Erlebnisimperativ bisweilen umso mehr verhaftet, je entschiedener sie von ihm loskommen möchten. Meist bringt es die erste Reaktion auf eine religiöse Sinnofferte bereits auf den Punkt: »Kann man das erleben, was zu glauben ist?« Auch in Religionsdingen geht die Laufkundschaft nur dorthin, wo etwas »abgeht«. Erlebnisorientierung ist dennoch auch eine unmittelbare Form der Suche nach Glück und Sinn. Doch diese werden nicht mehr für das Umfassende, sondern in aneinander gereihten Einzelerlebnissen gesucht. Über deren Qualität urteilt der einzelne zumeist allein.

Wie können aber Menschen Orientierung finden, die ihren Lebenswelten Halt und Bestand gibt? Wie können sie Maßstäbe erhalten, um sich nachhaltig auf dem Markt der Sinnangebote zurecht zu finden? Was ist heute und in Zukunft wirklich wichtig?

In einer neueren Untersuchung haben Probanden auf die Fragen »Was gibt dem Leben Stabilität und Halt?« und »Was hält als sozialer Kitt die Gesellschaft zusammen?«, Hilfsbereitschaft (57 %), menschliche Wärme (54 %) und soziale Gerechtigkeit (51 %) genannt.

Dieser mehrheitsfähige Wertekanon kann gerade der theologischen Erwachsenenbildung neue Möglichkeiten mit den Menschen ins Gespräch zu kommen bieten. Eine Neubesinnung auf Bildung muss hier ansetzen:

Kerngedanke theologischer Bildung ist das Verständnis des Menschen als *Ebenbild Gottes*, die Würde der Person. Das Personsein des Menschen ist Voraussetzung der Subjektorientierung der Erwachsenenbildung. Damit orientiert sie sich an der Subjektwerdung des Menschen. Unter diesen Vorzeichen beinhaltet theologische Erwachsenenbildung Aufklärung als anhebendes Wissen des Menschen um sich selbst. Mit einer so orientierten Bil-

dung verbindet sich die Option, zu helfen, sich selbst zu finden bzw. befähigt zu werden, einen tragenden Sinn zu finden.
Ziel einer solchen theologischen Erwachsenenbildung ist die Findung des Selbst. Dies geschieht durch Bildung, nicht durch Selbsterfahrung und Selbstbetrachtung (Friedrich Nietzsche).

Bildung als Auseinandersetzung mit der eigenen Lebenswelt

Die Art und Weise wie Menschen ihre eigene Lebenswelt wahrnehmen, schlägt sich nieder in der Gestaltung persönlicher Lebenswelten. Diese erwächst aus den Erfahrungen mit Lebensweltsituationen, denen das Individuum begegnet, mit denen es konfrontiert ist und denen es seine subjektiven Bedeutungen zuschreibt. Die Lebenswelt und die Lebenswelterfahrungen der Menschen können zum Ausgangspunkt einer theologischen Bildung werden. Solche Bildung ist deshalb doppelt gebunden: Einerseits beginnt Bildung mit der Erfahrung von Lebensweltsituationen. Sie setzt an bei jeweils lebensweltlich bestimmten Orientierungsnotwendigkeiten. Andererseits erschöpft sich Bildung aber nicht in der Aktualität und ist nicht von der jeweils lebensweltlichen Wirklichkeit abhängig. Bildung muss als ein konstruktiver Prozess begriffen werden. Dabei verarbeiten Menschen nicht einfach eine Wissenseingabe, sondern schaffen aufgrund ihres Welt- und Situationswissens aktiv Bedeutung neu.
Diese *Aneignungstätigkeit* zielt darauf, ein Orientierungswissen zu erhalten, das hilft, die eigene Lebenswelt besser verstehen zu können. In diesem Lernprozess wird sich der Mensch seiner eigenen Situation, die zugleich den Horizont des Prozesses bildet, bewusst.
Die Selbstwerdung des Menschen gehört somit notwendigerweise zur Bildung. Dabei ist Bildung gezwungenermaßen durch die Selbstbestimmung der sich bildenden Subjekte gekennzeichnet. Insofern sind die einzelnen Lebenswelten Korrelat zum Bildungsprozess. »Kommunikativ handelnde Subjekte verständigen sich stets im Horizont einer Lebenswelt. Ihre Lebenswelt baut sich aus mehr oder weniger diffusen, stets unproblematischen Hintergrundüberzeugungen auf.« (Habermas 1981, 107)
Dieser lebensweltliche Hintergrund ist das Fundament des Bildungsprozesses. Es dient als Hintergrund und Quelle der eigenen Situationsdefinition.
Der lebensweltliche Hintergrund ist insofern unproblematisch, als er ein formales Gerüst ist, das dem Menschen hilft, seine Situation zu verstehen und darin zu handeln. Problematisch ist er – wie gesehen –, wo er Menschen dazu zwingt, sich immer wieder neu zu definieren, um das eigene Lebenskonzept zu erstellen.

In beiden Fällen ist die eigene Lebenswelt jedoch der Rahmen, in dem Bildung (und Sinnsuche) stattfindet. Dem Bildner kommt dabei die Aufgabe zu, einen Prozess des Nach-Denkens anzuregen und zu begleiten. In diesem dialogischen Vorgang wird die unbewusste und nicht problematisierte, jedoch vorhandene Lebenswelt in Frage gestellt. Aber nur dadurch kann der Mensch zum Subjekt seines Wollens und Wissens werden.
Aber wo die Erfahrung der eigenen Lebenswelt immer individueller wird, wird es schwieriger, die Lebenswelt der anderen wahr und ernst zu nehmen. Gemeinsame Lebenswelten werden zum Problem. Theologische Erwachsenenbildung ist deshalb gefordert, nicht nur zu individuellen Korrelationen anzuregen, sondern die Sprachfähigkeit darüber zu fördern. Solche Bildung muss es sich zur Aufgabe machen, Fähigkeiten zu entwickeln, um zu kommunizieren und um miteinander zu sprechen. Es sind also auch die Verstehens- und Sprechbedingungen zu reflektieren, in denen Menschen heute leben. Es sind die Bilder verstehen zu lernen, in denen die Menschen sich ausdrücken; ihre geschichtlichen Umbrüche müssen reflektiert werden.

Lebensweltliche Bildung als konstruktiver Konflikt (=Lernen)

Religiöse Bildung besteht in einer pluralen Gesellschaft auch in der Fähigkeit, eigene Standpunkte zu relativieren im Sinne von »In-Beziehung-Setzen«. Dabei kann es natürlich auch zu Konflikten kommen. Produktiv werden diese, wenn Menschen in einem solchen Prozess in einen Dialog kommen: In einen Dialog mit zu erwerbendem Wissen und mit anderen Menschen und ihren Lebenswelten. Einen solchen Konfliktdruck kann man nicht erzeugen und schon gar nicht lösen. Man kann ihn aber bearbeiten. Konfliktbearbeitung ist ein Prozess, der immer an Zuwachs orientiert ist. Hier beginnt Lernen. Dazu braucht man Zeit und keinen Handlungsdruck. Menschen müssen lernen, selbst ihrem Leben Bedeutung zu geben. Sie müssen aus den Möglichkeiten an Sinnangeboten auswählen und entscheiden können. Ein solches Lernen sucht nach Orientierung. Es zielt darauf, dass Menschen unabhängig von vorgegebenem Sinn werden. Das bedeutet aber auch, dass in diesem Prozess deutlich wird, wo Grenzen des Lernens und Wissens sind. Damit merken sie, dass sie etwas tun müssen, um besser die eigene Lebenswelt verstehen zu können: Es kommt zu weiterführender Interaktion zwischen dem sich Bildenden und dem Bildner.

Bildung darf nicht als Einwirkung auf den Menschen verstanden werden, sondern als Befähigung eigene Lebenskontexte verstehen, selbst deuten und verändern zu können. Bildung ist somit Befähigung zu selbstgesteuertem Lernen. Dabei ist sie an individuelle Entwicklungen und Lebenswelten gebunden.

Eine so ausgerichtete theologische Erwachsenenbildung will Menschen helfen, ihre Lebenswelt verstehen zu lernen. Sie erhalten dadurch die Möglichkeit, sich selbst besser kennen zu lernen, sich selbst buchstabieren und die eigenen Fragen selbst formulieren zu können. Theologische Erwachsenenbildung will dazu befähigen, kritisch und fragend über alles nachzudenken, was die Welt als dem Ich gegenüberstehend betrifft, also was die Lebenswelt des Ichs darstellt.

In diesem Sinn sorgt sich theologische Erwachsenenbildung um ein notwendiges Orientierungswissen in Form eines Orientierung gebenden Wissens. Christliche Erwachsenenbildung ist davon überzeugt, dass lebensweltliche Orientierung gerade durch den Kontakt mit der jüdisch-christlichen Religion gefördert werden kann.

Was heißt in diesem Zusammenhang lebensweltliche Orientierung?

Wie Sternbilder dem Wanderer sagen, wo er sich befindet, können mit der christlichen Tradition Menschen sich orientieren lernen. Der Kompass gibt eine Orientierung über den Standort angesichts der vier Himmelsrichtungen.

Orientierung – so verstanden – ist nicht normierend, sondern gibt aufklärende Informationen. Sie stellt Hilfen dar, mittels derer sich der einzelne Mensch im Denken für sein Handeln entscheiden kann. Er muss selbst bestimmen können!

»Sich im Denken orientieren« (Kant, A. A. Bd. 8 137.147) heißt, im Selbstdenken sich Aufklärung zu verschaffen, um sich selbst für anstehendes Handeln und Entscheiden gute Gründe zu erarbeiten. Unter diesem Gesichtspunkt will theologische Erwachsenenbildung Menschen die Möglichkeit bieten, selbst zu denken und zum Nach-denken anzuregen. Orientierendes Denken bedeutet, sich in seinen eigenen Lebenswelten orientieren zu können, um dort wohl bedachte (Sinn-)Entscheidungen treffen zu können.

Literatur

Beck, Ulrich, (1986) Risikogesellschaft. Auf dem Weg in eine andere Moderne, Frankfurt a. M.

Beck, Ulrich/Beck-Gernsheim, Elisabeth (Hg.) (1994), Riskante Freiheiten, Frankfurt a. M.

British American Tobacco (BAT (2001)): Freizeit Aktuell - Ausgabe 163, 22. Jahrgang.

Enzensberger, Hans Magnus (1991), Mittelmaß und Wahn, Frankfurt a. M.

Habermas, Jürgen (1981), Theorie des kommunikativen Handelns, 2 Bde, Frankfurt a. M.

Heitmeyer, Wilhelm u. a. (1995), Gewalt. Schattenseiten der Individualisierung bei Jugendlichen aus unterschiedlichen Milieus, Weinheim und München.

Henke, Thomas (2001), Art. Lebenswelt, in: Mette, Norbert/Rickers, Ekkehard (Hg.), Lexikon der Religionspädagogik (LexRP), 2 Bde auf CD-ROM, 1175–1179.

Hofrichter, Claudia (2000), Im Fremden Christus begegnen. Plädoyer für eine milieudifferenzierte und adressatenorientierte Eucharistiekatechese, in: Lebendige Katechese (LK), 6–10.

Hohn, Hans Joachim (1985), Kirche und kommunikatives Handeln. Studien zur Theologie und Praxis der Kirche in Auseinandersetzung mit den Sozialtheorien Niklas Luhmanns und Jürgen Habermas', Frankfurt a. M.

Horx, Matthias/Wippermann, Peter (1995), Markenkult. Wie Waren zu Ikonen werden, Düsseldorf.

Kant, Imanuel (1786), Akademie Ausgabe Bd. 8.

Porzelt, Burkhard (2002), Art. Individualisierte Religiosität, in: Bitter, Gottfried u. a. (Hg.), Neues Handbuch Religionspädagogischer Grundbegriffe (NHRPG), München, 275–279.

Schmidt-Salomon, Michael (1999), Erkenntnis aus Engagement. Grundlegungen zu einer Theorie der Neomoderne, Aschaffenburg.

Schulze, Gerhard (1993), Die Erlebnisgesellschaft. Kultursoziologie der Gegenwart, Frankfurt a. M./New York.

Theologen in der Wirtschaft Notlösung oder Auftrag

Frank Zils

Der folgende Beitrag spannt den weiten Bogen zwischen Theologie und Wirtschaft. Er wurde im Spiegelbild der eigenen Entwicklung geschrieben, die Wolfgang Lentzen-Deis vor allem an zwei *Knotenpunkten* als Weggefährte begleitet hat: Bei der Betreuung der religionspädagogischen Diplomarbeit zum Thema »Die Stufen der Entwicklung des religiösen Urteils bei F. Oser« sowie als Zweitkorrektor der Dissertation mit dem Titel »Kirchliche Erwachsenenbildung. Grundlagen – Beweggründe – Motiv«.

Grenzgänger zwischen den Welten – Ausgangslage

Ein Blick auf den derzeitigen Arbeitsmarkt zeigt, dass die klassischen Zugangswege zu bestimmten Berufen relativiert werden. Es gibt vielfach nicht mehr nur ein Studienfach oder eine Ausbildung, die zu einem Beruf führen. Im Übrigen werden im Laufe eines Lebens oft mehrere Berufe ausgeübt. Die formale Qualifikation tritt zunehmend in den Hintergrund zu Gunsten anderer Kompetenzen.
Des weiteren zeigt sich, dass Theologen mittlerweile in den verschiedenen Branchen der Wirtschaft arbeiten. Nach wie vor ist die Personalarbeit (insbesondere Personalberatung, Personalmarketing, Personalauswahl, Personalentwicklung) ein bewährtes Betätigungsfeld. Aber auch unter den Trainern, EDV-Spezialisten oder den Unternehmensberatern gibt es zahlreiche Theologen. Ist dies nur eine arbeitsmarktpolitische Notlösung oder verbirgt sich hinter dieser Entwicklung ein substanzieller Grund? Handelt es sich bei diesen Theologen um Exoten, die im kirchlichen Dienst keine geeignete Aufgabe finden? Sind es frustrierte Theologen, die ihrer Kirche – aus welchen Gründen auch immer – den Rücken kehren? Sind es katholische Priester, die sich nach einiger Zeit gegen die zölibatäre Lebensform entschieden haben? Oder sind es Menschen, die sich in der Welt von heute durchaus außerhalb der Kirche einen christlich motivierten Dienst am Menschen vorstellen können und ihren Auftrag in der Wirtschaft bewusst wahrnehmen?
Was bewegt die Theologen, in der Wirtschaft zu arbeiten? Und was bewegt die Personalverantwortlichen, Theologen einzustellen – im Wissen darum, dass diese nicht als Theologen arbeiten werden?

Offenbar verfügen Theologen über gewisse Kompetenzen, die sie von anderen unterscheiden. Die Erfahrung zeigt, dass Personalverantwortliche selten enttäuscht werden, wenn sie einen Theologen einstellen. Was ist der Grund für diese positiven Erfahrungen?

Mit Blick auf die einschlägigen Merkmale des Theologiestudiums kann das Profil eines Theologen, der sein Studienfach mit Leib und Seele durchdrungen hat, folgendermaßen skizziert werden:

Ein Theologe

- hat eine Grundüberzeugung und identifiziert sich mit seinem beruflichen Lebensweg; die persönliche Berufung für Aufgaben und Herausforderungen ist bedeutsamer und nachhaltiger als der konkrete Beruf mit einer klaren Stellenbeschreibung;
- hat ein interdisziplinäres Studium absolviert, das sich aus einer Facette von Fächern zusammensetzt, die jeweils eine eigene Hermeneutik aufweisen: Philosophie, Kirchengeschichte, Dogmatik, Fundamentaltheologie, Moraltheologie, Exegese, biblische Sprachen, Pastoraltheologie, Religionspädagogik, Religionspsychologie, Christliche Gesellschaftslehre;
- kann systematisch und analytisch denken, weil er gelernt hat, komplexe Themen rasch zu durchdringen und anschaulich zu vermitteln ohne zu simplifizieren;
- verfügt über sprachliche Kompetenz: er ist in der Lage, mit dem geschriebenen und gesprochenen Wort umzugehen und textkritisch auch zwischen den Zeilen zu lesen;
- verfügt über eine ausgeprägte Sozialkompetenz, die er z. B. durch praktische Erfahrungen in der Jugendarbeit, in Kommunikationskursen als Bestandteil des Studiums, in Supervisionen, einschlägigen Praktika, bei ehrenamtlichem Engagement in der Gemeinde oder in Verbänden erworben hat;
- kennt die Bedeutung und Tragweite der ganzheitlichen Ansprache des Menschen; insbesondere aus dem liturgischen Umfeld weiß er, wie wichtig Farben, Töne, Formen und Symbole sind;
- orientiert sich an zeitlosen Werten und Tugenden, weil er deren Bedeutung für das menschliche Zusammenleben und -arbeiten kennt;
- hat die Gelassenheit der Seele, weil er weiß, dass sein Tun und Handeln immer bruchstückhaft bleibt; so kann er auch mit Misserfolg und Scheitern umgehen, weil er alles unter der Perspektive der Ewigkeit betrachten kann.

Dieses Profil des Theologen hat keinen Anspruch auf Vollständigkeit und skizziert sicherlich ein Idealbild. Die Erfahrung lehrt jedoch, dass viele

Theologen in der Wirtschaft einen großen Teil dieser Merkmale aufweisen und daher erfolgreich und für das Unternehmen Gewinn bringend arbeiten. Entscheidend ist offenbar nicht in erster Linie ein bestimmtes fachliches Curriculum, sondern die *persönliche, methodische* und *soziale* Kompetenz, die durch dieses Curriculum erworben werden konnte. Diese Kompetenzen gilt es selbstsicher zu vermarkten.

Vom Elfenbeinturm in die Chefetagen – Ermutigung und Appell

Vor dem Hintergrund der beschriebenen Entwicklung und dem idealtypischen Profil eines Theologen sollten die Theologischen Fakultäten noch stärker im Blick haben, dass ihre Theologen auch in der Welt von heute ihren Auftrag wahrnehmen können und sollen. Dies ist keine Notlösung für arbeitslose Theologen, sondern ein Engagement sui generis. Manche Hochschule könnte sich auf diese Weise etablieren und z. B. eine professionelle Qualifizierung im Bereich der Wirtschaftsethik anbieten. Institute außerhalb der Kirche bearbeiten dieses Feld seit einigen Jahren und übernehmen damit einen genuinen Auftrag der Kirche.

Insbesondere bei der Qualifizierung von Führungspersonen jeglicher Fachrichtung können Theologische Hochschulen einen wertvollen Dienst leisten. Denn Führungspersonen suchen nach Orientierungen zur Bewältigung ihrer komplexen Führungsaufgabe. Sie wünschen zunehmend verlässliche Wertmaßstäbe, Kriterien zur Unterscheidung sowie Grundlagen ethischen Handelns.

Theologen müssen für ihre Arbeit in der Wirtschaft gerüstet sein. Sie brauchen das betriebswirtschaftliche Know-how, um Unternehmen und deren Funktion verstehen zu können. Über das Theologiestudium hinaus können einschlägige Zusatzqualifikationen praxisnah und kompakt erworben werden. Freilich sind nicht alle Theologen für eine Aufgabe im Unternehmen geeignet. Außerdem wollen viele Theologen aus guten Gründen nicht außerhalb der Kirche arbeiten. Andere Theologen sind für die Arbeit im Unternehmen ungeeignet. Potenzialträger mit unternehmerischem Eros müssen daher identifiziert und gefördert werden. Sie brauchen eine Plattform, um ihre Fähigkeiten unter Beweis stellen zu können. Auf diese Weise können qualifizierte Theologen einen wesentlichen Beitrag dazu leisten, dass Mitarbeiter wirklich ein entscheidendes Kapital im Unternehmen sind, mit dem man ethisch verantwortlich und fair umgeht. Denn Theologen betrachten immer schon den Menschen als Mittelpunkt und wissen, dass es darüber hinaus noch ein Urbild des Menschen gibt: Jesus Christus.

Daher müssen sie nicht irgendwelchen Motivations- und Powergurus anhängen, sondern kennen die Bedürfnisse des Menschen von Grund auf.
Vor dem Hintergrund der bisherigen Kenntnisse und Erfahrungen als Theologe und Personalverantwortlicher sind die folgenden Seligpreisungen für Führungspersonen entstanden, die gleichsam als kritisch-reflektiver Impuls zu verstehen sind.

Seligpreisungen für Führungspersonen

Selig die Führungspersonen, die Sinn vermitteln, denn Sie werden motivierte Mitarbeiter haben.
Aufgabe von Führungspersonen ist es, den Sinn des menschlichen Arbeitens zu vermitteln. Denn nur Mitarbeiter, die den Sinn und Zweck ihres Arbeitens erkennen, sind motiviert. Sie sind bereit, ihre Stärken und Fähigkeiten einzusetzen und einen Beitrag zum Erfolg des Unternehmens zu leisten. Der Sinn des menschlichen Arbeitens und Mühens findet seine Wurzeln im schöpfungstheologischen Auftrag. Demnach ist der Mensch aufgefordert, seine Fähigkeiten und Begabungen verantwortlich zu entwickeln und seinen Weltauftrag wahrzunehmen.

Selig sind die aufmerksamen Führungspersonen, denn sie tragen zur Kommunikations-Kultur des Unternehmens bei.
Aufmerksamkeit für Stärken und Schwächen, Potenziale und Bedürfnisse, Sorgen und Ängste der Mitarbeiter ist der Schlüssel zum guten Arbeitsklima. Ein freundliches Wort des Dankes, der Anerkennung und des Lobes signalisiert, dass Einsatz und Leistung wahrgenommen werden. Auch offene, konstruktive und differenzierte Kritik gehört zum aufmerksamen Umgang miteinander. Zeichen der Aufmerksamkeit sind z. B. die einfühlsame Nachfrage, das Gesprächsangebot bei persönlichen Problemen, die Hilfe bei wichtigen Entscheidungen.

Selig die Führungspersonen, die Visionen entwickeln und diese anschaulich leben, denn sie sichern die Zukunft des Unternehmens.
Führung vollzieht sich immer im Spannungsbogen von Sichtweite und Reichweite der Entscheidung. Die Sichtweite des Führenden ist immer geringer als die Reichweite seiner Entscheidungen. Der Spannungsbogen zwischen beidem ist die Vision. Erfolgreiche Unternehmen haben visionäre Führungspersonen, die innovative Ideen entwickeln, langfristige Ziele konsequent verfolgen, den Markt von Morgen antizipieren. Ein Unternehmen, das aufhört besser zu werden, war die längste Zeit ein gutes Unternehmen. Veränderung gehört zum Unternehmen wie die Finanzierung

und das Marketing. Führungspersonen sollen begeistert sein von einer Vision und diese Begeisterung mitteilen, ja geradezu leben. Wer selbst nicht an seine Visionen glaubt, der kann Mitarbeiter nicht für gemeinsame Ziele motivieren. Führungspersonen müssen neugierig und mutig sein, um ihr Unternehmen innovativ zu führen. Nur wer bereit ist, zu neuen Ufern aufzubrechen, kann kreativ, innovativ und damit zukunftsfähig sein. Die Bewahrer sind die Unternehmer von gestern.

Selig die integeren Führungspersonen, denn sie werden Vertrauen finden.
Leitlinien, Strategien und Grundsätze eines Unternehmens müssen mit Leben gefüllt werden. Die Umsetzung erfolgt durch konkrete Menschen mit Fleisch und Blut, mit menschlicher Liebenswürdigkeit aber auch mit Bosheiten. Durch die alltägliche Praxis geronnene, leibhaftige Beispiele sind die Grundlage jeder Leitlinie. Wenn Wort und Tat übereinstimmen, Führungspersonen mindestens das leben, was sie verkünden, dann werden Vertrauen und Verlässlichkeit aufgebaut. Führungspersonen müssen an sich selbst höhere Maßstäbe anlegen als an die Mitarbeiter. Im Übrigen sind es nicht nur die Mitarbeiter, die sich verändern, die lernen müssen, sondern zuerst und zuletzt die Führungspersonen.

Selig die Führungspersonen, die Vertrauen wecken, denn dies ist die Basis jeder Zusammenarbeit.
Misstrauen zerstört jede Beziehung und macht unfähig, im Team zu arbeiten. Kontrolle wird zum Druckmittel, das Leistung hemmt und demotiviert. Vertrauen wächst dort, wo Kompetenz, Integrität und Beständigkeit gelebt werden. Leistung und vorzeigbare Ergebnisse sind nur dann zu erwarten, wenn gegenseitiges Vertrauen und Verlässlichkeit vorherrschen. Offene Kommunikation, transparente Prozesse und faires Miteinander sind die Basis für Teamentwicklung. Vertrauen bedeutet u. a., den Mitarbeitern bestimmte Aufgaben zuzutrauen und zur Übernahme von Verantwortung hinzuführen. Dies heißt auch, das Risiko des Scheiterns, des Misserfolgs und des Fehlers zu tragen.

Selig die Führungspersonen, die aus einem Fehlschlag einen Erfolg machen, denn sie fördern die Entwicklung der Mitarbeiter.
Scheitern, Fehler und Probleme gehören zum betrieblichen Alltag. Wer nichts tut, macht keine Fehler. Misserfolge und Fehler können aber auch als Herausforderung verstanden werden, als Chance zum Neuanfang. Die entscheidende Frage einer Führungsperson im Gespräch mit einem Mitarbeiter lautet: Was haben Sie aus dem Fehler gelernt? Was werden Sie tun, um diesen Fehler in Zukunft zu vermeiden?

Vor dem Hintergrund unserer christlichen Tradition bedeutet Scheitern immer auch Chance zum Neuanfang. Christliche Führungspersonen verurteilen nicht, sondern bieten Lernmöglichkeiten.

Selig die Führungspersonen, welche die Selbstverantwortung der Mitarbeiter fördern, denn sie werden ein zufriedenes Team haben.
Mitarbeiter wollen in der Regel Verantwortung übernehmen, Lernen, Leistung erbringen und sich persönlich wie beruflich weiterentwickeln. Wer sich gefordert und gefördert weiß, der ist zugleich motiviert, seine Stärken, Kenntnisse, Fähigkeiten und Begabungen zum Wohle des Unternehmens einzusetzen. Mitarbeiter, die unternehmerisch denken und handeln, die zu Unternehmern im Unternehmen werden, lernen kostenbewusst, gewinnorientiert, kunden- und serviceorientiert zu denken und zu handeln. Vielfach verfügen die Mitarbeiter im privaten Bereich bereits über unternehmerische Fähigkeiten. Wer ein Haus baut oder renoviert, der muss planen, Angebote einholen, Preise vergleichen, Kosten minimieren, Absprachen mit den Handwerkern treffen, koordinieren, verhandeln, reklamieren, organisieren. Fähigkeiten, die auch im Unternehmen wertvoll einzusetzen sind, wenn Mitarbeitern ein angemessener Handlungsspielraum eingeräumt wird.

Selig die Führungspersonen, die sich selbst organisieren können, denn sie sind Vorbild und Maßstab.
Wer andere führen will, der muss zuerst sich selbst führen können. Er muss mit seinen persönlichen Ressourcen verantwortlich umgehen. Er muss seinen Geist frisch und jung halten, indem er offen und neugierig ist, politische, gesellschaftliche, berufliche sowie private Entwicklungen aufmerksam verfolgt und kritisch-konstruktive Beiträge leistet. Er muss seinen Körper gesund halten, damit die Seele Freude daran hat, in diesem zu wohnen. Regelmäßige Bewegung gleich welcher Art hält fit und muss nicht in einer perversen Körper- und Fitness-Unkultur enden. Auch die Seele braucht Zeiten der Ruhe, der Muße, der Entspannung, in denen der persönliche Glaube vertieft werden kann durch Exerzitien, Einkehrtage, Oasentage. Nur wer von Zeit zu Zeit innehält, der kann Prioritäten verantwortlich setzen, weil er weiß, dass es zwischen Himmel und Erde mehr gibt als Geld, Macht und Besitz. Gut organisierte Führungspersonen gehen verantwortlich mit der eigenen Zeit wie mit der Zeit anderer um, weil sie wissen, dass diese geschenkt und zur treuen Verwaltung anvertraut ist. Nichts ist so unwiederbringlich wie die Zeit. Wer sich selbst von Gott geführt weiß, der kann sich selbst führen und dann auch andere führen, weil er sich nicht verführen lässt.

Die Religionspädagogik als Himmelsleiter

Louis Ridez

Mitte der achtziger Jahre wurde Wolfgang Lentzen-Deis eingeladen, im Priesterseminar von Lille ein Referat über die Religionspädagogik in Deutschland zu halten. Bei der Diskussion entstand die Frage, ob der Religionsunterricht konfessionell oder allgemein religiös sein sollte.

Die Antwort war kein Entweder-Oder. Sie gab Wolfgang Lentzen-Deis die Gelegenheit, sein offenes und dynamisches Konzept über die Funktion der Religionspädagogik zu erhellen. Die Religionspädagogik ist die Kunst, einen Prozess in Gang zu bringen, der vom Elementar-Religiösen über viele Etappen bis zum Unterscheidenden des christlichen Glaubens führt.

Es geht darum, zuerst in die tiefe Dimension der menschlichen Existenz einzuführen. Es geht darum, die *anthropologische Wende* der Theologie ernst zu nehmen. Wo und wie ist der Mensch wirklich Mensch? Welches sind die fundamentalen Situationen, die, Raum und Zeit übersteigend, den Menschen dazu führen, sich über den Sinn seines Lebens zu fragen? Das kann nur geschehen, indem der Religionspädagoge ahnen lässt, wie das menschliche Leben in der dialektischen Spannung steht zwischen Verlangen nach Fülle und Erfahren von Grenzen. Das strapazierte Wort »Erfahrung« bleibt unvermeidlich: Erfahrungen von Freuden und Leiden, von Hoffnungen und Enttäuschungen, von Freundschaften und Feindschaften, von Heil und Unheil ...

Im Alltäglichen selbst kann sich die tiefere Dimension der menschlichen Existenz offenbaren. Die christliche Antwort kommt nicht chronologisch nach den erlebten Erfahrungen. Sie ist untrennbar von der gelebten Frage, die aus der Tiefe der Erfahrung entsteht. Die christliche Antwort bekommt nur aus der menschlichen Erfahrung Fleisch und Blut, Herz und Geist, Wärme und Freude.

Auf diese Weise kann sich ein religionspädagogischer Weg zwischen anthropologischer Fragestellung und kirchlicher Praxis öffnen. Die Religionspädagogik baut Brücken zwischen menschlichen und christlichen Erfahrungen, oder vielmehr, sie gibt die Fähigkeit, Brücken zu schlagen, wenn einmal die Zeit reif ist. Der Religionspädagoge baut auf diese Hoffnung. Wie der Bauer sät und dann ruhig schläft, bis der Same keimt und wächst. Er weiß nicht wie.

Wenn wir sehen, wie Wolfgang Lentzen-Deis das Thema Versöhnung behandelt, verstehen wir, worum es geht. Bei einem solchen Thema steht die Religionspädagogik in einem dialektischen Verhältnis zwischen menschlichem Suchen nach Wegen des Miteinanderlebens und der sakramentalen Praxis, die das Menschliche ernst nimmt und weiterführt.

Das Thema Versöhnung nimmt zuerst ernst, was so viele Jugendliche bestürzt: das Übel in der Welt, das Leiden der Unschuldigen, die scheinbare Gleichgültigkeit Gottes, die Schwierigkeit der geglückten Kommunikation unter Menschen. Auf dieser Basis kann der Religionspädagoge die Erfahrungen der Glaubenden in der Bibel und im Neuen Testament erhellen. Er kann bis zur Erfahrung mit dem auferstandenen Herrn in der sakramentalen Praxis der Kirche führen, die eine Verwandlung im persönlichen und im sozialen Leben mit sich bringt.

Auf diesem Hintergrund hat Wolfgang Lentzen-Deis den Brief der französischen Bischöfe hochgeschätzt: »Proposer la foi« (1997). Das Konzept hat er für die Schulpastoral umgewandelt: Schulpastoral als absichtslose *Diakonie,* Kirche als Sakrament Christi in der Schule, sogar wenn – und vielleicht weil – sie nur von einer Kerngemeinschaft getragen wird.

Die Religionspädagogik ist gerufen, eine kirchliche und konstruktive Korrelation zwischen Menschsein und Christsein herzustellen, indem sie den Weg der Symbole geht. Wenn menschliche Symbole und kirchliche Sakramente sich wie im Thema Versöhnung treffen und befruchten, öffnet sich ein Weg der Freiheit und der Freude für den Einzelnen und für die Gemeinschaft. Der Mensch versöhnt sich mit sich selbst, indem Himmel und Erde sich versöhnen. Die Religionspädagogik ist die Kunst, die verschiedenen Elemente des menschlichen und des christlichen Suchens in Interaktion zu setzen.

Schließen wir mit Bildern. Die Religionspädagogik gelingt, wenn sie die Menschen befähigt, die Himmelsleiter des Jakobstraumes hinauf und hinunter zu steigen, hinunter bis in die Tiefe der Sehnsüchte und Wünsche des Herzens, hinauf bis in ein höheres und erfülltes Leben. Aber das setzt voraus, dass die Menschen auch zum Jakobskampf bereit sind. Diese innere Bereitschaft entzieht sich der Kunst des Religionspädagogen. Sie ist Gnade.

Theologie vermitteln – Wie geht das?

Elisabeth Asshoff

Es war im Jahr 1981, als der Studienreferendar Dr. Wolfgang Lentzen-Deis zu seiner schulpraktischen Ausbildung dem Auguste-Viktoria-Gymnasium in Trier zugewiesen wurde. Unsere Wege kreuzten sich, weil ich am gleichen Gymnasium die Fächer Latein und Katholische Religion unterrichtete. Der neue Studienreferendar bat mich, ihm als Mentorin zur Seite zu stehen und ihn in die Geheimnisse der Didaktik und Methodik des katholischen Religionsunterrichts einzuweihen und einzuführen.

Der damals mehr als Vierzigjährige – im Kollegium des Gymnasiums schätzte man sein Alter auf knapp über dreißig Jahre – wollte nach langjähriger erfolgreicher Tätigkeit als Kaplan und Geheimsekretär des Bischofs Dr. Stein noch einmal die Schuhe des Lehrlings schnüren und sich in die Vermittlung theologischer Inhalte an Schülerinnen und Schüler einüben. Diese Entscheidung entsprang einer Haltung, die uns Kolleginnen und Kollegen des Auguste-Viktoria-Gymnasiums große Achtung und Respekt abnötigte.

Der gut aussehende Studienreferendar ließ manch ein Mädchenherz schneller klopfen. So konnte ich, die ich gern die Ausbildung des Kollegen übernahm, beobachten, dass – bevor der Herr Studienreferendar in den Klassenraum trat – manch ein junges Mädchen schnell einen Blick in den Spiegel warf, die Haare zurechtrückte und gespannt auf die Tür schaute. Eine Motivation, die ich bei allem Bemühen um einen existentiellen Unterricht so nicht bewirken konnte.

Nicht nur bei den Schülerinnen und Schülern, auch im Kollegium, gewann Dr. Lentzen-Deis Vertrauen und Akzeptanz. Seine tiefe Religiosität, aus der er und die er in seiner Menschenfreundlichkeit lebte, beeindruckte unsere Schulgemeinschaft sehr. Frühschichten, die er leitete, wurden nicht nur von recht vielen Schülerinnen und Schülern, Kolleginnen und Kollegen besucht, auch die evangelische Direktorin war unter den Betenden zu sehen.

Damals unterrichtete ich zwei Leistungskurse Religion. Nach übereinstimmender Meinung der Schülerinnen und Schüler war der Höhepunkt ihrer Schulzeit die Kursfahrt nach Rom. Diese stand unter der Leitung von Wolfgang Lentzen-Deis. Nicht nur, dass er uns durch die »ewige Stadt« führte, er ließ kaum eine Kirche zur Besichtigung aus, was die jungen Leute geduldig ertrugen, da er so begeistert war. Am Grab des Apostels Petrus und in den Katakomben feierte er mit uns Eucharistie. Natürlich waren wir sehr beeindruckt von den historischen Stätten, an denen wir die Messe fei-

erten, aber es war auch die Spiritualität in der Zelebration, die diese Stätten für uns zum Leben erweckte. Bei der Papstaudienz sangen wir inbrünstig das Halleluja von Taizé, ein Erlebnis, das sicherlich niemand von uns vergessen hat.
Ganz lebendig erinnere ich mich auch an eine Szene im Religionsunterricht der dreizehnten Jahrgangsstufe. Wir verglichen den jahwistischen mit dem elohistischen Schöpfungsbericht und versuchten, die Glaubensaussagen herauszuschälen. Natürlich machte es uns besondere Freude, die Erschaffung der Frau aus der Rippe des Mannes – es weilte ja ein Mann unter uns – näher zu beleuchten. Die Aussage des Talmud, dass die Frau nicht aus den Füßen des Mannes und auch nicht aus seinem Kopf geschaffen sei, vertieften wir, indem wir die »Rippe« als Symbol für die Nähe des Herzens deuteten. Die Beziehung zwischen Mann und Frau sei – wenn es um die Weitergabe des Lebens geht – eine Beziehung der Herzen, und mache – so meinte ein Mädchen – den Mann viel verwundbarer, weil ihm ja eine Rippe fehle. Der Studienreferendar Wolfgang Lentzen-Deis saß im Hintergrund des Geschehens, doch verstohlene Blicke der vor ihm sitzenden Mädchen sahen ihn verschämt erröten.
Oft haben Wolfgang Lentzen-Deis und ich das Problem der religionsdidaktischen Korrelation diskutiert. Heute kann ich im Rückblick feststellen, dass wir damals schon das im Unterricht anzielten und teilweise verwirklichten, was der Grundlagenplan der deutschen Bischöfe einige Jahre später (1984) so formuliert hat: »Die Schüler sollen in Glaubensüberzeugungen die ihnen zugrundeliegenden Erfahrungen erkennen und damit ihre eigenen Erfahrungen und Deutungsversuche verbinden.« (Grundlagenplan 5, 242)
Unter Anleitung von Lentzen-Deis fanden Schülerinnen und Schüler eines neunten Schuljahres in einer Unterrichtsreihe zum Thema »Erziehung« heraus, dass die Konflikte, die sie mit ihren Eltern hatten, mit einem notwendigen Ablösungsprozess zusammenhängen könnten, der ihnen einen Weg zur Identitätsfindung außerhalb der Familie eröffnete. Schwieriger war es freilich, ihnen zugleich bewusst zu machen, dass der Mensch sich letztlich erst selbst finden kann, wenn er in seinem Leben auf einen Urgrund baut.
Damals waren wir von Erich Fromms Daseinsanalysen beeindruckt. So erarbeiteten wir ausgehend von Fromms »Haben oder Sein« eine Unterrichtsreihe für die Mainzer Studienstufe zum »Thema ›Jesus Christus‹ – Herausforderung für den modernen Menschen« (veröffentlicht in den »Katechetischen Blättern« 1985). Hier lagen wohl auch die ersten Anregungen zu dem religionspädagogischen Ansatz, den Wolfgang Lentzen-Deis im Anschluss an die Glaubensdidaktik des großen Nikolaus von Kues in seiner Habilitationsschrift »Den Glauben Christi teilen« später grundlegend

entwickelt hat. Eine »Deszendenzchristologie«, die das Christusgeheimnis deduktiv (»von oben«) aus der Gotteslehre ableitet, konnte Schülerinnen und Schüler einer säkularisierten Gesellschaft längst nicht mehr motivieren. In den siebziger Jahren waren manche Jugendliche noch von Phänomenen wie »Jesus people«, Jesus-Büchern und einer Rockoper, die Jesus als den »Superstar« feierte, fasziniert, so dass Religionspädagogen die Chance einer »Aszendenzchristologie« entdeckten und ausgehend vom historischen Jesus nach seiner Bedeutung für unsere Zeit fragten. Aber auch dieses Interesse hatte in der Zwischenzeit merklich nachgelassen. Erst die Existenzanalysen Erich Fromms, die empirisch-psychoanalytischen Untersuchungen Viktor E. Frankls und Bernhard Stähelins sowie die Auseinandersetzung mit Werken der Kunst, der Literatur und der Musik ermöglichten – so stellte sich für uns heraus –, mit unseren Schülerinnen und Schülern den »dritten Weg« einer »Christologie nach innen und von innen« zu gehen. Der Entwurf des »neuen Menschen«, wie Erich Fromm ihn sah, machte vielen bewusst, wie unfähig und unfrei sie lebten. Da es kaum Möglichkeiten für sie gebe, aus den »Zwängen des Systems« auszubrechen – so wörtlich ein Zwölftklässler –, bleibe ihnen nichts anderes übrig, »als sich anzupassen oder auszuflippen«. Eine Schülerin formulierte prägnant:
»Woher soll ich die Kraft nehmen, alle ›Formen des Habens‹ aufzugeben?« Angesichts solcher Aporien kann das biblische Modell des »zweiten Adams« über die Provokation hinaus befreiende Kraft erlangen. Menschen schöpfen ihre Lebenskraft nicht aus sich selbst, sondern aus der Weise des »Seins«, wie Jesus von Nazaret sie vorlebte und schenkte, die ein Dasein für andere möglich macht.

Bei seiner Examenslehrprobe am 9. Juni 1982 zum Thema des Pfingstereignisses gelang es Wolfgang Lentzen-Deis mit Hilfe eines geschickten didaktisch-methodischen Arrangements für eine neunte Schuljahrklasse die Wirkungen des Pfingstgeistes, wie sie im zweiten Kapitel der Apostelgeschichte berichtet werden, vor dem Hintergrund der Erzählung vom Turmbau zu Babel (Gen 11) und der darin geschilderten Situation des Menschen aufleuchten zu lassen. Die Aktualität des Pfingstereignisses wurde den Schülerinnen bewusst, weil sie verstanden, dass es »Babylon« auch heute und überall gibt: jenes tief verwurzelte Sich-Nicht-Verstehen von Menschen, die durch eine nicht nur von Idiomata abhängige Sprachverwirrung einander entfremdet sind. Aber auch das Umbruchartige des Geistwirkens kann heute da erlebt werden, wo die Selbstbezogenheit von Menschen aufgebrochen wird und sie dazu gewonnen werden, sich für Jesus und seine frohe, befreiende Botschaft zu öffnen und wo ihnen der Mut geschenkt wird, sie tröstend durch die liebende Tat anderen weiterzugeben.

Die innovativen Anregungen, die ich zusammen mit Wolfgang Lentzen-Deis auf dem Feld des Religionsunterrichts erfahren habe, möchte ich kurz und bündig so zusammenfassen: Christliche Tradition muss immer wieder neu von innen her belebt, erneuert und verändert werden, sonst stirbt sie ab zum starren, gesetzlich-autoritären Traditionalismus. Tradition muss etwas Lebendiges bleiben. Darum gehört zur lebendigen Weitergabe ein hohes Maß an kritischer Freiheit.

Unter dieser Voraussetzung gelten die folgenden Gedanken des verstorbenen Theologen und Bischofs Klaus Hemmerle: »Es ist ein Irrtum zu meinen, man könne Theologie in sich treiben und die Methode der Vermittlung nachträglich und unabhängig von den theologischen Inhalten entwickeln. Aus der Mitte eines anderen, der mir eine Sache vermittelt, geht mir diese Sache in ihrer Mitte so auf, dass sie meine eigene Mitte trifft und aus ihr neu aufgeht.«

So versucht Wolfgang Lentzen-Deis, Theologie zu verstehen, zu leben und zu vermitteln.

Literatur

Zentralstelle Bildung der Deutschen Bischofskonferenz (1984), Grundlagenplan für den katholischen Religionsunterricht im 5. bis 10. Schuljahr, Bonn.

Frankl, Viktor E. (1977), Der unbewußte Gott. Psychotherapie und Religion, München.

Fromm, Erich (1983), Haben oder Sein. Die seelischen Grundlagen einer neuen Gesellschaft, München.

Hemmerle, Klaus (1988), Propädeutische Überlegungen zur Glaubensvermittlung, in: Katechetische Blätter, 101–108.

Staehelin, Bernhard (1981), Haben und Sein. Ein medizinpsychologischer Vorschlag als Ergänzung zum Materialismus der heutigen Wissenschaft, Zürich.

Religionspädagogische Turbulenzen im Vermittlungsgeschehen

systemtheoretisch motivierte Beobachtungen aus der Trierer religionspädagogischen Elementarisierungswerkstatt

Gundo Lames

Rund um den Lehrstuhl für Religionspädagogik und Katechetik an der Trierer Theologischen Fakultät gab es, angeregt durch seinen Inhaber, Prof. Dr. Wolfgang Lentzen-Deis, schon von ca. 1990 an eine »Trierer Elementarisierungswerkstatt«. Das war ein Arbeitstitel mal loser, mal fester gekoppelter Aufmerksamkeitsantennen für praktische sowie theoretische Vermittlungsanstrengungen der Religionspädagogik. Die klassische Frage des didaktisch-methodischen Zugangs zur Vermittlung christlicher Religion lautete dabei, *was* (Inhalts- und Sachaspekt) *wie* (Beziehungs-, Bedingungsfeld- und Methodenaspekt) gelernt oder angeeignet oder nachvollzogen werden soll. Praktische Theologen aus systematisch-theologischen, exegetischen sowie aus kritisch-konstruktiven didaktischen Zusammenhängen widmeten sich in Praxis und Theorie dieser Problematik.

Als Assistent am Lehrstuhl von Wolfgang Lentzen-Deis durfte ich Mitgestalter dieser Elementarisierungswerkstatt sein. Wolfgang Lentzen-Deis schickte mich auf einen abenteuerlichen Ausflug in das nicht leicht zugängliche Gebiet der Systemtheorie. So begann ich, meine früheren soziologischen Studien durch die Unterstützung von Alois Hahn (Professor für Soziologie in Trier) belebend, eine Forschungsreise. Einmal hineingeraten in die systemtheoretische Landschaft befand ich mich auf faszinierenden Steiletappen zu systemtheoretischen Gebirgen, die sich anhand der System/Umwelt-Differenz entfalten und nicht selten von dort spannende Aussichten auf die Vermittlungstheorie sowie -praxis der Religionspädagogik ermöglichen. Spielt man diese Aussichten als distanzierte Beobachtung zurück in die Religionspädagogik, so begegnen sich vertraute Selbstbeobachtung und unvertraute Fremdbeobachtung mit nicht geringen Möglichkeiten der Irritation.

Probleme der religionspädagogischen Praxis

Bei einem solchen Zusammentreffen von Religionspädagogik und Systemtheorie wurde vor allem die Fremdbeobachtung schnell aufmerksam auf eine brisante, sich wiederholende Selbstbeschreibung religionspädagogischer Praxis:

Das kirchlich verfasste Christentum thematisiert Krise, weil es irritiert ist durch den Verlust der Selbstverständlichkeit der Weitergabe des Glaubens. Sozialisation und Erziehung führen nicht mehr zur fraglosen Übernahme und Aneignung des christlichen Glaubens. Die religiösen Vermittlungsinstanzen sind in Aufruhr: Was geht schief, was wird falsch gemacht, was ist anders als früher, dass die Vermittlung des Glaubens solche Mühe bereitet ... Als Dauerbrenner religionspädagogischer Praxis wird ihre Folgenlosigkeit z. B. im pfarrgemeindlichen Zusammenhang der jährlich wiederkehrenden katechetischen Vorbereitung von Kindern und Familien auf die Erstkommunion markiert. Nach dem Weißen Sonntag erfüllen weder (viele) Kommunionkinder noch (viele) Eltern zentrale Erfolgskriterien der intensiven Vorbereitung: Teilnahme an der sonntäglichen Eucharistie und sichtbare Bereitschaft, sich am pfarrlichen Gemeindeleben zu beteiligen. Offensichtlich begegnet den pastoralen Mitarbeitern hier eine Dauerenttäuschung, die nicht leicht von den entsprechenden Akteuren auszuhalten ist. Die Ursachen, warum es so (»schief«) läuft, wie es läuft, werden zur Erklärung, zur Reflexion, zur Motivation oder zur Selbstberuhigung verschiedenen Adressen zugerechnet.

Diesseitige Adressen sind z. B. die mediale Erlebnisgesellschaft, die durch die Angebote von Abwechslung und Zerstreuung vom Eigentlichen fernhält und die Eucharistiefeier als Versammlungsort der Gemeinde entwertet mit oder ohne böse Absicht, oder die zu *laschen* Eltern, die vergessen haben, wie man denn die Kinder religiös erzieht und mit den Glaubensgeheimnissen vertraut macht. Eine jenseitige Adresse ist das Wirken des Heiligen Geistes, der, salopp formuliert, schon weiß, wofür die Folgenlosigkeit intensiver katechetischer Bemühungen gemessen an äußerlichen Kriterien gut sein mag.

Zwischen Rigorismus und Ausverkauf

Die religionspädagogische Praxis bemüht Theorie und reflektiert diese Adressen aufgreifend selbst z. B. in den Kategorien von »Ausverkauf« und »Rigorismus«. Das sind Adressen nach innen ins eigene System. »Ausverkauf« signalisiert das Aufweichen der Zugangsmöglichkeiten, das Verwischen der Grenzen, das Herstellen von Niedrigschwelligkeit, das Verringern der Barrieren, sich kirchlichen Angeboten zuzuwenden und Sakramente für alle zugänglich zu halten. »Rigorismus« signalisiert das unbedingte Festhalten von Vorgaben, die Nichthintergehbarkeit von Grenzen, das kompromisslose Überprüfen und Unterscheiden der Geeigneten von den Ungeeigneten bis hin zum Verweigern des Zutritts für alle diejenigen, die sich nicht auf die ausgewiesenen Bedingungen einlassen wollen.

Im Ausverkauf wird Vermittlung auf der Seite der geforderten Anstrengung derer, die Sakramente empfangen wollen, minimiert. Im »Rigorismus« wird Vermittlung ebenfalls auf der Seite der Anstrengung derer, die die Sakramente empfangen wollen, maximiert, insofern man die Einlassbedingungen erreichen muss, um zu den Sakramenten zugelassen zu werden. Beide Modelle sind Reaktionen auf die gesellschaftliche Entwicklung in der Absicht und Hoffnung, die Verdunstung des christlichen Glaubens aufzuhalten. Das eine Modell setzt auf undifferenzierten Einschluss möglichst vieler, das andere auf den differenzierten Ausschluss der Nichtwilligen.

Für jedes der Modelle gibt es aus der von außen zu beobachtenden Innensicht heraus gute Begründungen. Das eine setzt auf die theologisch begründete Eigenlogik einer sich entfaltenden hinreichenden Wirksamkeit der Sakramente im Empfänger, das andere setzt auf die vor dem Sakramentenempfang notwendige, wenn auch nicht hinreichende Bedingung der Herstellung einer inneren Disposition im Empfänger durch gezielte Vorbereitung (oft wird hier analog in Anlehnung an das frühchristliche Erwachsenenkatechumenat operiert), damit das sakramentale Geschehen seine Wirksamkeit entfalten kann. Das eine Modell sät wie im Gleichnis vom Sämann und rechnet damit, dass das Saatgut in der Regel auf fruchtbaren Boden fällt, das Fallen auf unfruchtbaren Boden wird dabei eingeschlossen. Das andere Modell folgt dem Grundsatz einer eher kultisch vorformulierten Reinigung vor dem Empfang der Sakramente. Das eine Modell kalkuliert mit äußeren und inneren Einflüssen (wachsen, reifen und ernten), das andere Modell sucht in strenger Befolgung der Vorbereitungsregeln ungünstige Einflüsse auszuschalten und sanktioniert erfolgreiche Absolventen der Vorbereitung mit der Zulassung zu den Sakramenten und nicht erfolgreiche Absolventen mit deren Verweigerung.

Beide Modelle, schaut man genauer hin, operieren mit einer Vermittlungsvorstellung, die der einer Trivialmaschine gleicht. Das Säen geht von einem Saatgut aus, das im fruchtbaren Boden wie von selbst zum Erfolg kommt: Es bringt das hervor, was Ziel des Säens und des Saatgutes ist – Menschen, die entsprechend der Disposition des Saatgutes den Glauben der Kirche als ihren Glauben leben und weitersagen. Das Herstellen einer günstigen Disposition durch Vorbereitung geht ebenfalls vom Ziel aus, dass die erfolgreichen Absolventen den Glauben der Kirche als ihren Glauben leben und weitersagen.

Noch schematischer formuliert, handelt es sich bei beiden Modellen um die Vorstellung linear verlaufender Vermittlung, die freilich störanfällig ist.

Das *Was* der Vermittlung wird durch das *Wie* der Vermittlung den Adressaten der Vermittlung in zeitlich sowie sozial passgenauen Settings aufgegeben in der Erwartung, dass am Ende des Vermittlungsprozesses die vorher festgelegten Ziele erreicht sind: Im Beispiel der Erstkommunionvorbereitung heißen solche in der Praxis vorfindlichen Ziele z. B.: die Kinder sind Freunde Jesu geworden, sie sind in der Lage, die Eucharistiefeier verstehend zu erleben, ihre Familien beten wieder regelmäßig, eine Bereitschaft ist hergestellt, das Kirchjahr mit zu vollziehen ...
Doch wie gesagt, die Erwartungsenttäuschung ist nach dem Tag der Erstkommunion bei den Verantwortlichen groß und die Reflexion nach innen wird aktiviert. Sie kann prinzipiell zwei Zugängen folgen, Erwartungen zu regulieren. Der eine Zugang erscheint als ein normativer: Er hält fest an der Richtigkeit und Unumstößlichkeit von *Was* und *Wie* und rechnet das Scheitern von Vermittlungsprozessen nicht dem eigenen System zu, sondern den Systemen in der relevanten Umwelt – also den Familien, der Gesellschaft, den Medien, der Schule, der Wirtschaft – durch Zuschreibungen wie Gleichgültigkeit, Uneinsichtigkeit, Dummheit etc., in der Gewissheit, selbst richtig zu liegen. Der andere Zugang erscheint als ein kognitiver. Er signalisiert Lernbereitschaft, Bedarf und Bedürfnisse innen wie außen zu sehen und Erwartungen zu korrigieren. Gerade dieser kognitive Erwartungszugang fällt in religionspädagogisch-kirchlichen Kontexten schwer.

Religionspädagogische Vermittlung und systemtheoretische Aspekte

Das hängt eng zusammen mit der Besonderheit religionspädagogischer Vermittlungsbemühungen. Sie stehen in der Regel im Dienst einer übergeordneten Wahrheit, die ihr zugeliefert wird durch die *eigentliche* Theologie. Dass wir in gefährliches wissenschaftstheoretisches Fahrwasser geraten, soll erwähnt werden, ohne hier aufgeklärt werden zu können. Denn natürlich ist es so, dass die Religionspädagogik sich auf der Seite ihrer Theorie nicht als Ausführungsagent anderer theologischer Disziplinen versteht, sondern eine eigenständige theologische Disziplin zu sein beansprucht.
Zurück zum Vermittlungsthema: Die Inhalte dessen, *was* vermittelt werden will, basieren im Kontext der christlichen Religionspädagogik auf Texten, deren Entstehung Jahrhunderte zurückliegen und die in kulturell-kontextueller Überformung auf ein *damals* verweisen, das dem Anspruch nach aktuell wirkt, also nicht wirklich der Vergangenheit angehört, sondern gleichsam *jetzt* ist.

Diese Texte sind die zentralen und kanonisierten Glaubenszeugnisse, die das Offenbarungshandeln Gottes in Jesus Christus bekunden. Sie beinhalten Berichte und Erzählungen von Menschen mit ihren Erlebnissen und Erfahrungen, die durch das Sichtbarwerden bzw. Ansichtigwerden Gottes unausweichlich geworden sind. Sie sind aufgeschrieben und weiter erzählt worden mit einer enormen Wirksamkeit zur Orientierung von Menschen. In ihnen ist aufbewahrt, was die Identität des Christlichen ausmacht und eben gegenwärtig hält. Sie stellen als vermitteltes Geschehen zwischen Gott und den ihn suchenden und findenden Menschen das schrift- oder besser buchgewordene Gedächtnis dar, aus dem heraus sich die Kirche bis auf den heutigen Tag ihre sichtbare Gestalt im Werden gibt – das Werden abgeschlossen im Blick auf das Offenbarungshandeln Gottes in Jesus Christus, das Werden unabgeschlossen im Blick auf ihre soziale Ausformung. Als Texte gebunden an je *gegenwärtige* Kontexte werden sie bis heute tradiert und bewegen Menschen. Die Art und Weise, *wie* sie tradiert werden, ist gebunden an die vorhandenen Fähigkeiten der Wahrnehmung und Reflexion des jeweiligen Kontextes und zugleich an die Fähigkeiten zum Verstehen bzw. Interpretieren dessen, *was* sie sagen, verbunden mit den je konkreten Erfahrungen.

Als Besonderheit der religionspädagogischen Vermittlung zeigt sich also die Vorgegebenheit eines kanonisierten Textes. Der Text gilt – theologisch gesehen – nicht als entwickelbar, auch wenn er stets gegenwärtig auszulegen, also in neue Kontexte hinein zu überführen ist. Dennoch gilt: Er steht sozusagen fest auch dann, wenn wenige(r) Menschen auf ihn zugreifen und ihre Lebensführungsregeln daraus gewinnen. Diese Eigenart unterscheidet Religionspädagogik eben auch von Pädagogik.

Dieser so beschriebene *Text* als Gedächtnis steht im Kontext religionspädagogischer Vermittlung *dazwischen.* Er steht immer zwischen dem, der vermittelt und dem, dem die Vermittlung gilt. Das *Dazwischen* des Textes war und ist enorm produktiv. Denn die kommunikative Auseinandersetzung damit setzt Traditionen und Symbolbildungen in Gang, entwickelt die Differenz von Glauben und Leben. Textgebundener Glaube verweist auf seine lebensgestaltende Kraft, und Leben sucht nach diesem Glauben, durch den ein gerechteres, besseres, gottgefälligeres Leben möglich erscheint.

Die Religionspädagogik widmet sich also diesem *Dazwischen* und stellt zum praktischen Umgehen damit theoriegebundene Programme auf, wie z. B. Korrelationsdidaktik, Symboldidaktik, dialogisch-kreative Religionsdidaktik, kritisch-konstruktive Didaktik.

Religionspädagogik in diesem Sinne beinhaltet eine zweifache Konfrontation, die durch das *Dazwischen* ausgelöst wird. Auf einer ersten Ebene kon-

frontiert der Text (und damit Gott) und führt zur Unterscheidung Text(be)kenner/Textfremde. Auf der nächsten Ebene begegnen sich Text(be)kenner/Textfremde und lassen sich auf ein textorientiertes Vermittlungsgeschehen ein. Dass sich davon unabhängig auch Text(be)kenner und Textfremde frei von Vermittlungsabsichten in einem Fußballstadion oder einer Disco treffen können und dort anderen Leitunterscheidungen folgen, soll hier eigens erwähnt, aber nicht vertieft werden. Beobachtet man systemtheoretisch, so kann man sehen, wie hier mit der Unterscheidung innen/außen operiert wird. Auf der Seite *innen* befinden sich die Text(be)kenner, organisiert z. B. als Katechetenkreis, Fachkonferenz katholische Religion usw. Auf der Seite *außen* befinden sich die Textfremden – entweder Mitglieder der Kirche, die nach den Sakramenten fragen oder sich aus welchen Gründen auch immer wenig Gedanken um den Text machen, aber deren Eltern für sie die Mitgliedschaftsentscheidung der Taufe getroffen haben – oder aber Nichtmitglieder.
Das Problem der religionspädagogischen Vermittlung heißt nun, wie die Auseinandersetzung mit dem Text von der einen Seite auf die andere Seite führt, von innen nach außen sowie von der textfremden Seite auf die textbekannte Seite. Dazu bedient sich die religionspädagogische Praxis in der Regel der Herstellung von Ort- und Zeiteinheiten, in denen Interaktion zwischen religionspädagogisch programmierten Rollen und Adressatenrollen stattfindet. Das stabilste Interaktionssystem im Blick auf die Ort- und Zeiteinheiten ist der Religionsunterricht, der als ordentliches Lehrfach in den Schulen grundgesetzlich abgesichert ist. Er gewinnt Stabilität allerdings nur im Hinblick auf die Ort- und Zeiteinheit, nicht aber im Blick auf das Vermittlungsgeschehen. Dazu gleich mehr. Alle anderen religionspädagogisch gebauten Interaktionssysteme sind im Blick auf ihre Ort- und Zeiteinheiten instabiler bzw. von Mobilitäts- und Flexibilitätserfordernissen ihrer relevanten Umwelten abhängig: Kinder müssen gefahren werden, Räume müssen gebucht werden, Hausmeister müssen mit dem Schlüssel anwesend sein usw. Sie operieren prinzipiell mit Freiwilligkeit auf der Seite der Adressatenrollen. Darüber hinaus appellieren sie an die in der Regel pfarrgemeindliche sowie familiäre Umgebung der Adressaten, sie in ihrem Tun zu unterstützen.

Adressaten und Vermittler

Bereits eben wurde die These in Fortsetzung der im Eingang dargestellten Selbstbeschreibung der Religionspädagogik aufgestellt, dass die religionspädagogischen Interaktionssysteme keineswegs stabil und zielgenau im

Blick auf ihre Vermittlungsabsicht sind. Hier finden sich eigentümliche Turbulenzen, die es immer gibt, wenn es um Vermittlung im didaktisch-methodischen Kontext geht, und die nur indirekt ursächlich z. B. der gesellschaftlichen Entwicklung zugerechnet werden können. Vermittlung, darauf weist die pädagogisch orientierte Systemtheorie hin, hat es mit einem zweifach gelagerten Problem zu tun. Das eine wird als doppelte Kontingenz beschrieben, das andere als die Unwahrscheinlichkeit, dass ein System so in ein anderes System intervenieren kann, dass das intervenierte System völlig im Sinne einer Eins-zu-eins-Übertragung determiniert werden könnte. Die doppelte Kontingenz weist darauf hin, dass ein geplantes Vermittlungsgeschehen in den Augen der Vermittlerrolle durchaus so ablaufen kann wie geplant, dass aber dennoch die Adressatenrollen unbeobachtet von der Vermittlerrolle insgeheim etwas aus dem Vermittlungsprozess generieren kann, was gar nicht vorgesehen war. Manche religionspädagogischen Vermittler – wieder im Beispiel der Erstkommunionvorbereitung – können sich dabei ertappen, wie sie selbst versuchen, das Problem der doppelten Kontingenz für sich zu nutzen. Nicht selten wird von einem Teil der an der Erstkommunionvorbereitung teilnehmenden Kinder behauptet, sie täten das, um anschließend am Tag der Erstkommunion reichlich mit Geschenken bedacht zu werden und nicht, um ein wirklicher Freund von Jesus werden zu wollen, was doch der eigentliche Anlass der Vermittlungssituation sei. Aber immerhin bringe das die Kinder in die Vermittlungssituation mit Chancen, vom Uneigentlichen auf das Eigentliche zu wechseln. Das zweite Problem hängt mit dieser doppelten Kontingenz zusammen. Für die Vermittlungsrolle ist es unmöglich, in das Bewusstsein der Adressatenrolle hineinzublicken und umgekehrt. Beide sind letztlich füreinander intransparent. Sie müssen ihre Kommunikation mit Aufmerksamkeitskriterien dafür versehen, ob die Vermittlungsziele erreicht worden sind oder nicht. Dafür müssen sie Zeit veranschlagen, die dem adressierten Bewusstsein einen Anschluss zur Mitteilung über die interne Informationsverarbeitung ermöglicht, also wiederum außerhalb des Bewusstseins als Kommunikation, aber innerhalb des Interaktionssystems. Erst dann kann die Vermittlerrolle sehen, wie was verarbeitet worden ist und es kann weiter gehen.

Kommunikation und Transparenz

Mit diesen Turbulenzen arbeitete die Trierer Elementarisierungswerkstatt, indem sie die Kernprobleme jedes religionspädagogischen Vermittlungsgeschehens zum Ausgangspunkt ihrer Überlegungen machte, nämlich doppelte Kontingenz und wechselseitige Intransparenz. Von dort aus kommen dann weniger die Klagen über die Verdunstung des christlichen Glaubens in den Blick als vielmehr die Fragen nach dem, was Vermittlerrolle und Adressatenrolle durch das *Dazwischen* aufgespannte Interaktionsystem mitbringen. Dazu wurde das Elementarisierungskonzept von Karl Ernst Nipkow adaptiert und im Rahmen der Werkstattarbeit weiterentwickelt. Im Kern beginnt es mit einer religionspädagogischen Aufmunterung zur Bedingungsfeldanalyse. Die Bedingungsfeldanalyse ist für die Vermittlerrolle nicht nur eine pädagogische Herausforderung. Sie kann ihr auch theologisch zugesprochen werden als Aufmunterung, die Adressaten in ihrer Art und Weise zu sein und sich zu entwickeln, anzunehmen. Das führt dazu, die Adressaten nicht zu Objekten zu machen, sondern ihnen als Subjekte mit ihren individuellen Möglichkeiten zu begegnen. Weiterhin ermöglicht eine Bedingungsfeldanalyse eine Anbahnung von Korrelationen zwischen den aus dem Text gewonnen Themen und denen aus der Erfahrungswelt der Adressaten. In den Blick kommen dann Möglichkeiten, sich gegenüber den Themen der Bibel, der christlichen Tradition und der Offenbarung zu öffnen. Das bringt zwar keine Gewähr dafür, dass die Korrelationen auch vollzogen werden. Sicher ist nur, dass die Adressaten gemäß ihrer Möglichkeiten/Bedingungen korrelieren. Damit fällt der Vermittlerrolle die bedingungsfeldanalytische Aufgabe zu, zu beobachten. Denn die Adressaten sind frei, zu glauben, was sie und wie sie glauben, auch wenn sie sich nicht selbst gewählten Themen aussetzen. Das ist sogar eine hineichende Bedingung dafür, dass die Adressaten auf der kognitiven Ebene *Wissen* anhand ihnen unbekannter Themen aufbauen können. Wie sie letztlich für sich Thema (was) und Methoden (wie) bewerten und verstehen, also welche Auswirkungen das auf ihre Einstellungen und Persönlichkeit außerhalb des Vermittlungssystems hat, bleibt – wie bereits angedeutet – eher verborgen. Im Kern geht es hier um das Wechselspiel von Selbstreferenz und Fremdreferenz sowie von Selbst- und Fremdwahrnehmung. Adressatenrolle sowie Vermittlerrolle können sich vergewissern, wie und mit welchen Graden von Intransparenz sie sich begegnen wollen. Das führt zu dem Versuch, Intransparenz durch Kommunikation in Transparenz zu überführen (wechselseitiges Verstehen), wenn mitteilbar wird, was wie erarbeitet worden ist. Das ist die Möglichkeit, sich verständigen zu können, wie das textgenerierte Thema in der zur Verfügung stehenden Zeit (Stunde, Kurs ...) im Kontext der Kommunikation des Interaktionssystems (Ebene des sozialen Miteinanders) auf der Personebene und gegebenenfalls auf der Bewusstseinsebene angeschlossen wird. In diesem Sinne geht es um die Möglichkeiten wechselseitiger Erschließung. Bedingungsfeldanalytisch geht es darum, die *Unwahrscheinlichkeit* wechselseitiger Erschließung durch eine entsprechende Gestaltung der Vermittlungssituation in Wahrscheinlichkeit zu überführen. Der Adressat soll (sich, Bewusstsein) Gott und Welt sowie Sache und Person erschließen.

Elementarisierung als Kern didaktischer Planung

Eine Möglichkeit dazu soll hier kurz mit Hilfe des Trierer Elementarisierungskonzeptes angedeutet werden. Ausgangspunkt sind die vier Bausteine des Elementarisierungskonzeptes nach Nipkow (Elementare Strukturen, Elementare Anfänge, Elementare Erfahrungen, Elementare Wahrheiten).
Elementare Strukturen verdeutlichen einen komplexen (theologischen) Sachverhalt in seinen Grundlinien und in seiner Kernaussage. Die Gewichtung dessen, was als Grundlinie gelten und was als Nebengleis ausgeschlossen werden soll, ist erstens abhängig von der Theologie, insofern sie über einen gesicherten Wissens- und Traditionsbestand verfügt. Zweitens liegen elementare Strukturen mehr oder weniger ausgefaltet als Programme für Unterricht oder Katechese mit ihren Themenstrukturen vor. Drittens wählt die Vermittlerrolle die ihr zugängliche elementare Struktur als Sache oder Thema des Textes, also aus dem Bestand der Theologie und dem Angebot der Programme aus. Die professionelle Vermittlerrolle ist hier vor allem fachlich herausgefordert. Viertens bildet auch die Adressatenrolle aufgrund von Vorwissen bzw. Vorerfahrungen *ihre* anhand des Themas gewonnenen elementaren Strukturen.
Elementare Anfänge bzw. Zugänge nehmen die Aufmerksamkeits- und Verstehensvoraussetzungen der Adressatenrolle sowie der Vermittlerrolle in den Blick. Es geht um die Art und Weise, mit welchen Fähigkeiten sich Adressat und Vermittler Themen erschließen und welche Impulse zur Entwicklung von Adressat und Vermittler durch das Thema angestoßen werden. Diese Dimension hilft auf der Ebene der ausgewählten elementaren Strukturen die Anforderungen an die Verarbeitungsmöglichkeiten vor allem der Adressaten zu klären, um Informationsgewinnungsprozesse anzustoßen. Die Vermittlerrolle ist mit einer eigenen Aufmerksamkeits- und Auffassungsstruktur dem Thema gegenüber verantwortlich.
Die elementaren Erfahrungen fragen nach den Erfahrungen, die in der Vermittler- und der Adressatenrolle durch Thema und methodische Umsetzung aktualisiert werden und entweder als Bereicherung oder aber als Störung für die Interaktion Bedeutung gewinnen können. Die Vermittlerrolle schaltet ein sensibles Wahrnehmungsinstrumentarium zur Beachtung der möglichen Erfahrungen ein und macht sich vertraut mit den grundlegenden Erfahrungsbereichen der Adressaten in Freizeit und Familie.

Die elementaren Wahrheiten erscheinen innerhalb des thematisch orientierten Interaktionsprozesses als »Ermittlung uns betreffender Wahrheit im Überlieferten« (Nipkow). Das kann als das gewiss machend Wahre beschrieben werden, das den nächsten Handlungsschritt motiviert. Wahrheit zeigt sich hier als das, was im Überlieferungszusammenhang des Textes als Wahrheit festgehalten ist und zudem als eine Prozessgröße, die durch themengebundene Kommunikation sich als unbedingte Einsicht und Überzeugung im Bewusstsein einstellt.
Möglich ist hier auch wegen der doppelten Kontingenz sowie der Intransparenz, dass die von der Theologie beschriebene Wahrheit sich vom gewiss machend Wahren im Bewusstsein der Adressaten- und auch der Vermittlerrolle unterscheidet. Damit zeigt sich wiederum die Vermittlungsturbulenz: Wahrheit lässt sich nicht im Sinne einfacher Informationsübertragung (Trivialmaschine) ein-zu-eins weitergeben, sondern erscheint als Vergewisserungsprozess zur Ermittlung gewiss machender Wahrheit. Damit wird die Kommunikation im Interaktionssystem ein Auseinandersetzungsprozess, in dem auch um Wahrheit gerungen wird.

Fazit

Je nachdem, ob normativ oder kognitiv erwartet wird, werden sich auch die Voreinstellungen der Vermittlerrolle gegenüber der Adressatenrolle erhellen. Möglicherweise sind die Enttäuschungen groß, weil die Adressaten nicht *folgen.* Die Erwartungen, die enttäuscht werden, suchen nach Erklärungen (siehe die oben genannten Zurechnungsprobleme), die wiederum Aufschluss über den Stil der Erwartungen der Vermittlerrolle geben können. Sind ihre Erwartungen normativer Art, so wird die Vermittlerrolle die Ursachen für ihre Enttäuschungen nicht sich selbst und ihrem Ansatz zurechnen. Sind die Erwartungen kognitiver Art, so wird sie selbst zu einem Lernprozess aufgefordert, der zu neuen Einsichten führen kann.
Insgesamt gilt wohl: Enttäuschte Erwartungen und die Art ihrer Rechtfertigung beeinflussen die Vorbereitung und Durchführung der nächsten Vermittlungsrunde.
Das Ausbleiben eines zustimmenden Nachvollzugs einer bestimmten, für die Kirche ausgewiesenen elementaren Wahrheit zeigt, dass dieser Aspekt zu einem Kernpunkt der Diskussion um die Wirkung religionspädagogischer Vermittlungsabsichten werden kann:
- im Kontext der Situation selbst, insofern hier Konflikte durch das Zusammentreffen unterschiedlicher Wahrheits- und Lebensperspektiven

auftreten können, die im Interaktionssystem nicht mehr zu bearbeiten sind (Ausschließen wechselseitiger Akzeptanz);
- auf der Ebene der Veranstalter (Pfarrei, Schule ...), insofern sich Adressaten abmelden und nicht mehr mitmachen bzw. die Vermittler sich nicht mehr mit den Adressaten abgeben wollen (Vermeiden weiterer Auseinandersetzung und (subjektive) Bestätigung des eigenen Standpunktes);
- auf der Ebene der Gesellschaft, insofern die Alternative (außen und textfremd) mehr gewählt wird als (innen und text[be]kennend) angesichts unterstellter Wirkungslosigkeit bzw. fehlender Lebensrelevanz der Text(be)kenner-Seite (Klassifizierung der Alternativen nach individuellen Wichtigkeiten gemessen an bestimmten Kriterien und vermuteten gesellschaftlichen Stimmungen).

Elementarisierung in der Unterrichtspraxis
»Wie ein Blitz aus heiterem Himmel – Paulus begegnet Christus« (Apg 9, 1–9)

Anita Heuer

Anfang der 90er Jahre wurde ich durch Wolfgang Lentzen-Deis mit dem Elementarisierungskonzept von Karl Ernst Nipkow konfrontiert. Als angehende Fachleiterin für Katholische Religion musste ich gestehen, dass ich davon noch nichts gehört oder gelesen hatte. Peinlich? Nicht unbedingt! Immerhin war Wolfgang Lentzen-Deis einer der ersten Religionspädagogen auf katholischer Seite, der sich intensiv mit diesem Konzept beschäftigte. Die Auseinandersetzung mit dieser Form didaktischer Umsetzung des theologischen Prinzips der Korrelation überzeugte mich.
Im Laufe der Jahre konnte ich bei meinen Anwärterinnen und Anwärtern, die an der Trierer Theologischen Fakultät studiert hatten, stets auf Kenntnisse im Bereich des Elementarisierungskonzeptes nach Nipkow zurückgreifen bzw. darauf aufbauen. Diese Zusammenarbeit zwischen dem Fach-

bereich Religionspädagogik mit Katechetik und dem Fach Katholische Religion am Staatlichen Studienseminar für das Lehramt an Realschulen in Trier wurde zugunsten eines lebensrelevanten Religionsunterrichtes zunehmend vertieft und durch eine persönliche Freundschaft untermauert.

Was ist Elementarisierung?

Auf der Basis von Wolfgang Klafkis kategorialer und kritisch-konstruktiver Bildungstheorie erarbeiteten Karl Ernst Nipkow, Friedrich Schweitzer, Godwin Lämmermann u. a. Elementarisierungsvorschläge, die das Elementare wechselseitig auf Seiten der biblischen Texte wie auch auf Seiten der Schülerinnen und Schüler zu erschließen versuchen, so dass Bibelauslegung im Religionsunterricht dialogisch-prozesshaft verstanden wird. (vgl. Lentzen-Deis 2000, 175)
Karl Ernst Nipkow unterscheidet in diesem Zusammenhang vier Elementarisierungsebenen, die im Folgenden kurz dargestellt und an dem Beispiel »Wie ein Blitz aus heiterem Himmel – Paulus begegnet Christus (Apg 9, 1–9)« aus der Unterrichtsreihe »Leben und Werk des Apostel Paulus« (Klassenstufe 6) konkretisiert werden.

Elementare Strukturen

Auf dieser Elementarisierungsebene geht es um die Inhalts- und Wissensebene, d. h. mit Hilfe wissenschaftlicher Auslegungsmethoden wird die Komplexität eines Bibeltextes auf seine charakteristischen und konstitutiven Grundbestandteile hin untersucht. (vgl. Lentzen-Deis 2000, 176) Es geht aber nicht nur um die Wiedergabe exegetischer Befunde. Vielmehr ist es wichtig, die Themenfelder, Handlungsträger und Symbole herauszukristallisieren, die eine Entsprechung in der Lebens- und Vorstellungswelt der Schülerinnen und Schüler finden (vgl. Müller u. a. 2002, 70).
Der Bericht von der Bekehrung des Saulus umfasst im 9. Kapitel der Apostelgeschichte die Verse 1–22. Aus religionspädagogischen und zeitlichen Gründen sollen jedoch in der vorgesehenen Unterrichtsstunde nur die Verse 1–9 Gegenstand der unterrichtlichen Betrachtung sein. Die übrigen Verse werden in der Folgestunde behandelt.

Die Bekehrung des Saulus (Apg 9, 1–9)
1 Saulus wütete immer noch mit Drohungen und Mord gegen die Jünger des Herrn.
Er ging zum Hohenpriester 2 und erbat sich von ihm Briefe an die Synagogen in Da-

maskus, um die Anhänger des (neuen) Weges, Männer und Frauen, die er dort fin-
de, zu fesseln und nach Jerusalem zu bringen. [3]Unterwegs aber, als er sich bereits
Damaskus näherte, geschah es, dass ihn plötzlich ein Licht vom Himmel umstrahl-
te. [4]Er stürzte zu Boden und hörte, wie eine Stimme zu ihm sagte: Saul, Saul, warum
verfolgst du mich? [5]Er antwortete: Wer bist du, Herr? Dieser sagte: Ich bin Jesus,
den du verfolgst. [6]Steh auf und geh in die Stadt; dort wird dir gesagt werden, was du
tun sollst. [7]Seine Begleiter standen sprachlos da; sie hörten zwar die Stimme, sahen
aber niemand. [8]Saulus erhob sich vom Boden. Als er aber die Augen öffnete, sah er
nichts. Sie nahmen ihn bei der Hand und führten ihn nach Damaskus hinein. [9]Und
er war drei Tage blind, und er aß nicht und trank nicht.
(Einheitsübersetzung)

Lukas sieht in dem Ereignis auf dem Weg nach Damaskus in erster Linie eine Bekehrung, d. h. eine individuelle Lebenswende, während Paulus im Galater- und im Korinther-Brief darüber hinaus angibt, einen Sendungs- und Beauftragungsbefehl erhalten zu haben. Lukas stützt sich bei seiner Schilderung jedoch nicht auf die paulinischen Briefe, sondern wahrscheinlich auf eine volkstümliche Erzähltradition, die unabhängig von den Paulus-Briefen in Damaskus entstanden ist und schon bald im gesamten paulinischen Missionsbereich verbreitet war. Dabei handelt es sich nach Jürgen Roloff und Gerhard Schneider um eine ekklesiologisch ausgerichtete Bekehrungslegende, die anhand des Einzelschicksals, hier des Paulus, eine die gesamte Kirche betreffende Erfahrung widerspiegelt. (vgl. Roloff 1988, 146 und Schneider 2002, 18)

Zwei Symbole spielen in Apg 9, 1–9 eine wichtige Rolle, die auch für die unterrichtliche Konkretisierung eine Schlüsselfunktion besitzen: »Weg« und »Licht«.

Der Begriff »Weg« wird an einigen Stellen im Neuen Testament, besonders in der Apostelgeschichte, als Synonym für das Christentum benutzt. Auch in Apg 9, 2 finden wir diese Bezeichnung. Darüber hinaus wird das so genannte »Zwei-Wege-Schema« zum Bild für »die ethische Entscheidung des Menschen zum Guten oder Bösen«. (Biehl 1991, 105) Religionspädagogisch interessant sind auch die vielen biblischen Weggeschichten von Menschen, die auf ihrem (Lebens-)Weg – häufig durch eine schmerzhafte Erfahrung – von der Wahrheit überwältigt werden, wie beispielsweise die Erzählung vom Jakobskampf. (Gen 32) (vgl. Biehl 1991, 107)

Ein weiteres Symbol finden wir in Apg 9, 3: die Lichtsymbolik. Das Licht, das Paulus vom Himmel her einhüllt, ist ein traditionelles Medium der Theophanie. Die Deutung seines Lichterlebnisses erfährt Paulus in seinem Inneren. Es wurde ihm blitzartig klar, dass der verfolgte Jesus der Herr, der Kyrios, ist. (vgl. Dormeyer 2003, 149) Dormeyer interpretiert diesen Vorgang als das Pfingstereignis des Paulus vor Damaskus. (vgl. Dormeyer

2003, 145) Der Lebensweg des Verfolgers Saulus erfährt dadurch eine Unterbrechung und Wende, die ihn radikal ändert – er wird zum Völkerapostel Paulus.

Elementare Wahrheiten

Hinter dieser didaktischen Suchperspektive steht in erster Linie die Botschaft des biblischen Textes, die den Schülerinnen und Schülern existenziell nahe geht, die ihnen als »eine unbedingt gültige, persönlich überführende Verpflichtung einleuchtet«. (Lentzen-Deis 2000, 176) »Wahrheit« ist in diesem Zusammenhang nicht zu verstehen als eine einzige, dogmatisch vertretene und festliegende Wahrheit, sondern als eine im Sinne eines Gesprächs zwischen Text, Schüler und Lehrer über grundlegende Fragen menschlichen Lebens, in das die Theologie ihre Kenntnisse und Traditionen einbringt. (vgl. Müller u. a. 2002, 73) Nipkow weist darauf hin, dass es auf dieser Ebene für den Religionslehrer darum geht, im Voraus zu bedenken, inwiefern im Unterricht durch unterschiedliche Auffassungen Streit um das Wahrheitsproblem aufbrechen kann bzw. inwieweit es notwendig ist, die Wahrheitsproblematik eigens anzustoßen. (vgl. Schweitzer u. a. 1997, 178)

»Die Bekehrung des Paulus« ist eine biblische Erzählung, die erst auf den zweiten Blick Schüler betroffen macht. Die Person des Paulus ist ihnen in der Regel zunächst einmal unsympathisch. Sie erleben ihn als einen Mann, der bei der Steinigung des Stephanus untätig zuschaut (Apg 7, 58.8, 1a) und der in seinem Eifer für das Gesetz mit Gewalt gegen die Christen vorgeht. Die »Bekehrung des Paulus« fasziniert sie jedoch im Hinblick auf folgende mögliche *Wahrheiten:*

In der vorliegenden Stunde und im weiteren Verlauf der Unterrichtsreihe wird zunehmend deutlich, dass die Erfahrung von Schuld in Vergebung münden kann und Gott einen Neubeginn ermöglicht. Jesus gibt auch einem *Halunken* wie Paulus eine Chance. Er erteilt ihm sogar einen besonderen Auftrag.

Zudem erfahren die Schülerinnen und Schüler durch die Beschäftigung mit Apg 9, 1–31, dass es Mut kostet, sich zu seinem Christ-Sein zu bekennen. In diesem Zusammenhang kann die Erfahrung des Paulus (und damit verbunden die Erfahrung der ersten Christen) auch eine Mut-mach-Geschichte für 11–12jährige Kinder sein. Eine weitere elementare Wahrheit, die der Text impliziert, ist die Möglichkeit der persönlichen Berufung in der Auseinandersetzung mit der Frage, ob und wen Jesus auch heute noch in seinen Dienst ruft. Dass sich Schülerinnen und Schüler durch die Beschäftigung mit Apg 9, 1–9 auch dieser Frage stellen, belegen Schüleräußerungen wie diese: »Paulus konnte froh sein, dass er auf Jesus gehört hat.« – »Paulus war sicher unheimlich glücklich, weil Jesus ihn auserwählt hat.« – »Ich würde Jesus auch gerne einmal richtig hören.«

Elementare Erfahrungen

Diese Elementarisierungsebene ist bei Nipkow der Ort didaktischer Korrelationen zwischen den elementaren Erfahrungen, die der Bibeltext impliziert, und den entsprechenden oder widersprechenden Erfahrungen der Schülerinnen und Schüler heute. (vgl. Lentzen-Deis 2000, 177) Diese wechselseitige Betrachtung soll im Unterricht einen Prozess initiieren, an dessen Ende neue Erfahrungen auf Seiten der Schülerinnen und Schüler stehen können.

Für das Verständnis unseres christlichen Glaubens und der Entwicklung des Christentums bis in die Gegenwart ist es unerlässlich, von den Erfahrungen der Urkirche und der ersten Christen zu erzählen. Die Entwicklung zur Weltkirche war kein selbstverständliches Ereignis. Dabei ist die Ausbreitung des Christentums eng verknüpft mit dem Leben und Wirken des Paulus. Unter schweren Bedingungen predigten er und die kleine Schar der Jünger den Auferstandenen. Die Erfahrungen der Urkirche spiegeln sich dabei im Leben des Paulus wider: Neubeginn, Unverständnis und Widerstand bis hin zu Verfolgung, Glaubenszweifeln etc. Dem entspricht in der Erfahrungswelt der Schülerinnen und Schüler in der Orientierungsstufe, dass auch ihr Leben von Veränderungen und Wendepunkten geprägt ist. Sie beginnen, sich von Gewohntem zu lösen und neue Orientierung und auch Vorbilder zu suchen. Sie erleben zwar keine körperliche Verfolgung als Christ, aber es fordert auch von ihnen viel Mut, vor Klassenkameraden zuzugeben, dass sie (noch) Messdiener oder Messdienerin sind, dass der Besuch der Sonntagsmesse (noch) eine Selbstverständlichkeit darstellt und vieles mehr. Andere Schülerinnen und Schüler machen die Erfahrung, dass sie selbst – wie Saulus – auf die »Jagd« nach eben diesen Mitschülern gehen, die sich zu ihrem christlichen Engagement bekennen. Für beide Seiten kann die Beschäftigung mit der »Bekehrung des Paulus« zu einer eigenen Bekehrungserfahrung führen, denn Paulus ist ein typisches Beispiel für einen Menschen, der Jesus nie persönlich begegnete, der sich aber von ihm begeistern ließ.

Die Frage nach den elementaren Erfahrungen ist eng mit der Frage nach den elementaren Zugängen verbunden. Die elementaren Zugänge beziehen sich auf die Verstehensstrukturen und Verstehensmöglichkeiten der Schülerinnen und Schüler. In diesem Zusammenhang ist die Einbeziehung entwicklungspsychologischer Befunde ratsam. Dies ersetzt jedoch auf Seiten des Lehrers nicht die intensive Auseinandersetzung mit der Frage »Wo stehen meine Schülerinnen und Schüler hinsichtlich ihres kognitiven, moralischen und religiösen Entwicklungsstandes?« Wenn die unterschiedlichen Auffassungsstrukturen innerhalb der Lerngruppe keine oder kaum Beachtung finden, muss Korrelation fehlschlagen. (vgl. Lentzen-Deis 2000, 178 sowie Schweitzer u. a. 1997, 176 f.)

Aus entwicklungspsychologischer Sicht befinden sich die Schülerinnen und Schüler der Klassenstufe 6 in dem Alter, in dem sich nach Piaget der Übergang vom konkret-operatorischen zum formal-operatorischen Denken vollzieht, d. h. Denkoperationen können mit abstrakten, nicht mehr konkret vorstellbaren Inhalten durchgeführt werden. (vgl. Grom 2000, 46–47) Dies entspricht nach Fowler dem Übergang vom mythisch-wörtlichen zum synthetisch-konventionellen Glauben. Das bedeutet, dass die Schülerinnen und Schüler in Glaubensfragen statt der wortwörtlichen Verstehensweise rationale Erklärungsmuster vorziehen. (vgl. Grom 2000, 59–60)

Mit der Entwicklung des formal-operatorischen Denkens erfassen die Schülerinnen und Schüler zunehmend den Hinweischarakter von Symbolen und verstehen deren übertragene Bedeutung. Nach Fowler handelt es sich dabei um ein mehrdimensionales-symbolisches Verstehen. (vgl. Lentzen-Deis 1997, 193)

Die Klasse 6, auf die sich die vorliegende Unterrichtsstunde bezieht, umfasst im Fach Katholische Religion 15 Schülerinnen und Schüler, da die Hälfte der Klasse evangelisch ist. Die Lerngruppe zeigt sich aufgeschlossen für religiöse Inhalte und arbeitet gerne mit der Bibel. Das kognitive Leistungsvermögen dieser Kinder ist gut.

Daraus lässt sich für die unterrichtliche Konkretisierung Folgendes ableiten:

1. Die Bekehrung des Paulus wird von der Mehrzahl nicht mehr wortwörtlich verstanden. Sie sind in der Lage, die möglichen elementaren Wahrheiten einer Bekehrungslegende zu erfassen.
2. Der biblische Text kann über die Symbole »Weg« und »Licht« erarbeitet werden, da den Schülerinnen und Schülern der Hinweischarakter von »Licht« bzw. einer Kerze (=Jesus) und »Weg« (= Lebensweg, Handlungs-

weise) verständlich sein dürfte. Wichtig ist in diesem Zusammenhang, dass die Schülerinnen und Schüler die Kerze noch als ebenso heilig ansehen werden, wie das, wofür sie steht.

Elementare Methoden/Medien

In der unterrichtlichen Umsetzung werden die Schülerinnen und Schüler zunächst durch eine »Unterhaltung in Jerusalem« mit der bereits aus der vorausgegangenen Unterrichtsstunde bekannten Verhaltensweise des Paulus konfrontiert (Lernkontinuum). Zugleich lernen sie durch Raphael eine neue Seite des Paulus kennen.

Eine Unterhaltung in Jerusalem

Raphael: Stell dir vor! Ich habe heute Paulus getroffen. Du weißt schon, den frommen Mann, der mit allem Einsatz hinter den Christen in Jerusalem hergejagt ist.

Micha: Von dem habe ich schon ganz schreckliche Geschichten gehört. Die Christen haben große Angst. Sie verstecken sich, wenn sie nur ahnen, dass er in ihre Gegend kommt. Er soll schon viele gefangen und nach Jerusalem gebracht haben.

Raphael: Was hast du denn gehört?

Micha: Nun ja, das Übliche. Er soll ein sehr strenger Mann sein. Jedes der Gesetze soll er angeblich kennen. Es gäbe niemanden, der ihn schon einmal dabei ertappt hätte, dass er ein Gebot übertreten habe.

Raphael: So würden viele auch gerne sein.

Micha: Ja, aber hör weiter zu. Vielleicht kannst du dich noch daran erinnern, wie sie damals Stephanus, einen der Männer, die sich um die Witwen und Armen in der Gemeinde gekümmert haben, steinigten. Paulus war dabei, als sie ihn hingerichtet haben. Er hielt es für richtig, und dann begann er selbst, die Christen zu jagen. Er wurde immer ernster, strenger und eifriger. Bei allem, was er heute tut, denkt er immer nur daran, wie er es schaffen kann, keinen Buchstaben des Gesetzes zu übertreten. Er redet mit keinem Fremden und würde niemals mit jemandem essen, der nicht zum Volk Gottes gehört.

Raphael: Ich kann kaum glauben, dass wir wirklich von dem gleichen Mann reden. Als ich ihn traf, war er freundlich und wirkte fröhlich. Er kam auf uns zu und erzählte uns, dass wir an Jesus glauben müssten, wenn wir gerettet werden wollten. Zuerst dachte

	ich ja noch, es sei eine Falle. Aber er klang so ehrlich und überzeugt. Es waren schon einige Christen aus der Stadt bei ihm, und die schienen überhaupt keine Angst zu haben.
Micha:	Sind die denn wahnsinnig? Und wenn er sie mitgenommen hätte?
Raphael:	Hat er aber nicht! Er hat gesagt, dass er nun wisse, dass Jesus der Retter für alle Menschen sei. Und weißt du was: die Leute glauben ihm.
Micha:	Das wäre ja seltsam. Aber ...
Raphael:	Du kannst ja denken, was du willst, aber ich weiß, was ich gesehen habe. Schließlich sagen auch die Christen in Damaskus, dass sie ihn kaum noch wiedererkennen. Etwas ganz Seltsames muss mit diesem Mann passiert sein. Soll an der Sache der Christen am Ende doch etwas dran sein?
Micha:	Warten wir mal ab. Vielleicht ist ja doch alles nur ein Trick ...

(Vgl. Lehmann 1998, 121)

Mit Hilfe von Fußspuren aus Plakatkarton rekonstruieren die Kinder im Sitzkreis den (Lebens-)Weg des Paulus in Form eines Bodenbildes. Dabei wählen sie rote Fußspuren für die Ausführungen des Micha und grüne Spuren für die Darstellung durch Raphael. Der Lerngruppe wird so auch visuell bewusst, dass sich zwischen diesen beiden Phasen im Leben des Paulus etwas Einschneidendes ereignet haben muss. An dieser Stelle setzt der Bibeltext Apg 9, 1–9 ein. Der Text wird zunächst gemeinsam gelesen, und es werden Verständnisfragen geklärt. Anschließend unterstreichen die Schülerinnen und Schüler im Text die Worte und Sätze, die Aufschluss darüber geben, was zu der Veränderung des Paulus führte. Diese übertragen sie auf »Feuerzungen« (»Pfingstereignis des Paulus«) aus Plakatkarton und legen sie zwischen die roten und grünen Fußspuren. Nach einer Auswertungsphase im Plenum stellt die Lehrerin bzw. der Lehrer eine Kerze zu diesen »Feuerzungen«, um deren Symbolik noch zu intensivieren. Das Symbol der »Jesus-Kerze« ist den meisten Kindern noch aus der Erstkommunionvorbereitung bekannt. In einem vertiefenden Unterrichtsgespräch treten nun die »elementaren Wahrheiten« des Bibeltextes und die der Schülerinnen und Schüler in einen Dialog.
Das Bodenbild kann zum Abschluss auf ein Plakat geklebt und als Ergebnissicherung in der Klasse aufgehängt werden. Gegebenenfalls können die Schülerinnen und Schüler im Verlauf der Unterrichtsreihe darauf weitere Stationen auf dem Lebensweg des Paulus ergänzen.

Schlusswort

Die dargestellte unterrichtliche Konkretisierung zeigt, dass die fünf Elementarisierungsebenen nicht als additive Einzelanalysen, sondern in Form einer Vernetzung der inhaltlichen und schülerbezogenen Komponenten ihren Wert haben. Nur Korrelation in diesem Sinne praktiziert, ermöglicht auf dem Hintergrund der zurückgehenden religiösen Sozialisation der Schülerinnen und Schüler einen Religionsunterricht, der unsere Kinder und Jugendlichen existenziell betroffen macht und gleichzeitig fachwissenschaftliche Ansprüche nicht außer Acht lässt.

Literatur

Biehl, Peter (1991), Symbole geben zu lernen, Neukirchen-Vluyn.

Grom, Bernhard (2000), Religionspädagogische Psychologie des Kleinkind-, Schul- und Jugendalters, Düsseldorf.

Dormeyer, Detlev/Galindo, Florencio (2003), Die Apostelgeschichte. Ein Kommentar für die Praxis, Stuttgart.

Lehmann, Harald (Hg.) (1998), Religionsunterricht praktisch. 5. Schuljahr, Göttingen.

Lentzen-Deis, Wolfgang (2000), Korrelationsdidaktik – Elementarisierung – Pragma-linguistische Bibelauslegung. Überlegungen zu Grundfragen schulischen Bibelunterrichts, in: Reil, Elisabeth/Schieder, Rolf (Hg.), Wahrheit suchen – Wirklichkeit wahrnehmen. Festschrift für Hans Mercker zum 60. Geburtstag, Landauer Universitätsschriften, Landau.

Lentzen-Deis, Wolfgang (1997), Symbole im Religionsunterricht, in: Weidmann, Fritz (Hg.), Didaktik des Religionsunterrichts. Neuausgabe, Donauwörth.

Müller, Peter u. a. (2002). Die Gleichnisse Jesu, Stuttgart.

Rolof, Jürgen (1988), Die Apostelgeschichte, NTD Bd. 5, Göttingen.

Schneider, Gerhard (2002), Apostelgeschichte (9, 1–28, 31). Herders Theologischer Kommentar zum Neuen Testament, Freiburg.

Schweitzer, Friedrich u. a. (1997), Religionsunterricht und Entwicklungspsychologie. Elementarisierung in der Praxis, Gütersloh.

Zwischen Theorie und Praxis
Anmerkungen zur Sakramentenkatechese in der pastoralen Ausbildung

Carola Fleck

Die praxisorientierte Ausbildung nach dem Theologiestudium im Zugehen auf den Beruf des Priesters bzw. der/des Pastoralreferentin/Pastoralreferenten heißt im Bistum Trier »Praktisch Theologischer Kurs« (PThK). Durch zwei Praktika bzw. ein Praktikum und das Diakonat, die in diese Ausbildungszeit fallen, ist der Kurs in mehrere Abschnitte unterteilt. Bestandteil der ersten beiden Abschnitte (PThK I und II – vor und nach dem Gemeindepraktikum) sind je 2–3 sakramentenkatechetische Kurstage, in die Zeit des ersten Praktikums fällt ein Studientag zur Sakramentenkatechese.

Während meiner Tätigkeit als Wissenschaftliche Mitarbeiterin am Lehrstuhl für Religionspädagogik mit Katechetik (1998–2003) hatte ich Gelegenheit, diese Kurstage mit zu konzipieren, zu planen und zu gestalten. In dieser Zeit hat sich, bedingt durch die Reflexion der jeweils vergangenen Kurstage, eine Entwicklung abgezeichnet von einer allgemeinen Sichtung sakramentenkatechetischer Handlungsmodelle hin zu einer ersten »Kriteriologie« innerhalb dieses Lern- und Arbeitsfeldes.

Diese Entwicklung ist zum einen bedingt durch die Wahrnehmung eines sehr komplexen Bedingungsfeldes, innerhalb dessen sich katechetische Prozesse in den Pfarrgemeinden vor Ort abspielen. Zum anderen sind die Arbeitsmöglichkeiten und -bedingungen der pastoralen Mitarbeiter/innen und Auszubildenden in diesem Bereich sehr unterschiedlich. Schon aus diesen beiden Gründen ist es Anliegen der für die Ausbildung Verantwortlichen, dass die Teilnehmer/innen im Hinblick auf pastorale Planungen und Entwicklungen zu *selbständiger kritischer Konzeptentwicklung* befähigt werden.

Das heißt konkret, sie sollen an ihren späteren Arbeitsstellen in der Lage sein, vorliegende Konzepte zu beurteilen und eigene Konzepte unter Berücksichtigung des jeweiligen Bedingungsfeldes zu entwickeln. Darüber hinaus sollen diese Konzepte auch mittelfristige Entwicklungsmöglichkeiten für die gesamte Arbeit in der Gemeinde enthalten, die immer wieder reflektiert, aktualisiert und vorangebracht werden müssen.

Aus diesen Gründen ist es ein erstes Ziel der sakramentenkatechetischen Kurstage im PThK I, eine Kriterienbildung zur Bewertung von sakramentenkatechetischen Modellen anzuregen. Dazu gehört in einem ersten Schritt die Vergegenwärtigung eigener Erfahrungen und eigenen theologischen Wissens im Bereich der Sakramentenkatechese. Auf vielen kreativen

Wegen wird die eigene Erfahrung zum Sprechen gebraucht und werden Aussagen zur Sakramententheologie, zum eigenen Sakramentenverständnis und zur zukünftigen Rolle reflektiert.

So wird der Hintergrund deutlich, auf dem sich konkretes pastorales Handeln abspielen wird.

Als theoretische Hilfestellung zur angezielten Kriterienbildung werden daraufhin entwicklungspsychologische Zugangsmodelle (Grom 2000, 32–85) und Elementarisierung als fachdidaktisches Konzept (Nipkow 2002, 451–456) ins Spiel gebracht.

Erstere sollen die Aufmerksamkeit dafür wecken, dass Menschen verschiedener Altersstufen auf einem jeweils anderen Stand der denkerischen und religiösen Entwicklung stehen. Dies muss insbesondere in der Sakramentenkatechese berücksichtigt werden.

Plausible sakramententheologische Erklärungen für Erwachsene sind aufgrund ihres Abstraktionsgrades oft unbrauchbar für Jugendliche und Kinder. Andererseits ist die Art, wie Kinder und Jugendliche sich die Welt und die Theologie erklären, für Erwachsene oft unverständlich, wenn sie nicht berücksichtigen, dass Kinder und Jugendliche *anders,* aber deshalb nicht defizitär denken.

»Elementarisierung« als fachdidaktisches Konzept ist ein von Karl Ernst Nipkow aus der Bildungstheorie heraus entwickelter Ansatz, mit dessen Hilfe versucht wird, komplexe Sachverhalte didaktisch zu strukturieren. Dazu werden zunächst vier Ebenen der Elementarisierung unterschieden: die elementare Inhaltsebene, die Ebene der elementaren entwicklungspsychologischen Zugänge, die Ebene der elementaren Erfahrungen und die Ebene der elementaren Wahrheiten, auf der angezielt wird, was sich im gemeinsamen Lernprozess als das entscheidend Wahre herausstellt.

Zu diesen vier Ebenen gesellt sich noch eine fünfte, nämlich die Ebene der »Praktischen Formen des Lernens« (Schweitzer 2000, 250 f.), die sich als Konsequenz aus den vier Erstgenannten ergibt. Denn eine Bearbeitung der einzelnen Ebenen führt im besten Fall zu einer »didaktischen Idee«, wie ein Thema und seine Adressaten am sinnvollsten in einen lebendigen Austausch geraten können. Eine solche Idee benötigt zu ihrer Umsetzung »Praktische Formen des Lernens«, die kreative Möglichkeiten bieten, mit dem Thema und den Adressaten umzugehen.

Der Rückgriff auf bzw. die Einführung von entwicklungspsychologischen Modellen und Elementarisierung erleichtert den nächsten Schritt im PThK I, nämlich die selbständige Untersuchung von sakramentenkatechetischen Modellen durch die Teilnehmer/innen.

Zu diesem Zweck wird eine Auswahl an neueren Modellen aus der Erstkommunion- und Firmkatechese zur Verfügung gestellt. In Kleingruppen werden diese Modelle didaktisch (mit Hilfe des Elementarisierungskonzeptes) und mit einem besonderen Fokus auf entwicklungspsychologische Fragestellungen untersucht. Es wird u. a. folgenden Fragen nachgegangen:

Elementare Erfahrungen
Welche grundlegenden Erfahrungen der Kinder und Jugendlichen werden aufgegriffen?
Wie werden sie präsentiert und eingesetzt?
Elementare Zugänge/Entwicklungspsychologie
Ist/Arbeitet das Modell kind- bzw. jugendgemäß?
Wird der vermutete Entwicklungsstand berücksichtigt im Hinblick auf Gottesvorstellungen, moralisches Urteil, Entwicklung der Intelligenz?
Elementare Strukturen/Inhalte
Welche theologische Position wird im Modell vertreten?
Wird sie begründet und von anderen abgesetzt?
Wie wirkt Ihrer Meinung nach die gewählte theologische Position auf die oben genannten entwicklungspsychologischen Faktoren ein?
Welche Gottesvorstellung unterstützt sie?
Welche moralische Urteilsstufe wird gefördert?
Welche Denkoperationen halten Sie (bei dieser theologischen Position) für nötig, um mit dem Modell sinnvoll zu arbeiten?
Elementare Wahrheiten/»Werthaftigkeit« und Lebensrelevanz der Katechese
Sehen Sie behindernde oder fördernde Momente des Alltagsbewusstseins gegenüber der vertretenen theologischen Position und der didaktischen Konzeption des untersuchten Modells?
Allgemein
Betont/Vernachlässigt das Modell eine oder mehrere der Elementarisierungsebenen?
Wie beurteilen Sie die äußere Aufmachung, die Bildauswahl und das Layout des Modells?
Haben Sie Erfahrung mit einem der Modelle?

Die ersten Ergebnisse der Kriterienbildung und Modelluntersuchung werden im Plenum vorgestellt. Dabei geht es weniger um Vollständigkeit als vielmehr darum, ein Gefühl für das Erkennen möglicher Auswahlkriterien zu entwickeln. Die Beurteilung vorliegender und die Entwicklung eigener Modelle bedarf einer pädagogisch didaktischen und pastoralen Begründung, die »Hand und Fuß« hat, die einsichtig und stichhaltig ist, denn zu oft blockiert ein unreflektierter Umgang mit Handlungsmodellen in der Praxis ein positives Lernen für alle an der Sakramentenkatechese Beteiligten.

Den Abschluss der Kurstage im PThK I bildet das Erstellen eines sog. »Beobachtungsplans«, der helfen soll, die Wahrnehmung der sakramentenkatechetischen Praxis im Gemeindepraktikum zu strukturieren. Deshalb werden z. B. folgende Impulse zur Erstellung des Planes gegeben:

- An der Vorbereitung auf welches Sakrament möchten Sie bevorzugt teilnehmen, sie untersuchen und beobachten?
- Welche Möglichkeiten sehen Sie dafür unter den Bedingungen des Jahrespraktikums?
- Beobachtungen
- Handlungsmöglichkeiten
- Projektvorstellungen
- Welche Altersgruppe/Arbeitsgruppe ist Ihnen (jetzt) besonders wichtig?
- Kinder
- Jugendliche
- Erwachsene/Eltern
- Katechet(inn)en
- Seelsorgeteam
- Auf welcher Ebene der Elementarisierung soll Ihr besonderes Augenmerk liegen?

Dieser Beobachtungsplan gehört, wie angedeutet, ins »Handgepäck« für das Gemeindepraktikum. Nach etwa einem halben Jahr findet ein *Studientag* zur Sakramentenkatechese statt, an dem es darum geht, genau diesen »Plan« zu überprüfen. Wiederum leiten einige Impulse die Reflexion und Auseinandersetzung ein, wie z. B. diese:

- Was haben Sie vorher vermutet/geplant?
- Was haben Sie angetroffen?
- Wie sind Sie damit umgegangen bzw. zurechtgekommen?
- Wie sieht die Theorie-Praxis-Verbindung aus?
- Haben Sie Bestätigung/Ergänzung Ihrer Vorstellungen aus dem PThK I erfahren?
- Wo gibt es Defizite, Handlungsbedarf – wo sind Kurskorrekturen notwendig?

Im Hintergrund dieser Impulse steht auch die Frage nach dem eigenen Vorgehen in der Sakramentenkatechese, nach Aufgaben und Rollenverständnis. Die Fragen und Antworten, die sich aus den Impulsen ergeben, bilden die Grundlage der gemeinsamen Arbeit am Studientag.

Eigene Erfahrungen werden besprochen, Konzepte aus der Praxis vorgestellt und kritisch untersucht, und es besteht die Möglichkeit, über persönliche und berufliche Einstellungen im Bereich der Sakramentenkatechese zu reflektieren.

Die Arbeit im PThK II hat zum Ziel, die bisher gebildeten Kriterien zu überprüfen. Eine Möglichkeit dies zu tun, ist, den Umgang mit Inhalten, Erfahrungen, psychosozialen Bedingungen und Glaubenswahrheiten in der Katechese mit Hilfe des TZI-Modells zu untersuchen. (Hilberath/Scharer 1998; Scharer/Hilberath 2002)
Ohne das Modell der TZI (Themenzentrierte Interaktion nach Ruth Cohn) hier ausführlich zu beschreiben, lässt sich doch festhalten, dass es hierbei (grundsätzlich und in Bezug auf Sakramentenkatechese) nicht um eine Strukturierungsmethode geht, sondern um eine innere Haltung, die sich darum bemüht, ein Lernen für alle Beteiligten zwischen den Polen von Eigenständigkeit und Interdependenz zu ermöglichen und auszubalancieren. Berühmt geworden ist das Dreieck mit den Eckpunkten ICH - WIR - ES (Thema), das von einem Kreis (GLOBE, Bedingungsfeld) umschlossen wird und diesen Prozess des Ausbalancierens andeutet.
Für die Reflexion in den sakramentenkatechetischen Kurstagen des PThK II bedeutet dies: Innerhalb eines komplexen Systems (Pfarrgemeinde) ist ein sakramentenkatechetisches Konzept zu begründen (theologischer Standpunkt) und zu verorten (Situationsanalyse). Dabei ist es notwendig, möglichen Schwierigkeiten begegnen zu lernen. Zu diesem Zweck werden z. B. Einzelaspekte des Prozesses mit Hilfe des TZI-Modells untersucht oder Rollenspiele als Wege der Sensibilisierung für mögliche Problemfelder durchgeführt.
Sakramentenkatechese wird hierbei als der besondere Fall in der pastoralen Arbeit gesehen, weil an dieser Stelle pädagogische und pastorale Ansätze eng zusammenspielen und es um eine explizite Einführung in den Glauben und die Gemeinschaft der Kirche geht.
Die sakramentenkatechetischen Kurse bauen auf der Erfahrung und den theologischen Grundlagen der Teilnehmer/innen am PThK auf. Davon ausgehend zielen sie ein religionspädagogisches Konzept für Sakramentenkatechese an. Weniger im Blick sind konkrete Modellentwicklungen (weil sie situationsgebunden sind) und die Frage nach Methoden, Medien und Materialien. Es wird davon ausgegangen, dass diese Fragen von hauptamtlichen Seelsorger(inne)n selbständig geklärt werden können, wenn sie eine grundsätzliche Konzeption vor Augen haben.
Soviel zu den sakramentenkatechetischen Ausbildungskursen. Es wird ersichtlich, dass hier versucht wird, ein eigenständiges Lernen anzuregen und die Teilnehmer/innen in die Lage zu versetzen, sich immer neuen Situationen in Pfarrgemeinden und sakramentenkatechetischen Prozessen zu stellen und in ihnen zu arbeiten. Das ist nötig, denn die Pfarrgemeinden der Gegenwart und der Zukunft brauchen neue Konzepte, die den veränderten Lebenswelten der Beteiligten gerecht werden.

Um nur ein Beispiel zu nennen: Nach Abschluss des Zweiten Vaticanums und der Einführung von Katechetinnen und Katecheten aus dem Kreis der Eltern und Gemeindemitglieder gab es viele kirchlich sozialisierte und religiös gebildete Erwachsene, die diese Aufgabe als Chance für sich wahrnahmen und sich entsprechend engagierten. Heute, etwa 35 Jahre nach Einführung dieser Möglichkeiten, sieht die Situation in unseren Gemeinden ganz anders aus. Viele Eltern und Erwachsene stehen der Kirche fern und verfügen über wenig (verinnerlichtes) religiöses Wissen und fühlen sich dementsprechend von katechetischen Aufgaben überfordert. Guter Wille schützt an dieser Stelle nicht vor Enttäuschungen, und deshalb ist es nötig, Konzepte neu zu entwickeln, in denen die Mitarbeit engagierter Eltern von hauptamtlicher Seite entsprechend unterstützt wird. In der Praxis und methodisch gesehen kann sich daraus z. B. eine kombinierte Arbeit in Großgruppe und Kleingruppen ergeben, bei der die Großgruppe einen Rahmen schafft, innerhalb dessen in Kleingruppen auf eine Weise gearbeitet wird, bei der sich auch die Katechet(inn)en sicher und ihrer Aufgabe gewachsen fühlen.
Ein anderes weites Feld im Rahmen der Sakramentenkatechese ist die praxisorientierte Arbeit in Projekten, die es u. a. ermöglicht, Stärken, Begabungen und Spezialwissen von erwachsenen Gemeindemitgliedern zu aktivieren und in den sakramentenkatechetischen Prozess mit einzubringen. Es ist offensichtlich, dass sich dadurch auch die äußere Form der Vorbereitung auf die Sakramente gravierend verändern kann.
Meine eigenen Erfahrungen als Wissenschaftliche Mitarbeiterin in Ausbildungskursen und als Pastoralreferentin in der Praxis haben mich gelehrt, Katechese als offenen Prozess zu verstehen, der dann fruchtbar ist, wenn alle Beteiligten dabei lernen können. Ich bin dankbar, dass ich in den Kursen mein eigenes Lernen vorantreiben konnte und gezwungen war, meine Einstellungen immer wieder zu überprüfen. Das hilft mir in der Praxis, den konzeptionellen Faden nicht zu verlieren und mich zugleich auf neue Situationen einzustellen. Das ist nötig und hilfreich, damit alle an der Sakramentenkatechese Beteiligten, mit denen wir als Hauptamtliche zusammenarbeiten, Sakramente als Geschenke, als »Zeichen der Nähe Gottes« (Schneider 1998) verstehen lernen können.

Literatur

Hilberath, Bernd-Jochen/Scharer, Matthias (1998), Firmung – Wider den feierlichen Kirchenaustritt. Theologisch-praktische Orientierungshilfen, Mainz.
Grom, Bernhard (2000), Religionspädagogische Psychologie des Kleinkind-, Schul- und Jugendalters, Düsseldorf.
Nipkow, Karl Ernst (2002), Art. »Elementarisierung«, in: Gottfried Bitter u. a. (Hg.), Neues Handbuch religionspädagogischer Grundbegriffe, München, 451–456.
Scharer, Matthias/Hilberath, Bernd-Jochen (2002), Kommunikative Theologie. Eine Grundlegung, Mainz.
Schneider, Theodor (1998), Zeichen der Nähe Gottes. Grundriss der Sakramententheologie, Mainz.
Schweitzer, Friedrich (2000), Elementarisierung als religionspädagogische Aufgabe: Erfahrungen und Perspektiven, in: Zeitschrift für Pädagogik und Theologie (Der evangelische Erzieher) 52, 240–252.

IV.
Gemeindekatechese – Gegenwartsdiagnosen und Zukunftsvorstellungen

Ein modernes Bußbuch[1]

Heribert Schützeichel

Nach dem Zweiten Vaticanum, das am 11. Oktober 1962 eröffnet wurde und am 8. Dezember 1965 seinen Abschluss fand, wurden in der Kirche Sinn und Vollzug der Buße lebhaft diskutiert. Deshalb versteht man, dass Wolfgang Lentzen-Deis, der am 7. Oktober 1962 in Rom die Priesterweihe erhielt, für seine Doktorarbeit das Thema »Buße« wählte. Unter dem Titel »Buße als Exomologese« wurde die Dissertation im Januar 1967 von der Theologischen Fakultät der Pontificia Universitas Gregoriana angenommen. In verkürzter Form erschien sie 1969 als Heft 86 in der Reihe »Freiburger Theologische Studien«. (vgl. zum Folgenden Lentzen-Deis 1969) Doktorvater war der ungarische Jesuit und Professor für Dogmatik Dr. Soltán Alszeghy (1915–1991).

Die Abhandlung gliedert sich in zwei Teile und acht Kapitel. Im ersten, dem liturgie-historischen Teil, wird der Ritus der öffentlichen Buße im alten Pontificale Romanum untersucht. Dieser erste Teil ist identisch mit dem ersten Kapitel. Im zweiten, theologischen Teil, der drei Abschnitte enthält und die Kapitel 2 bis 8 umfasst, wird die persönliche Buße behandelt, und zwar in einer dreifachen Perspektive, im Licht des Exkommunikationsritus am Aschermittwoch, im Licht des Rekonziliationsritus am Gründonnerstag (Rekonziliation von lat.: Aussöhnung [Anm. d. Red.]) und im Licht der Zusammenschau von Gericht und Wiederversöhnung. Einführung und Schluss rahmen die Untersuchung ein. Eine detaillierte Inhaltsübersicht und ein Register (nach dem Literaturverzeichnis) erschließen dem Leser das Werk.

Im Bewusstsein, dass die Liturgie ein theologischer Ort (locus theologicus) ist, analysiert Lentzen-Deis im ersten Teil seiner Dissertation die Bußliturgie im alten Pontificale Romanum, und zwar den Doppelritus: »De expulsione publice poenitentium ab ecclesia in feria quarta cinerum« und »De reconziliatione poenitentium quae fit in feria quinta Coenae Domini«. In diesem Doppelritus kristallisiert sich gewissermaßen die lateinische Bußliturgie der Vorzeit. Er enthält die wichtigsten Zeremonien des altchristlichen Bußrituals und geht in seinen Texten und Gebeten vorwiegend auf das alte Gelasianum (das Sacramentarium Gelasianum bietet die römische liturgische Praxis ungefähr des 6. Jahrhunderts [Anm. d. Red.]) zurück. Zugleich eint und sammelt der Ritus des Pontificale Romanum die aus der karolingischen Reform hervorgegangenen Bußriten. Für die Erhellung der liturgischen Struktur werden von Lentzen- Deis auch die alten Gebete und

Texte und zuweilen Aussagen von Kirchenvätern herangezogen.
Die Bußliturgie am Aschermittwoch beginnt damit, dass die Büßer sich vor dem Bischof auf den Boden werfen. Dann nimmt der Bischof die Aschenbestreuung und die Bekleidung mit dem Bußgewand (cilicium) vor (zur Buße in Sack und Asche vgl. Jes 58, 5; Dan 9, 7; Mt 11, 21). Es folgt ein gemeinsames Beten von Bischof, Klerus, Volk und Büßern. Dieser Gebetsteil, der die alte Büßersegnung erkennen lässt, umfasst die sieben Bußpsalmen, die Allerheiligenlitanei und Gebete, die der Bischof allein über die Büßer spricht. Danach geschieht die Ausstoßung der Sünder aus dem Kirchenraum. Der Bischof hält zunächst eine Strafpredigt und nimmt dann einen der Sünder bei der rechten Hand, dem sich die anderen in einer Kette anschließen, führt sie aus der Kirche hinaus und schließt sie von der Messe aus. Der Bischof ruft die ausgestoßenen Büßer zu einem Leben eifriger Bußtätigkeit auf. Als Bußwerke nennt er Fasten, Gebete, Wallfahrten, Almosen und andere gute Werke. (vgl. Lentzen-Deis 1969, 25) Dieser Aschermittwochritus, in dem sich das altchristliche »Binden« der Eröffnungsphase der sakramentalen Buße zeigt, stellt die Exkommunikation der Sünder dar und eröffnet den persönlichen Bußvorgang der Büßer sowie das auf die Rekonziliation hingeordnete Verfahren.
Der Gründonnerstagsritus des alten Pontificale Romanum vollzieht sich in drei Schritten: Einleitungsritus, Wiedereinführungsritus (Ansprache des Archidiakons (»Adest«), Venite-Ritus), Rekonziliationsgebete. In Entsprechung zur Ausstoßungszeremonie am Aschermittwoch nimmt der Bischof beim Gründonnerstagsritus einen der Büßer bei der Hand, an den sich die anderen in einer Kette anschließen, und führt sie in die Mitte des Kirchenraumes. »Zusammenfassend läßt sich sagen, dass der Gründonnerstagsritus dem Aschermittwochritus polar entspricht. In doppelter Fassung hat er die Grundstruktur der alten Rekonziliation bewahrt. Das Wesen der alten Rekonziliation besteht darin, daß die Kirche in einem autoritativen, souveränen Akt die Bußexkommunikation aufhebt und so das sakramentale Verfahren abschließt. Zugleich kommt in diesem Akt auch der am Aschermittwoch eingeleitete persönliche Bußvollzug zu seiner Vollendung.« (Lentzen-Deis 1969, 37 f.)
Lentzen-Deis geht es in seiner Arbeit vornehmlich um die Beschreibung der persönlichen Buße, die er als Bekennen (Exomologese) kennzeichnet. Die persönliche Buße, die er im zweiten, drei Abschnitte umfassenden Teil seiner Untersuchung im Blick auf die Bußliturgie im alten Pontificale Romanum erklärt, ist »[...] ein Prozeß, der am Aschermittwoch durch den autoritativen Akt der Kirche eröffnet wird, sich über eine Bußzeit hin entwickelt, um dann am Gründonnerstag wieder durch einen autoritativen Akt der Kirche zu seiner Vollendung gebracht wird.« (Lentzen-Deis 1969, 40)

Im Licht des Exkommunikationsritus ergibt sich für die persönliche Buße: Die Exkommunikation, die den ekklesiologischen Charakter von Sünde und Buße deutlich erkennen lässt, macht die Sündenwahrheit öffentlich, enthüllt als Zurechtweisung das Wesen der Sünde (Widerspruch gegen Gott und die Kirche, Selbstzerstörung, Tendenz auf Endgültigkeit hin) und ruft auf zur Bekehrung. Die persönliche Buße ist die Antwort des Sünders auf das Bußgericht. Es gibt die Möglichkeit der Unbußfertigkeit. Die Annahme des Bußgerichtes ist »Exomologese«. Diese bedeutet Demut, Aktivität (agere poenitentiam), Ausdruck eines neuen Selbstverhältnisses des Sünders, Selbstpreisgabe an den zürnenden Gott. Die Buße blickt auf die Barmherzigkeit des Herrn, an der er nicht verzweifeln darf.
Im Licht des Rekonziliationsritus am Gründonnerstag ergibt sich für die persönliche Buße: Die Rekonziliation ist sakramental-zeichenhafter Akt der Sündenvergebung. Die Rekonziliationsliturgie ist Ausdruck eines personal-dialogischen Geschehens. Die Rekonziliation ist Wiederaufnahme in die personale Gemeinschaft mit Gott und der Kirche, eine Neuschöpfung des Sünders, eschatologisch ausgerichtet und Vollendung der Buße. Die persönliche Buße ist die Antwort des Büßers auf das Angebot der Wiederaufnahme, eine personale Stellungnahme angesichts des göttlichen Versöhnungswillens. Der Büßer nimmt die Rekonziliation an, ergreift demütig und aktiv die Vergebung. Diese empfangend-aktive Tat der Büßer ist ein Bekenntnis zur Wahrheit der Vergebung, während das Bekenntnis am Aschermittwoch ein Bekenntnis zur Wahrheit der Sünde war. Das Bekenntnis am Gründonnerstag bedeutet die Selbsthingabe an den barmherzigen Gott.
Im Licht der Zusammenschau von Gericht und Wiederversöhnung ergibt sich für die persönliche Buße: Die Exomologese, die zwischen Exkommunikation und Rekonziliation steht, erscheint als ein Übergang. Die Buße ist eine Wandlung von der Exkommunikation zur Rekonziliation, von der Sündensituation zur Vergebung. Das Bekenntnis ist eine Wandlung des Verhältnisses des Sünders zu Gott und der Kirche sowie die Wandlung der Person des Sünders selbst. Der Wandlungsvollzug ist ein zeitlicher Prozess. Der Bekenntnisvollzug wächst und hat eine Geschichte. »Er hebt an, wenn Gottes Zorn dem Menschen im Bußgericht die Wahrheit seiner Schuld offenbart und der Sünder sich diese Wahrheit sagen läßt. Die Wandlung des Menschen geschieht im Bekenntnis als Selbstpreisgabe. Aber Anfang und Ende dieser Bekenntnisbewegung sind nicht das gleiche, so wie Bußexkommunikation und Rekonziliation noch nicht dasselbe sind. Zwischen diesen beiden Polen entfaltet sich ein dynamischer Prozeß, ein Anheben, Wachsen und Vollenden.« (Lentzen-Deis 1969, 116 f.) »Die persönliche Buße als Gesamtheit aller liturgischen und persönlichen Bußübungen wird

oft mit dem juridischen Ausdruck ›satisfactio‹ benannt und so als ein »Abzahlen der Sündenschulden« verstanden«. (Lentzen-Deis 1969, 117) Aber es gibt in diesem Zusammenhang auch die Bilder und Begriffe »Heilen« und »Reinigung«. Der menschliche Bußvollzug ist ein komplexes Geschehen, das sich in einer phasenhaften Zeitlichkeit entwickelt. Ist er zunächst Bekenntnis vor dem zornigen Gott und der richtenden und strafenden Kirche, so wird dieses im Lauf der Bußzeit immer mehr zu einer restlosen Hingabe an die göttliche Barmherzigkeit. (vgl. Lentzen-Deis 1969, 118)
Im achten und letzten Kapitel seines Buches vergleicht Lentzen-Deis die Ergebnisse seiner Untersuchung mit den Aussagen des Trienter Konzils über die Akte des Pönitenten (Büßender, Beichtender [Anm. d. Red.]), die drei Bestandteile der Buße: die Reue (contritio), das Bekenntnis (confessio) und die Genugtuung (satisfactio) und über die auf die Rechtfertigung vorbereitenden Akten des Menschen. Die genannten drei Akte sind Phasen des ganzmenschlichen Bekenntnisprozesses: die Reue als inneres Bekenntnis vor Gott, die »confessio« als äußeres Bekenntnis und das Bußwerk (satisfactio) als Bekennen in der Tat. Zu den auf die Rechtfertigung vorbereitenden Akte, die durch die göttliche Gnade erweckt und unterstützt werden, gehören nach dem Tridentinum der Glaube, die Selbsterkenntnis und Selbstverurteilung als Sünder, die Besinnung auf die Barmherzigkeit Gottes, Hoffnung und Vertrauen sowie anfängliche Liebe zu Christus, der Quelle aller Gerechtigkeit (DH 1526). Das alles entspricht den Erkenntnissen, die Lentzen-Deis in seiner Abhandlung gewonnen hat.
Am Schluss plädiert Lentzen-Deis für eine liturgische Verdeutlichung der Bipolarität der sakramentalen Buße, die sich zwischen »Binden« und »Lösen«, zwischen Gericht und Vergebung vollzieht, und ihres zeitlich-prozesshaften Charakters (Erneuerung der kirchlichen Bußzeiten).
Dadurch, dass Lentzen-Deis die Trienter Dekrete über die Buße und die Rechtfertigung in seine Untersuchung einbezogen hat, wird bewusst gemacht, dass die Buße ein zentrales kontroverstheologisches Thema im 16. Jahrhundert war. Die protestantische Reformation erstrebte von Anfang an eine Umgestaltung des kirchlichen Bußwesens. Der neben Luther wichtigste, seiner Wirkung nach bedeutendste protestantische Reformator, Johannes Calvin (1509–1564), widmete im dritten Buch seines Hauptwerkes (Institutio christianae religionis) drei Kapitel der Buße einschließlich Ablass und Fegfeuer (Institutio III, 3–5 (OS IV, 55–146); Institutio IV, 19.14–17 (OS V, 447–452)). Calvin erläuterte sein Verständnis der Buße und unterzog die scholastische Lehre von den drei Teilen der Buße, wie er sie im Sentenzenbuch des Petrus Lombardus und im Decretum Gratiani vorfand, einer eingehenden Kritik. In den Trienter Beratungen und Beschlüssen über die Buße stand Calvins Bußtheologie, wie sie im 9. und 19.

Kapitel der Institutio von 1550 formuliert ist, im Blickpunkt des Konzils. Calvin zufolge besteht der Hauptinhalt des Evangeliums in zwei Stücken, in der Buße (das neue Leben, die Wiedergeburt, Heiligung, Neuschöpfung, Wiederherstellung des Gottesbildes im Menschen) und in der Sündenvergebung (gnadenhafte Versöhnung, Rechtfertigung). Die Buße folgt dem Glauben und entsteht aus ihm. Sie umfasst die aus aufrichtiger und ernsthafter Gottesfurcht hervorgehende wahrhafte Hinkehr des ganzen Lebens zu Gott. Sie vollzieht sich in der Abtötung des Fleisches und des alten Menschen und in der Lebendigmachung des Geistes. Die Abtötung des Fleisches (mortificatio) gewährt Teilnahme am Tode Christi und die Lebendigmachung des Geistes (vivificatio) Teilnahme an der Auferstehung Christi. Der Christ muss sich ein ganzes Leben lang in der Buße üben. Buße und Sündenvergebung, Heiligung und Rechtfertigung sind untrennbar miteinander verbunden. Christus schenkt beide Gnaden zugleich, die eine nicht ohne die andere.

Calvin unterscheidet ein dreifaches Sündenbekenntnis: die Beichte vor Gott, die Beichte vor den Menschen und die private Beichte, die in zwei Formen geschehen kann. Die Beichte vor Gott, die Herzensbeichte vor Gott, bildet für Calvin ein unentbehrlicher Bestandteil echter Buße. Bei seinen Ausführungen über die Beichte vor den Menschen verbindet Calvin die confessio peccati (Bekenntnis der Sünde [Anm. d. Red.]) mit der confessio misericordiae Dei (Bekenntnis der Barmherzigkeit Gottes [Anm. d. Red.]). Das entspricht der auch von Lentzen-Deis betonten Doppelbedeutung von »confiteri« in den Psalmen und beispielsweise bei Augustinus. Die von Calvin besprochene Beichte vor den Menschen erinnert an den Bußakt am Anfang der Messe und vor allem an die sogenannte Offene Schuld, ein seit dem 10. Jahrhundert geübtes allgemeines Schuldbekenntnis der ganzen Gemeinde als Annex der Predigt und auch vor der Spendung der Kommunion. Die private Beichte verwirklicht sich nach Calvin in zwei Formen. Die erste Form erfolgt um unserer selbst willen. Zu dieser Beichte, der consolatio fratrum, gehört die Beichte vor einem Nichtpriester (Mönchsbeichte, Laienbeichte) und die Beichte vor dem Priester. Die Beichte vor dem Priester ist für Calvin eine sinnvolle, von der Hl. Schrift her mögliche und vom Herrn als Heilmittel angebotene Form des Sündenbekenntnisses, aber frei und nicht vorgeschrieben. Die zweite Form der Privatbeichte erfolgt in der Sicht Calvins um des Nächsten willen. Sie ist die Versöhnungsbeichte oder Beichte als Abbitte (vgl. Mt 5, 23, 24). Calvin denkt hier auch an die Beichte zur Versöhnung mit der Kirche, d. h. an die Beichte eines Christen, der mit seiner Sünde der ganzen Kirche Anstoß gegeben hat und durch die Anerkennung seiner Schuld die Kirche wieder mit sich versöhnt. Der Genfer Reformator verweist auf 2 Kor 2, 6 und auf die Praxis der alten Kirche zur Zeit Cyprians. Über das Bußverfahren, wie es Cyprian schildert, spricht Calvin in seiner Institutio auch bei der Behandlung der kirchlichen Jurisdiktionsgewalt und bei der Prüfung der Frage, ob die Buße ein Sakrament sei. Die »iurisdictio« bildet für Calvin neben Lehre und Gesetzgebung das dritte Stück der kirchlichen Gewalt und bezieht sich auf die Sittenzucht. Sie wird, so Calvin, besonders durch die Exkommunikation und die Rekonziliation bei schweren Vergehen ausgeübt. Die Wiederaufnahme eines Exkommunizierten war nach dem Urteil Calvins nicht nur eine kirchlich-irdische Angelegenheit. Er erklärt nämlich, dass dabei die Kirche auch dem Gewissensfrieden diene und dass sie den Wiederaufgenommenen gleichsam zum Teilhaber an der Einheit mache, die sie in Christus habe. Für den Rekonziliierten bedeute es eine große Wohltat, wenn er gewahr werde, dass ihm von denen verziehen werde, denen Christus gesagt habe: Welchen ihr auf Erden die Sünden erlasst, denen werden sie auch im Himmel erlassen (vgl. Mt 18, 18; Joh 20, 23). Wer seine Schuld erkenne und die Kirche um Vergebung bitte, werde gemäß Mt 18, 18 nicht nur von Menschen losgesprochen, sondern von Gott selbst. Calvin betont zudem, die Sündenvergebung erfahre man nur in der Gemeinschaft der Kirche. Wie man sieht, hat Calvin den ekklesiologischen Aspekt der Sünde und Sündenvergebung erfasst, obwohl er die Sakramentalität der Buße verneint.

Für Calvin gilt, die Vergebung der Sünden widerfährt einem Menschen niemals ohne die Buße. Aber die Buße ist nicht die Ursache der Sündenvergebung. Der Reformator verwirft die Meinung, contritio (Reue), confessio (Bekenntnis) und satisfactio (Genugtuung) seien zur Erlangung der Sündenvergebung notwendig. Er wehrt sich auch gegen die Ansicht, wir müssten durch Bußwerke (satisfactiones) (Tränen, Fasten, Opfer und Werke der Liebe) den Herrn versöhnen, der Gerechtigkeit Gottes Genüge tun, unsere Sünde gutmachen und die Vergebung verdienen. Die Kirchenväter hätten die »satisfactio« zuerst nicht als Gegenleistung (compensatio) bezeichnet, die wir Gott darbringen. Sie verstanden darunter, so Calvin, im Gegenteil ein öffentliches Zeugnis, durch das Menschen, die mit der Exkommunikation bestraft waren, der Kirche eine Versicherung ihrer Buße gaben, wenn sie wieder in die Gemeinschaft aufgenommen werden wollten. Sie leisteten, wie man sagte, nicht Gott, sondern der Kirche Genugtuung. Von diesem alten Brauch haben die Beichten und satisfactiones ihren Ausgangspunkt genommen, die heute in Übung sind (vgl. zum Ganzen Institutio III, 4, 3–39 (OS IV, 87–131)). Nach dem Tridentinum bilden die Akte des Pönitenten (contritio, confessio, satisfactio) die »quasi materia« des Bußsakramentes und sind zur Vollständigkeit (integritas) des Bußsakramentes und zur vollen und vollkommenen Sündenvergebung »ex Dei institutione« er-

forderlich (DH 1673; 1704). Augustinus (Enchiridion 65) schreibt, die Vorsteher der Kirche hätten Bußzeiten festgelegt, damit auch der Kirche genug geschehe (ut fiat satis etiam ecclesiae), in der die Sünden nachgelassen werden. Denn außerhalb der Kirche würden keine Sünden nachgelassen.
Mit seiner Doktor-Dissertation hat Lentzen-Deis ein Bußbuch geschaffen, das für die Liturgiewissenschaft, die Dogmatik und die Pastoraltheologie bedeutsam ist und das zudem Gesichtspunkte beleuchtet, die sich im ökumenischen Gespräch über Sinn und Vollzug der kirchlichen Buße geltend machen lassen.

[1] Die alten Bußbücher, katalogartige Zusammenstellungen von Sünden und der dafür vorgesehenen Bußen, waren Hilfsmittel der im Frühmittelalter aufgekommenen Bußpraxis der Westkirche. (vgl. Körntgen, Bußbücher, in LThK^{3}2, 822–824)

Literatur

Körntgen, Ludgar (1994), Bußbücher, in: LThK^3 2, 822–824.
Lentzen-Deis, Wolfgang (1969), Buße als Bekenntnisvollzug. Versuch einer Erhellung der sakramentalen Bekehrung anhand der Bußliturgie des alten Pontificale Romanum (FThSt 86), Freiburg-Basel-Wien.
Schützeichel, Heribert (1972), Die Glaubenstheologie Calvins, München.
Schützeichel, Heribert (1980), Die Beichte vor dem Priester in der Sicht Calvins; Calvin in den Trienter Beratungen über die Buße im Jahre 1551, in: Schützeichel, Heribert, Katholische Calvin-Studien, Trier.
Schützeichel, Heribert (1988), Calvins Protest gegen das Fegfeuer, in: Schützeichel, Heribert, Katholische Beiträge zur Calvinforschung, Trier.

Erinnerungen an »Visionen« auf dem Weg

Heinz Feilzer

Über Jahre waren wir Kollegen und Weggefährten in der Praktischen Theologie an der Theologischen Fakultät Trier, Wolfgang Lentzen-Deis als Religionspädagoge und ich als Pastoraltheologe. Vieles haben wir miteinander erlebt. Manche Entwicklungen in der Kirche haben uns bedrückt und traurig gestimmt, es gab aber auch Visionen, die uns herausgefordert und erwärmt haben.

Zwei dieser Visionen sollen unter den Stichworten »Reich-Gottes-Botschaft« und »Evangelisierung« skizzenhaft in Erinnerung gerufen werden. Haben beide bei den konzeptionellen Überlegungen der 80er und 90er Jahre eine herausragende Rolle gespielt, so sind sie in den sich ausbreitenden Strukturdebatten der letzten Jahre überlagert worden und ein wenig in Vergessenheit geraten. Dabei sind sie doch grundlegend für die Lebensvollzüge der Kirche – auch über den Tag hinaus.

Werfen wir aber zunächst einen Blick auf die Entwicklung der Kirche während unserer gemeinsamen Jahre.

»Die Welt geht rascher als die Kirche.« Diese Worte, von Johannes XXIII. vor mehr als 40 Jahren gesprochen, haben bis zur Stunde ihre Dringlichkeit behalten. Im turbulenten Milieu der »Moderne« und »Nach Moderne« scheinen die Kirchen in der westlichen Welt immer mehr an den Rand der Gesellschaft zu geraten und ihre Leben gestaltende Kraft zu verlieren. In einer solch radikalen Umbruchsituation trägt die Kirche schwer an der Bürde ihrer Geschichte, und es fällt ihr nicht leicht, sich auf das neue, aber auch widersprüchliche Lebens- und Freiheitsgefühl der Menschen einzustellen. Bei immer mehr Personengruppen verliert sie an Resonanz und Vertrauen. Viele ziehen sich aus dem Gemeindeleben zurück oder kündigen gar ihre Mitgliedschaft auf. Alarmierend ist die zunehmende Distanz der Jugend.

Die Weitergabe des Glaubens von einer Generation zur anderen scheint nur noch schwer zu glücken. Mehr noch, eine eigentümliche »Gottesmüdigkeit« breitet sich aus. Ging es zunächst noch um das Problem »Jesus ja – Kirche nein«, so geht es inzwischen radikaler um die Frage »Religion ja – Gott eher nein«. Damit aber steht nicht nur die Zukunftsfähigkeit der Kirche auf dem Spiel. Die Kirchenkrise droht sich zu einer Gotteskrise und damit zu einer ernsthaften Menschheitskrise auszuweiten. Eine Zeit solch tiefreichender Veränderungen darf man nicht verharmlosen. Sie darf aber auch nicht dramatisiert und vor allem nicht nur negativ wahrgenommen werden. Sie muss vielmehr in ihrer heilsgeschichtlichen Bedeutung und in ihren neuen pastoralen Möglichkeiten be- und ergriffen werden. Es gilt auch für unser Heute: Weil auch diese geschichtliche Stunde »Zeit Gottes« ist, ist sie trotz allem auch immer schon Zeit seiner zuvorkommenden Gnade. (Feilzer 1986)

Die so erlebte Zeit dramatischer Übergänge forderte bereits damals dazu heraus, die maßgebenden Orientierungen und Vollzüge unseres pastoralen Handelns zu überdenken, sie an Gottes Handeln in der Person und im Werke Jesu zu überprüfen und neu zu orten. Das eröffnete die Chance (damals wie heute), dass kirchliche Gemeinschaften sich in ihrem Selbstverständnis und ihren Lebensvollzügen überzeugender am Kern des Evangeliums orientieren und aus dieser Mitte heraus anfang- und zeichenhaft zu einem Ort der Umkehr und Erneuerung werden können.

Reich-Gottes-Botschaft als übergreifende Handlungsorientierung

Es scheint bei der verantwortungsvollen Auslegung des Evangeliums eine weitreichende Übereinkunft darüber zu geben, dass die Verkündigung und die Bezeugung des Reiches Gottes das zentrale Anliegen des Heilswerkes Jesu darstellen. Gott und die Heraufführung seiner Herrschaft sind das verbindliche Ziel und der radikale Sinn der (Heils-)Geschichte. »Zentraler Inhalt der Verkündigung Jesu ist das Kommen des Reiches Gottes als der die Welt allein bestimmenden Wirklichkeit.« (Kraus 1983, 5. 18)

Versuchen wir den Kern dieser Aussage freizulegen, so lässt sich sagen: »Reich Gottes ist die von Menschen bejahte oder willkommen geheißene aktive und ermutigende, heilsame Gegenwart Gottes unter den Menschen. Eine von Gott angebotene und von Menschen frei bejahte heilbringende Gegenwart, die vor allem konkret anschaulich wird in Gerechtigkeits- und Friedensbeziehungen unter Menschen und Völkern, im Verschwinden von Krankheit, Unrecht und Unterdrückung, in Lebensneuheit von allem, was tot und tödlich war.« (Schillebeeckx 1990, 5. 152)

Dieses Reich lebt also von der zuvorkommenden Gegenwart Gottes und seiner liebenden Gerechtigkeit. Beides muss von uns Menschen ersehnt, ergriffen und gestaltet werden, seine Gegenwart und seine Gerechtigkeit. Mit dem Kommen Jesu und seinem Heilsdienst ist das Reich Gottes anschaubar und erfahrbar geworden. Es ist nach Auskunft des Lukas-Evangeliums »mitten unter uns« (Lk 17, 21). Der Heilige Geist ist die von Gott geschenkte dynamische Kraft dieses Reiches.

In Jesu Botschaft und Praxis werden einige Lebensgesetze und Lebenskräfte dieses Reiches in besonders auffälliger Weise sichtbar.
Jesus entwirft das Bild einer neuen Lebenswelt, in der Gerechtigkeit und Frieden walten, Versöhnung mit Gott und untereinander Wirklichkeit wird, Menschen heil werden an Leib und Seele, und Lebenskulturen der Liebe Gestalt annehmen. Sie entstehen da, wo Menschen sich – wie Jesus – der zuvorkommenden Gnade Gottes öffnen und sich als »Werkzeuge und Zeichen« in den Dienst Gottes, der Menschen und der versehrten Schöpfung stellen. (Feilzer 1987)
Bringen wir diese Aussagen ins Bild, so können wir sagen: Jesus zieht den Himmel, den »Shalom Gottes« auf die Erde. Aufgabe der Kirche und ihrer umfassenden Hirtensorge ist es, diesen »Himmel« nicht nur eschatologisch anzusagen, sondern ihn schon hier und jetzt in der Spur Jesu wenigstens anfanghaft zum Leuchten zu bringen. Ein Bemühen, das Chancen hat, denn der Herr hat uns seinen »Beistand« dazu verheißen. (Mt 28, 20)

Evangelisierung als übergeordneter Handlungsvollzug

Der umfassende Lebens- und Handlungsvollzug, der für den Aufbau neuer oder erneuerter christlicher Lebenskulturen nach dem Maß der Reich-Gottes-Vision Jesu immer mehr in den Vordergrund rückt, heißt Evangelisierung: »Damit ich den Armen eine gute Nachricht bringe«, so die Kurzformel im Lukasevangelium (Lk 4, 18).
Bereits das Zweite Vatikanische Konzil hat diese Dimension theologisch eröffnet, das Apostolische Schreiben »Evangelii Nuntiandi« = EN (1975) von Papst Paul VI. hat sie entfaltet, die außerordentliche Bischofssynode (1985) in Rom hat sie voll bestätigt, und die südamerikanische Kirche hat als erste versucht, neue pastorale Wege nach dieser Grundorientierung engagiert zu beschreiten. Nicht umsonst trägt das Schlussdokument der III. Generalkonferenz des Lateinamerikanischen Episkopats von Puebla (1979) den Titel: »Die Evangelisierung Lateinamerikas in Gegenwart und Zukunft.« Seither hat diese Handlungsorientierung Eingang gefunden in fast alle maßgebenden Pastoralpläne der südamerikanischen Teilkirchen. Es liegt in der Konsequenz der globalen Entwicklung, dass dieses Konzept der Evangelisierung auch in der pastoralen Diskussion in den Westlichen Kirchen eine herausragende Rolle gewonnen hat – wenn auch zeitlich verzögert.
Es war Papst Johannes Paul II., der diese Orientierung mit einem ergänzenden Akzent versah und den Begriff der »Neuevangelisierung« prägte und ihn verstärkt auch auf Europa anwandte. Die europäischen Bischöfe

haben dieses Programm breit aufgegriffen. Das wurde besonders dringlich in einer Zeit, in der verstärkt nach den Grundlagen und der Gestalt eines neuen Europas gefragt wird. Dennoch birgt die Wortschöpfung von der »Neuevangelisierung« eine Gefahr in sich, die Gefahr nämlich, als Streitwort im Dienste einer »kirchenintegralistischen Eroberungsmentalität« missverstanden zu werden. Es scheint daher authentischer, es bei dem biblischen Kernwort »Evangelisierung« zu belassen, zumal dies ja das Moment des »Neuen« immer schon mit beinhaltet (EN 15).

Unter Heranziehung des apostolischen Schreibens »Evangelii Nuntiandi« lassen sich eine Reihe von Teilelementen erheben, die für pastorales Handeln von besonderem Rang sind:

Evangelisierung ist mehr als nur eine Orientierung unter anderen, vielmehr stellt sie den der Kirche und ihren Gemeinden eingestifteten maßgebenden Handlungsvollzug dar. In »Evangelii Nuntiandi« heißt es dazu: »Evangelisierung ist in der Tat die Gnade und eigentliche Berufung der Kirche, ihre tiefste Identität.« (EN 14) Eine Kirche, die nicht mehr evangelisiert, verleugnet ihr eigenes Wesen.

Evangelisierung bedeutet, »zuallererst auf einfache und direkte Weise Zeugnis zu geben von Gott, der sich durch Jesus Christus geoffenbart hat im heiligen Geist. Zeugnis davon zu geben, dass er in seinem Sohn die Welt geliebt hat; dass er in seinem menschgewordenen Wort allen Dingen das Dasein gegeben und die Menschen zum ewigen Leben berufen hat.« (EN 26) Das »Zeugnis des Lebens« scheint hier in seiner elementar missionarischen Bedeutung auf.

Ferner heißt es in dem gleichen apostolischen Schreiben: »Evangelisieren besagt für die Kirche, die frohe Botschaft in alle Bereiche der Menschheit zu tragen und sie durch deren Einfluß von innen her umzuwandeln und die Menschen selbst zu erneuern.« (EN 18)

Evangelisierung zielt also auf Innovation, auf Umwandlung, auf Universalität. (EN 8 u. 34)

Überblickartig lassen sich auf Grund einer weiterführenden kairologischen Auslegung und Entfaltung folgende Dimensionen erschließen: Evangelisierendes Handeln steht unter dem umfassenden biblischen Motiv des Weges. Es ist der geduldige Pilger- und Lernweg des wandernden Gottesvolkes und seiner Glieder und Gemeinschaften (mit Stufen und Phasen, Neben- und Umwegen, Kreuzungen und Brüchen) mit dem Ziel, in einem säkularisierten Milieu christlich leben und handeln zu lernen. (EN 21–24) Pastorales Handeln als Evangelisierung versteht sich von daher in einem umfassenden Sinn als Weggeschehen und Wegbegleitung (Dimension Weg und Weggenossenschaft).

Für solches Handeln stellt das aufmerksame Wahr- und Annehmen – zugleich aber auch Hinterfragen – der kulturellen Wegbedingungen innerhalb der gegenwärtigen Situation den gebotenen ersten Schritt dar. Aufmerksame, beobachtend-kritische und verlässliche Zeitwahrnehmung ist das erste, was bei pastoraler Weggenossenschaft angezeigt ist (wahrnehmend-diagnostische Dimension).

Evangelisierendes Handeln ist nicht nur das »individuelle Tun eines einzelnen (und am einzelnen), es ist vielmehr ein zutiefst kirchliches Tun« (EN 60), ein Tun in Gemeinschaft. Damit sind wir auf die Communio-Gestalt von Kirche verwiesen, jene Gestalt, die dem zentralen Geheimnis der christlichen Botschaft von der zuvorkommenden Liebe des Dreieinen Gottes und der daraus erwachsenden Fähigkeit zur Liebe beim Menschen (Gottes-, Selbst- und Nächstenliebe) am meisten entspricht. Sie soll verstanden werden als Gemeinschaft in Beziehung, als Gemeinschaft durch Teilhabe (Partizipation). Dies gilt für alle Ebenen evangelisierenden Handelns: Einzelne und Gruppen, Gemeinden und Gemeinschaften, Verbände und Bewegungen, Ortskirchen und Universalkirche. Dies gilt aber auch für das Verhältnis zwischen Amtsträgern und Laien, zwischen Hauptberuflichen und Ehrenamtlichen auf den genannten Ebenen. In besonderer Weise sind davon auch die Strukturen des Zusammenwirkens berührt. Evangelisierende Kirche ist in all ihren Konkretisierungen und Ausprägungen zutiefst kommunikativ und darum anspruchsvoll. Es scheint, dass sich der Lernweg der Kirche vor dieser Herausforderung am mühsamsten und folgenschwersten gestaltet. Communiotheologie und Communiopraxis klaffen noch zu weit auseinander (kommunikativ-partizipierende Dimension).

Evangelisierendes Handeln bleibt angewiesen auf prägende symbolisch-ästhetische Ausdrucksformen dieser Communio-Kirche. Es muss in diesem Zusammenhang nachdenklich machen, dass die Teilnahme an kirchlichen Kulthandlungen weiter abnimmt, gleichzeitig aber das Bedürfnis nach spiritueller und symbolischer Lebenserfahrung und -deutung im Wachsen begriffen ist. Es muss davon ausgegangen werden, dass nicht der reiche Fundus kirchlicher Symbole und Rituale an seinen Wurzeln krank und kraftlos geworden ist, sondern die Art und Weise, wie wir mit ihm umgehen und ihn im Heute vergegenwärtigen. Es gelingt noch zu wenig, die Grunddramen moderner Lebenswirklichkeit zwischen Krieg und Frieden, Gerechtigkeit und Armut, Liebe und Hass, Abschied und Neubeginn, Trennung und Wiedergeburt usw. in die bleibenden Zeichenhandlungen der Liturgie aufzunehmen und sie auf Heilung bzw. Verwandlung hin zu deuten und zu feiern. Hier gilt es, im Dienst zeitgemäßer Evangelisierung einfühlsame und kreative Phantasie zu entwickeln. Es muss auch noch aufmerksamer darauf geachtet werden, die ursprünglich femininen

Elemente bei vielen christlichen Symbolen wiederzuentdecken und im geschwisterlichen Miteinander diesen Reichtum profunder zu erschließen (ästhetisch-symbolische Dimension).
Evangelisierung drängt elementar auf Einwurzelung ins Gottesgeheimnis, aber zugleich zu kairologischem Handeln, zur ganzheitlichen Diakonie (caritativ, sozial und politisch). Beides muss beieinandergehalten werden, die mystische und die diakonische Komponente. »Je mystischer wir Christen sind, desto politischer werden wir sein.« (So das Axiom bei der Synode in Rottenburg 1985/86.) Dabei geht es um »handfeste Frömmigkeit«. Solch »spirituelle Diakonie« greift sowohl die bedrängenden Nöte in unseren kleinen Alltagswelten als auch die in der großen Welt auf. Evangelisierung bewährt sich in gelebter Diakonie (mystagogisch-diakonische Dimension).
Evangelisierung wird schließlich zu einem Stimulans, ständig darum bemüht zu bleiben, die Prioritäten unseres seelsorgerischen Handelns aus der Mitte des Evangeliums heraus zu suchen, zu begründen und zu orten. Fragwürdigen und unnötigen Ballast müssen wir entschiedener abstreifen und hinter uns lassen. In diesem Sinn kommen wir nicht umhin, konsequenter als bisher vielleicht wenige, aber vom Evangelium geforderte und durch die Zeichen der Zeit bedingte Leitoptionen für unseren pastoralen Weg synodal-kooperativ zu suchen, zu formulieren und um möglichst breiten Konsens zu werben (optionale und synodale Dimension).
Fügen wir die gewonnenen Bausteine noch einmal zusammen, so entsteht ein konzeptioneller Rahmen: Zu zeitgerechter Evangelisierung wird die Kirche immer neu provoziert durch den kairologischen Anruf Gottes in den jeweiligen »Zeichen der Zeit«. Sie zielt auf Umwandlung (Verwandlung) von Menschen und ihren Lebenswelten durch Einpflanzung (Inkulturation) des Evangeliums. Sie vollzieht und gestaltet sich aus der Einheit von Martyrium und Liturgie, von Mystagogie und Diakonie. Evangelisierung steht unter dem Motiv des Weges und begreift sich als permanenten Lernprozess. Sie ist auf Gemeinschaft (Communio) verwiesen und an Optionen gebunden: Evangelisierung steht im Dienste ganzheitlicher Heilung und Befreiung. Person und Reich-Gottes-Praxis Jesu sind ihr verbindliches Maß. Der Heilige Geist ist ihre innere Dynamik.
Evangelisierende Seelsorge kann nicht nur ungeahnte Kräfte, sondern auch ungeahnte Hoffnungen für die Gemeinde Jesu und die Welt von heute freisetzen, denn ihr Horizont ist und bleibt das verheißende Reich Gottes und seine Herrschaft.
Die Vision Evangelisierung hat einiges in Gang gebracht nicht nur in Zusammenarbeit mit den Kirchen des Südens (z. B. Lentzen-Deis: Kultur und Evangelium, ein von Fritzleo Lentzen-Deis SJ († 1993) ins Leben gerufenes und seither erfolgreich arbeitendes Internationales Werk zur Förderung

der interkulturellen Exegese), sondern auch in den Ortskirchen der Bundesrepublik. Erinnert sei abschließend an einen besonders bemerkenswerten Entwurf innerhalb der Jugendpastoral, der eine respektable Wirkungsgeschichte ausgelöst hat (Lechner 1992).
Die dargelegten skizzenhaften Erinnerungen wollen nicht nostalgisch missverstanden werden, sondern einen Anstoß geben, zu überprüfen inwieweit grundlegende pastoraltheologische Bausteine von gestern nicht organischer und vertiefend in Entwürfe von heute einfließen können.

Literatur

Veröffentlichungen der Deutschen Bischofskonferenz
Apostolisches Schreiben »Evangelii Nuntiandi« Seiner Heiligkeit Papst Paul VI. an den Episkopat, den Klerus und alle Gläubigen der katholischen Kirche über die Evangelisierung in der Welt von heute, in: Sekretariat der Deutschen Bischofskonferenz, Nr. 2, Bonn 1975.
Die Kirche Lateinamerikas. Dokumente der II. und III. Generalversammlung des Lateinamerikanischen Episkopates in Medellin und Puebla; 6. September 1968/13. Februar 1979, (Stimmen der Weltkirche Nr. 8), Bonn 1979.

Feilzer, Heinz (1986), Weitergabe des Glaubens an die nächste Generation. Auf dem Weg zu einer erneuerten Pastoral, Teil 2: Theologische Anstöße zur Deutung der Situation: Trierer Forum 3.
Ders. (1987), Leitoptionen für pastorales Handeln: Trierer Forum 2, 31–37.
Heinz, Andreas/Lentzen-Deis, Wolfgang/Schneck, Ernst (Hg.) (1993), Wege der Evangelisierung (FS für Heinz Feilzer), Trier.
Kraus, Hermann Josef (1983), Systematische Theologie im Kontext biblischer Geschichte und Eschatologie, Neukirchen.
Lechner, Martin (1992), Pastoraltheologie der Jugend. Geschichtliche, theologische und kairologische Bestimmung der Jugendpastoral einer evangelisierenden Kirche, München.
Schillebeeckx, Edward (1990), Menschen. Die Geschichte von Gott, Freiburg.

Kann man heute »Glauben lernen«?

Heribert Wahl

Lernfeld Praktische Theologie: interdisziplinär

Es ist aus meiner Sicht die Erinnerung an eine gute Kooperations: das gemeinsame Seminar, das Wolfgang Lentzen-Deis als Religionspädagoge und ich als Pastoraltheologe im Sommersemester 2001 durchführten. Als Thema hatten wir die aktuelle Dauerproblematik »Jugend – Religion – Kirche« gewählt. Neben der Erarbeitung jugendpastoraler und religionspädagogischer Ansätze und Konzepte gelang es durch die Organisationskompetenz unseres Mitarbeiters Dr. Gundo Lames, in einem öffentlichen Hearing Menschen zusammenzubringen, die in unterschiedlichen Berufsfeldern und sozialen Lebenswelten sich mit der Jugend und ihrer Nähe/Ferne zu Religiosität, Glaube und Kirche befassen. Auf dem Hintergrund, dass wir professionellen Theologen als KollegInnen oft überaus wenig von Themen, Interessen und Arbeitsstil des anderen wissen, plädiere ich auch in Zukunft für gemeinsame Seminar- und Veranstaltungsprojekte, über die einengenden Fachgrenzen hinweg. Die folgenden Überlegungen wollen dazu wichtiges theoretisches Rüstzeug und Bezugswissen beisteuern.

Was kann »Glauben lernen« heute heißen?

Mit dieser Anfrage schlägt sich die Religionspädagogik seit ihrem Bestehen herum. Auf Grund ihrer besonderen theologischen und humanwissenschaftlichen Kompetenz für die Grundprozesse von »Lernen – Erziehung – Bildung« hat sie hier stellvertretend für die gesamte Theologie entscheidende Pionierarbeit geleistet. Im Rahmen einer erfahrungsbezogenen Theologie hat sie im Gespräch mit einschlägigen pädagogischen Befunden konsequent überholte Scheinalternativen und vermeintliche anthropologische Unvereinbarkeiten abgebaut. Exemplarisch schlägt sich dieses Programm etwa in einem Titel wie »Glauben lernen – Leben lernen« (K. Baumgartner/P. Wehrle/J. Werbick 1985) nieder. Um dem unverfügbaren Entscheidungscharakter des Glaubens wie auch der Lerngeschichte eines erfahrungsmäßigen Zum-Glauben-Kommens gerecht zu werden, formuliert Jürgen Werbick dort als »Leitsatz«: »Der Glaube kann nicht als ein Resultat von Lernprozessen beschrieben werden; aber er ereignet sich im Kontext menschlicher Lern- und Reifungsprozesse.«

Mit dieser Aussage können Pastoraltheologie und -psychologie gut leben. Wichtig ist die deutliche Ausweitung, die *Lernen* nicht länger nur als didaktisch gekonntes Vermitteln von Lernstoffen versteht, sondern es von vornherein in eine umfassendere, lebensgeschichtliche Perspektive einbindet. Sie schließt, der modernen Entwicklungspsychologie folgend, innerseelische und zwischenmenschliche, emotionale und soziokulturelle Entfaltungs- und Bildungsprozesse ein, die auch auf dem Lebensweg des Glaubens wirksam sind.

Wie sieht die kulturelle und kirchliche Situation aus, in der solche »Lern-Wege« unter den Bedingungen unserer spätmodernen Gegenwart gegangen werden können? Die derzeitige Lage des kirchlich geprägten Glaubens wird bekanntlich als zutiefst krisenhaft beschrieben, was die Teilnahme am gemeindlichen Leben und insbesondere die sog. »Weitergabe« des Glaubens an die nächste Generation anlangt. Im Vordergrund dieser Krisendiagnose steht zumeist die *Tradierungskrise* des Glaubens in den Großkirchen. Kirchensoziologische Analysen (Franz Xaver Kaufmann; Karl Gabriel) heben den ebenso markanten wie massiven Traditionsabbruch im Zeichen der gesellschaftlichen Modernisierung hervor.

Gegenüber allzu kurzschlüssigen Sanierungsideen, die – manchmal panikartig – auf eine verstärkte Vermittlung religiöser *Inhalte* (Motto: »mehr Katechismusunterricht!«) setzen, müssen wir freilich eines festhalten: Die »Weitergabe« des Glaubens war, schon von ihren urkirchlich-biblischen Anfängen an, nie im Sinn fertig verpackter, doktrinär weiterzureichender »Stoff«-Pakete versucht worden; ein solches Unterfangen muss unter neuzeitlichen Bedingungen erst recht kläglich scheitern, da es bloße Symptomtherapie versucht, statt sich der Mühe komplexer Ursachenforschung zu unterziehen. So haben gerade Praktische Theologen (Gottfried Bitter; Norbert Mette) darauf aufmerksam gemacht, dass »hinter« der sog. *Tradierungs*krise zwei weit tiefer liegende Krisen stecken:

1) eine *Erfahrungs*krise: Lebenskontakt und Lebenswert christlichen Glaubens verdunstet mit dem Abschmelzen der konfessionellen Milieus und ihrer Erziehungsbedingungen; daraus erwächst
2) eine *Plausibilitäts*krise, in der die allgemein geteilte Einsicht, Religion »gehöre dazu und tue gut«, zunehmend verloren geht. Erst aus diesem Erfahrungs- und Plausibilitätsschock resultiert dann
3) die behauptete *Tradierungs*krise: ein zweit- oder drittrangiges Phänomen, das seriös nur anzugehen ist, wenn vorrangig an den beiden Grundkrisen der *Erfahrung* und der *Plausibilität* gearbeitet wird.

Religionspädagogen leiten daraus die Forderung ab, kirchliche Erwachsenenkatechese und theologische Erwachsenenbildung müsse dem Erfahrungs- und Plausibilitätsverlust in dieser Trägergruppe des Glaubens gegensteuern. Aus der zutreffenden Beobachtung, es fehle heute besonders am Glauben der *Erwachsenen,* den diese überzeugend und plausibel »weitergeben« könnten, wird jedoch häufig unvermittelt das Projekt eines *erwachsenen,* d. h. reifen, entwickelten Glaubens abgeleitet, den es gezielt zu fördern gelte. Hier besteht in meinen Augen die Gefahr, einzelne Entwicklungsstufen im religiösen Denken und Urteilen (Oser/Gmünder, Reich, Bucher) wider Willen doch zu *werten*: als etwas, das normativ so und so abzulaufen hat. Damit gerät jedoch ein als End- und Höchststufe konstruierter *erwachsener* Glaube in die missliche Lage, unfreiwillig zum dominanten *Reife*-Kriterium zu werden; an ihm wird dann der Glaube von Kindern unterschiedlichen Alters wie auch der real gelebte Glaube Erwachsener normativ gemessen.

Buchtitel lauten entsprechend: »Erwachsen im Glauben« (Böhnke/Reich/Ridez 1992) oder »Im Glauben erwachsen werden« (Funke 1986). Allzu leicht denkt man an ein Aufsteigen zu immer *höheren, reiferen* und damit *wertvolleren* Stufen. Vielleicht müssen wir heute von diesem *Reife*-Denken Abschied nehmen und behutsamer von »Umwandlungen, Transformationen« sprechen, die auf dem Glaubensweg ebenso notwendig wie unvermeidbar sind. Wichtige religiöse Deutungsmuster für unser Leben können in diesen Umgestaltungen lebensgeschichtlich mitwachsen und in unserer Lebenswelt verankert werden. Für Rudolf Englert (in: Böhnke/Reich/Ridez 1992, 10) gehört in eine der christlichen Botschaft angemessene »Religion erwachsener Menschen« (Ernst Lange) auch eine ihr gemäße »Affektkultur, ihr ästhetischer Ausdruck, die Reichweite ihrer Empathie und ... ihr Rationalitätsstil« hinein – ein anspruchsvolles Programm!

Zielmarken

Das In-den-Glauben-Hineinkommen, das Aus-ihm-Leben kann, wie eingangs zitiert, nicht direkt als Resultat von Lernprozessen angezielt werden, es ereignet sich freilich immer im Kontext lebensgeschichtlicher Entfaltungs- und Bildungsvorgänge, in den wechselvollen Wandlungen und Schicksalen von Trieb und Ich, Selbst und Persönlichkeit und natürlich immer im Wechselspiel mit einer religiösen Kultur. Das heißt aber: Alle, die aus ihrem Glauben heraus, in ihrer jeweiligen haupt- oder grundamtlichen Berufung und Funktion, sich verantwortlich wissen für ihre Mitglaubenden – egal, wo diese auf dem Weg ihres Glaubens stehen –, müssen ihre Kräfte und Begabungen, auch ihre Charismen, darauf konzentrieren, einen *Lebensraum,* ein kirchliches *Milieu* zu *bilden,* in dem der Glaube wachsen und leben kann; eine gemeindliche Matrix, einen *Mutterboden bilden* meint dabei nicht nur: ihn anbieten oder schaffen, sondern ihn *selber* bilden, *als* Personen und Gruppen darstellen und leben. Auf einer solchen, immer unvollkommenen und gefährdeten *Basis,* in dem von der christlichen Botschaft und seiner gelebten Praxis eröffneten Frei- und Spielraum des Heiligen Geistes, können dann jene wichtigen *Befähigungsprozesse* angestoßen und begleitet werden, die für das Ziel eines lebenslang lernenden Glaubens unumgänglich und hilfreich erscheinen. Als wichtige Grundelemente für diesen Lebensraum und die in ihm möglichen, gedeihlichen Befähigungsprozesse können folgende drei Ziele gelten:

Ziel I: »Selbstwerdung« und »Subjektwerdung im Glauben«

Diese Zielangabe trägt von vornherein schwer an ihrem binnenkirchlichen »haut-gout«, am Odium eines rein psychologisch-humanistischen, letztlich unchristlichen Programms, das nur um die egozentrische »Selbstverwirklichung« des modernen Individuums kreise und so – dem Geist des Christentums fundamental entgegen – nur die »narzisstische Selbstverkrümmung« des »homo in seipsum incurvatus« (Bonaventura, Luther) fördere und kultiviere. Dieses Missverständnis ist in der Kirche derzeit offenbar unausrottbar. Das hängt natürlich mit Strömungen zusammen, die auf dem Psychomarkt neu-religiöser, esoterischer oder »transpersonaler« Selbstverwirklichungsprogramme genau in diese Richtung zielen und daher christlicher Kritik zu Recht unterliegen; es darf freilich nicht dazu verleiten, undifferenziert die Pastoralpsychologie insgesamt in diesen Topf zu werfen.
Seelsorgliche Befähigung zur Selbstwerdung im Glauben ist unverzichtbar. Biblisch gilt jedenfalls ganz klar: Jesus stellt den Menschen »in die Mitte« (vgl. Mk 3, 3); er will ihn aus seinen Entfremdungen und Gestörtheiten zu sich selbst bringen, heil werden lassen. Und die in die Nachfolge rufenden Worte vom Sich-Hingeben und Gewinnen bzw. vom Suchen und Verlieren des »Lebens« sprechen ja offensichtlich von etwas, das erst einmal da sein und ausgebildet sein muss, um es in der Nachfolge Jesu »verleugnen«, drangeben zu können! Wo kein lebendiges, wertgeschätztes »Selbst« ist, kann es auch nicht eingesetzt werden. Deshalb wirkt die kirchlich-fromme Forderung nach »selbst-*losem*« Einsatz und Dienst oft so hirnlos verkürzt, wenn keinerlei Denkarbeit und Mühe darauf verwandt wird, zuerst einmal für das Vorhandensein eines kräftigen, zur Hingabe überhaupt erst fähigen »Selbst« der Christen Sorge zu tragen – statt ihnen Sonntag für Sonntag ihren Egoismus an den Kopf zu werfen.
Menschen zu sich selbst, zu ihrem wahren Selbst zu verhelfen, liegt also durchaus im Gefälle der hier angedeuteten biblischen Aussagen. Die hier-

für wichtigen, grundlegenden anthropologischen Bedingungen und Vorgänge kann man sich mit Hilfe der modernen psychoanalytischen Entwicklungs- und *Selbstpsychologie* weiter verdeutlichen. Dort hat man eine fundamentale *Beziehungsform* entdeckt, in der ein anderes Selbst als ich (zunächst die Mutter, später Familie, Freunde, Lehrerinnen, Partner, Seelsorgerinnen) sich so uneigennützig – und zu meiner jeweiligen Lebensphase passend – mir für meine Selbstentfaltung als Mensch und Christ zur Verfügung stellt, dass ich mit Hilfe dieses »Für-andere-Daseins« (die das Selbstsein gerade nicht auslöscht!) zu mir selber kommen kann. Dieses Gegenüber stellt so etwas wie einen für mich bedeutsamen und lebensnotwendigen »lifegiver« (Neville Symington) dar, einen »Lebensspender«, der mir zum psychischen, sozialen und personalen, religiös natürlich auch zum spirituellen Leben-Können verhilft. Die psychoanalytische Chiffre »Selbstobjekt« benennt diesen »lifegiver« (spiritus vivificans!) oder »facilitator« (Winnicott) unnachahmlich dicht. Dies ist – schlicht gesagt – auch die Aufgabe guter Seelsorge, verstanden als das grundamtliche Einander-Hirte-Sein, das uns allen aufgetragen ist, nicht nur den pastoralen Amtsträgern!

Ziel II: Beziehungs- und Kommunikationsfähigkeit

Diese Fähigkeit muss bei denen, die Entwicklungshilfe zum Glauben leisten wollen, ein Stück weit vorhanden sein, damit sie die auf dem Weg Befindlichen dazu befähigen können. Nicht immer und nicht überall in der Kirche wird allerdings erkannt, dass diese beiden Rollen nie eindeutig aufzuteilen sind. Auch die amtlich in Seelsorge, Verkündigung, Diakonie Tätigen und Geschulten sind im Blick auf ihre Beziehungs- und Kommunikationsfähigkeit lebenslang Lernende; umgekehrt imponieren oft die sog. »Adressaten« von Seelsorge, Verkündigung, Liturgie und Diakonie als leuchtende Vorbilder für das, was Hermann Stenger (Stenger 1990, 54–60) als berufs-unspezifische Grundkompetenz beschreibt: die Fähigkeit, *»personbezogen* zu *kommunizieren«* und *»wirklichkeitsbezogen* zu *handeln«*.
Hinter diesen Grundfähigkeiten stehen so komplexe »Lernziele« wie Gemeinschafts- und Gemeinde-Fähigkeit, »Hirten«fähigkeit (einander Hirten sein!) und Diakoniefähigkeit (solidarisch Partei für die Ausgegrenzten und Armen ergreifen). Das klingt für manche irrigerweise so, als handle es sich um bloß äußerliche »Stilfragen«, nicht aber um das *Wesentliche* des Glaubens. Sie verkennen freilich grundlegend den inneren Zusammenhang von Inhalt und Form, Botschaft und Stil, wie er gerade auch für die Botschaft und das Handeln Jesu klar bezeugt und seiner Nachfolgegemeinde aufgetragen ist. Die »Bildung eines christlichen Pastoralstils« (Walter Fürst) ist al-

les Andere als schmückendes Beiwerk, das auf dem gemeinsamen Glaubenslernweg ebenso gut auch fehlen könnte, solange nur die korrekten Inhalte vermittelt würden. Gerade hier gilt der provokante Satz Mc Luhans »Das Medium *ist* die Botschaft«: Nur wo der überlieferte Glaube auch in einem ihm gemäßen Lebensstil verortet ist, wo er in kommunikativer *Gestalt* ausgetauscht und mit-geteilt wird, kann die Botschaft in ihrem Gehalt zum Tragen kommen, kann sie tragende Gestalt für die eigene Subjektwerdung und die der anderen werden.
Eng mit der zentralen »Stilfrage der ecclesia semper reformanda, die als Lerngemeinschaft im Glauben unterwegs ist, hängt ein weiteres, wichtiges Ziel der für das Glaubenlernen erforderlichen Befähigungsaufgaben zusammen:

Ziel III: Symbolkompetenz

Heute weniger denn je verzichtbar, entpuppt sich in der Waren- und Medienwelt der kommerziell ausgebeuteten Zeichen und Bilder als Lernziel des Glaubens, was Hermann Stenger als drittes, wesentliches Element personaler Identitätsbildung beschreibt: die »Fähigkeit, botschaftsbezogen mit Symbolen umzugehen.« Noch genauer geht es um die Befähigung zum botschaftsbezogenen Umgang mit den *Symbol-Zeichen* unseres Glaubens, in denen uns die geronnenen Gottes-Erfahrungen der christlichen Überlieferung in leibhafter Gestalt immer neu begegnen und sich als zu uns selbst gehörige, passende, zutiefst *stimmige* Erfahrungen von Gottes Heilshandeln an uns erneut ereignen wollen.
Im Gegenzug zur Bilder- und Zeichenflut ist heute das Fördern einer Symbolkompetenz wichtig, die den in den Symbol-Zeichen des Glaubens angebotenen Erfahrungs- und Herausforderungsgehalt nicht nur verbal *behauptet,* sondern in dem schon mehrfach angemahnten Lebensraum, der ein sakramentaler Spielraum der Freiheit sein muss, auch tatsächlich *erfahrbar* werden lässt. Dazu bedarf es weder der kreativen Erfindung ganz neuer, angeblich auf der Höhe der Zeit stehender, modischer Zeichen oder »Symbole«, wie man gern sagt, um z. B. Kinder und Jugendliche heute überhaupt noch zu erreichen; noch kann man – im Fleckerlteppich der Neuen Religiosität – die unterschiedlichsten, oft aus ganz anderen Kulturen stammenden, angeblich »archetypischen« Bilder religiös einfach neu zusammenmixen. Auf dem Weg des Glaubenlernens geht es vielmehr um die Ermöglichung authentischer Erfahrung, die immer die »Unterscheidung des Christlichen« (Romano Guardini) einschließt.

Damit werte ich weder die Vielfalt religiöser Bilder und Zeichen aus anderen Kontexten ab noch bestreite ich die Möglichkeit, sie als mögliche humane Ausdrucksformen und Anknüpfungspunkte für heutige Menschen empathisch-achtsam auf und ernst zu nehmen. Es geht vielmehr darum, nicht die überkommenen, scheinbar unattraktiv gewordenen Symbol-Zeichen durch andere, besser passende Alternativen *ersetzen* zu wollen, in denen es religiös letztlich doch um das »Gleiche« gehe. So wohlgemeint das sein mag: Man höhlt damit den konkreten, nicht beliebig ersetzbaren Erfahrungsgehalt der christlichen Glaubenssymbole faktisch aus, die ihn für uns »stellvertretend« bewahren und gegenwärtig setzen wollen. Deshalb ist der Botschaftsbezug (Stenger) so unverzichtbar; er setzt sich der »Diabolisierung« der Symbol-Zeichen entgegen, die ihr innerkirchlich, durch unglaubwürdige Praxis, droht; und er vermag auch der eher von außen kommenden Gefahr des modischen Ersetzens der alten Bilder, Formen und Zeichen durch vorgeblich bessere, neue wirksam zu steuern.
Wenn somit für das Selbstwerden im Glauben die Beziehungs-, Kommunikations- und Symbolfähigkeit so unverzichtbare Elemente darstellen, dann werden wir in gemeinsamer, fächerübergreifender Anstrengung kontinuierlich und vertieft daran arbeiten müssen, dass Kinder, Jugendliche wie Erwachsene – je auf ihren Lebenswegen und in ihren Lebenswelten – diese Grundkompetenzen durch Erfahrung und Praxis »lernen« und mit einander teilen können.

Literatur

Baumgartner, Konrad/Wehrle, Paul/Werbick, Jürgen (Hg.) (1985), Glauben lernen – Leben lernen (FS E. Feifel), St. Ottilien.
Böhnke, Manfred/Reich, Helmut/Ridez, Louis (Hg.) (1992), Erwachsen im Glauben. Beiträge zum Verhältnis von Entwicklungspsychologie und religiöser Erwachsenenbildung, Stuttgart.
Englert, Rudolf, Was nützen der religiösen Erwachsenenbildung Stufentheorien? In: Böhnke/Reich/Ridez (1992).
Stenger, Hermann (1990), Eignung für die Berufe der Kirche, Freiburg.
Wahl, Heribert (1999), Seelsorge als heilendes Handeln am ganzen Menschen? Chancen und Grenzen der »neuen Ganzheitlichkeit« für die Pastoral, in: Luksch, Thomas/Würdinger, Hermann (Hg.), Zuerst der Mensch. Erkundungen und Perspektiven für eine zeitgemäße Glaubensvermittlung (FS E. Schulz), München.
Wahl, Heribert (1990), »Stell dich in die Mitte« – Subjekt werden in der Kirche. Psychoanalytische Bausteine zu einer anthropologisch fundierten Kriteriologie, in: Theologie der Gegenwart 33 153–160 (FS H. Stenger).

Hoffnung lernen. Denkanstöße zu einer erinnernden Katechese

Jan Woppowa

»Was darf ich hoffen?« Die Frage des großen Aufklärers Immanuel Kant, dessen Todestag sich in diesem Jahr zum zweihundertsten Mal jährt, hat nichts von ihrer Dringlichkeit verloren. Mehr noch: Ist nicht gerade heute die Sehnsucht nach *Hoffnungssignalen* ein ständiger Begleiter in den Herzen vieler Menschen – in den globalen Bemühungen um Frieden und Gerechtigkeit von Nordirland über Palästina und Afghanistan bis Zentralafrika, im Ringen um ein wirksames Konzept zur Auflösung des *Reformstaus* in Politik und Wirtschaft, auf der persönlichen Suche nach Auswegen aus der Arbeitslosigkeit, im unbegrenzten Streben nach Idolen und *Superstars,* in den wohlwollenden Angeboten auf dem bunten Markt der Lebenshilfe und Alltagsbewältigung, nicht zuletzt in den vielfältigen Versuchen einer Bewältigung der sogenannten *Tradierungskrise des Glaubens?* Angesichts einer heute vielfach konstatierten Reizüberflutung und persönlichen Orientierungslosigkeit im Getümmel der selbsternannten Hoffnungsspender und Sinnanbieter gewinnt die Frage Kants eine verschärfte Dringlichkeit und wird zugleich von einer philosophisch-prinzipiellen zur individuellen Frage jeder und jedes Einzelnen: Was *will* ich hoffen?

Hoffnungsvolle Aufbrüche

»Freude und Hoffnung, Trauer und Angst der Menschen heute [...] sind auch Freude und Hoffnung, Trauer und Angst der Jünger Christi.« (GS 1) Aus dem viel zitierten *Programmwort* des Zweiten Vatikanischen Konzils lässt sich ein doppelter Anspruch ableiten: so sehr der *Jünger* (und die *Jüngerin*) Christi eine Haltung der Aufmerksamkeit für die alltäglichen Hoffnungen der Menschen zu entwickeln hat, so notwendig und hilfreich ist zugleich ein Wissen um die eigene Hoffnung. Welche greifbare, sichtbare, hörbare und lebbare Hoffnung habe ich – als Christ, heute, hier und jetzt? Welche konkrete Hoffnung kann ich im polyphonen Chor der gegenwärtigen Gesellschaft zu Gehör bringen, den Menschen vorschlagen? (vgl. Proposer la foi 1996)
Die Forderung des Ersten Petrus-Briefes, »Rechenschaft zu geben über die Hoffnung, die euch erfüllt«, ist täglich neu zu erfüllen – in Bescheidenheit und Ehrfurcht (vgl. 1 Petr 3, 15 f.). In ihrem programmatischen Beschluss

»Unsere Hoffnung« hat die Würzburger Synode diese frühchristliche Mahnung zur Grundlage ihres vorgelegten »Bekenntnisses zum Glauben in dieser Zeit« sowie zur Aufgabe der Kirche insgesamt gemacht. Das christliche Zeugnis der Hoffnung ist hier zentrales Motiv und zugleich Ziel in der Auseinandersetzung mit den Fragen der Gegenwart: »Hier müssen wir von unserer im Glauben gegründeten Hoffnung selbst öffentlich reden; sie nämlich scheint vor allem herausgefordert und unter vielerlei Namen unbewußt gesucht.« (Unsere Hoffnung 1976, 86) Das öffentliche Hoffnungszeugnis bleibt dabei eng verwoben mit der »Bereitschaft zur Selbstkritik« und der Notwendigkeit einer »offensiven Gewissenserforschung« (ebd. 102), denn die Christen und ihre Kirche als »Hoffnungsgemeinschaft« (ebd. 99) beziehen ihre Hoffnung nicht aus sich, haben eine andere Hoffnung »als die auf sich selbst« (ebd. 102). Als Sakrament des Reiches Gottes ist Kirche *Sakrament der Hoffnung.*

Verwurzelte Hoffnung

Vor diesem Hintergrund ist das selbstkritische Schuldbekenntnis der Synode gegenüber dem Judentum mehr als eine auf die deutsche Kirche bezogene notwendige historische Besinnung auf die Vergangenheit (vgl. dazu Unsere Hoffnung 1976, 108 f.). Denn nicht zuletzt kommt darin die theologische Erkenntnis zum Ausdruck, dass eine Aufforderung zum christlichen Zeugnis der Hoffnung auch an die Glaubensgeschichte des Judentums anzuknüpfen hat. Der »Gott der Hoffnung« ist der Gott Jesu *und* der Gott Abrahams, der Gott der Juden und der Christen. Die Glaubwürdigkeit der christlichen Rede vom »Gott der Hoffnung« hänge nicht zuletzt an der Tatsache, dass während und nach der Shoa dieser eine Gott Ziel jüdischen und christlichen Betens war und ist.

Das dem Synodenbeschluss bereits vorliegende »revolutionäre Dokument« (J. Oesterreicher) des Zweiten Vatikanischen Konzils zur theologischen Verhältnisbestimmung zum Judentum als bleibender Wurzel des Christentums (vgl. NA 4) hat neue Wege aufgezeigt. Im Anschluss an Konzil und Synode hat sich insbesondere auch in der Religionspädagogik eine dringend notwendig gewordene Neubesinnung auf das Judentum vollzogen und einen »Lernprozess Juden – Christen« (vgl. Kohler-Spiegel 2002) angestoßen. Dieser interreligiöse Lernprozess konzentriert sich in den letzten Jahren verstärkt auf den Ansatz einer anamnetischen Religionspädagogik und stellt sich ausdrücklich unter den Auftrag einer »Erziehung nach Auschwitz« (vgl. expl. Langer 1997; Wermke 1997). Zum nun auch bewusst christlichen Programmwort wird hierbei der im Judentum an zentra-

ler Stelle stehende Begriff der »Erinnerung«.
Nach den Aufbrüchen des Konzils und der Synode sollte daher die Rede von der christlichen Hoffnung den speziellen Blick auf das Judentum in der ganzen Vielfalt seiner unterschiedlichen Bekenntnisse, auf jüdische Geschichte und ausdrücklich jüdische Entwürfe eines Lebens aus dem Glauben nicht verschließen. Denn einerseits verbietet der mit der Shoa aufgerissene »Abgrund des Entsetzens« (Jürgen Moltmann) das Vergessen dieser Leidensgeschichte um den Preis einer geschichtslosen Hoffnung: »Die frohe Botschaft und das Leid der Welt« (Lentzen-Deis 1992) sind untrennbar miteinander verbunden. Andererseits aber gebieten Gegenwart und Zukunft auch eine positive Hermeneutik des Judentums und jüdischen Lebens, dessen Charakterisierung als »Hoffnung aus Erinnerung« (Elie Wiesel) dabei im Zentrum stehen kann.
Mit Blick auf die eingangs aufgeworfene Frage nach einer lebbaren Hoffnung des Christen heute möchte ich an diesen Ansätzen einer erinnerungsgeleiteten Religionspädagogik anknüpfen. Im Folgenden geht es also (in aller Kürze) zunächst um einen Blick auf das jüdische Konzept der *Erinnerung,* um es anschließend um den traditionellen Begriff des jüdischen *Lernens* zu erweitern, auf den es meines Erachtens notwendig verwiesen bleibt. Daraus ergeben sich einige Ideen, bewusst fragmentarische Denkanstöße für eine christliche Katechese.

Erinnerte Hoffnung und lernendes Erinnern im Judentum

Im hebräischen »zachor« liegt ein wesentlicher Imperativ der Hebräischen Bibel: »Erinnere dich!« (Vgl. Ex 20, 8; Ps 119, 49) Im Zentrum des Erinnerns steht die Befreiungstat Gottes an seinem auserwählten Volk, das er aus der Knechtschaft Ägyptens in die Freiheit geführt hat. Sein Name steht für sein geschichtliches Handeln in Exodus und Bundesschluss (vgl. Ex 20, 8 bzw. Dtn 5, 6), und die Erinnerung an dieses Handeln bewahrt vor dem Vergessen der damit verbundenen Hoffnungsbotschaft in der Gegenwart (vgl. Greve 1999, 15–60; Görg 1998). Darüber hinaus ist es eine mahnende, »gefährliche Erinnerung« (Johann Baptist Metz), die sich nicht mit dem Status quo gegebener Verhältnisse abfindet. Das Gegenwärtige ist, auch mit dem Maß der Vergangenheit, verändernd zu gestalten (vgl. Ex 23, 9): »Diese Erinnerung unterbricht das selbstverständliche Hinnehmen der gegebenen Verhältnisse ... reißt heraus aus den Selbstverständlichkeiten des gegenwärtigen Alltags.« (Greve 1999, 17) Umgekehrt richtet der Psalmenbeter seinen klagenden Appell an Gott, sich seiner zu erinnern und nicht zu vergessen (vgl. Ps 10, 12; Ps 13, 1; Ps 22, 2) und verschafft darin sowohl seinen Erfahrungen von Verlassenheit, Bedrängnis und Todesangst als auch seiner Hoffnung auf Befreiung und Erlösung Ausdruck (vgl. Ps 42, 10 f; Ps 119, 49). Die beidseitige Verpflichtung zum Erinnern stiftet und pflegt die Beziehung zwischen dem menschenfreundlichen Gott und dem Menschen als dessen Bundespartner. »Erinnern ist ein Akt der Beziehung ... Vergessen bedeutet das Ende der gemeinsamen Geschichte, bedeutet, keine Zukunft mehr zu haben.« (Greve 1999, 26 f.)

Erinnern allerdings kann man nicht allein befehlen. Erinnern will gelernt sein, gelernt werden. So ist in der Hebräischen Bibel eine Didaktik des Erinnerns zu entdecken, die in den religiösen Traditionen des Judentums ihre Fortsetzung gefunden hat (vgl. ausführlich dazu Greve 1999). Zu hoher Ausdruckskraft ist eine solche Didaktik beispielsweise im »Sch'ma Jisrael« (Höre Israel) gelangt, dem zentralen Bekenntnis des Judentums (vgl. Dtn 6, 4 ff.). Es gebietet die Erinnerung an die Heilstaten und Einzigkeit JHWHs und deren Weitergabe an die Kinder durch beständiges Wiederholen (Dtn 6, 7) und Re-Präsentieren im Alltag. Insbesondere Letzteres geschieht durch die Vielfalt von Erinnerungszeichen: am Handgelenk, auf der Stirn oder in der »limitischen Symbolik« (Jan Assmann) an den Türpfosten des Hauses oder den Stadttoren (Dtn 6, 8 f.). Im traditionellen Judentum begegnen diese Zeichen in Form der »Tefillin« (Gebetsriemen) und der »Mezuza«, der an den Türpfosten angebrachten Kapsel mit den zwei Toraabschnitten (Dtn 6, 4–9 und Dtn 11, 13–21). Die unmittelbare Anschaulichkeit dieser Zeichen provoziert ein direktes Nachfragen und bietet darin (symbol-)didaktische Möglichkeiten der Hinführung in einen Lernprozess des Erinnerns.

Ihre Fortsetzung findet eine solche Didaktik beispielsweise in der traditionellen jüdischen Liturgie des Pessachfestes (»Pessach-Haggada«), denn den entscheidenden Beginn am »Seder«, dem Vorabend und Eingang des Festes, setzt das jüngste Kind mit seiner ersten Frage: »Warum ist diese Nacht so ganz anders als die übrigen Nächte?« Die Frage initiiert als »katechetischer Impuls« (Leimgruber 2001, 344) einen Erzählvorgang, der narrativ das befreiende Handeln JHWHs im Exodus vergegenwärtigt und darin die Hoffnung auf eine Zukunft dieser Gott-Mensch-Beziehung ausdrückt. Im Wechselspiel von »erinnerter Zukunft und erhoffter Vergangenheit« (Jürgen Ebach) wird die Erinnerung zur unverzichtbaren Kehrseite der Hoffnung. Notwendig vorausgesetzt wird dabei die individuelle Bereitschaft zu fragen, denn die kollektive Vergangenheit hat jeder Einzelne so zu erinnern, »als sei er selbst aus Ägypten ausgezogen.« Nur so ist er im Stande, den »Strom der Erinnerung« (Görg 1998, 29) weiterzuleiten. Die kollektive Heilsgeschichte Israels wird darin auch zur persönlichen Geschichte, die an den Erfahrungen der Gegenwart ansetzt.

Um aufzuzeigen, *wie* dieses Erinnern in die Erfahrungswelt des Alltags integriert werden kann, soll nun blitzlichtartig das jüdische Lernkonzept beleuchtet werden.
Im traditionsverbundenen (d. h. vorwiegend durch die rabbinisch-talmudische Periode nach der Zerstörung des Zweiten Tempels geprägten) Judentum besteht eine religiöse Lernpflicht, die zur ständigen Auseinandersetzung mit der Tora ermahnt: »Nicht weiche dieses Buch der Weisung von deinem Mund, du sollst darüber nachsinnen Tag und Nacht.« (Jos 1, 8; vgl. Dtn 6, 6; 11, 18 f.) Diese Lernpflicht hat eine fortgesetzte Interpretation und ständige Aktualisierung der religiösen Quellen und religionsgesetzlichen Inhalte geradezu notwendig gemacht. Die so im Erinnerungs- und Überlieferungsprozess in den rabbinischen Lehrhäusern entstandene mündliche Tora hat zu Beginn des dritten Jahrhunderts zu schriftlichen Fixierungen geführt: zunächst in der religionsgesetzlichen Synthese der »Mischna« und dem dazu entstandenen großen Kommentarwerk, dem »Talmud«, über die rabbinischen Bibelkommentare der »Midraschim« bis hin zu religiösen Werken verschiedenster Art im Laufe der folgenden Jahrhunderte (vgl. Stemberger 1999, 42–53).
Eine erste, *kognitive* Dimension des traditionellen Lernens liegt in der kontinuierlichen Diskussion der religiösen Texte. Die Methoden des fortlaufenden Kommentars und einer dialektischen Wahrheitssuche halten den Interpretationsspielraum der Texte in die Zukunft hinein offen. Das Lernideal verkörpert einen symmetrischen Dialog mit den Quellen der Tradition. Zugleich ist es seit seinen Anfängen zu einem »lebenswichtigen Vorgang für das Volk Gottes« (Vetter 1989) geworden, denn es bindet den Einzelnen in das Glaubenswissen und die Glaubenstraditionen der gesamten Lerngemeinschaft ein und hält diese lebendig. Nicht weniger bedeutsam ist eine zweite, *pragmatische* Dimension des Lernens, denn es bildet die Grundlage für die Auseinandersetzung mit der »Halacha«, dem jüdischen Religionsgesetz. Die Halacha (Weg, Wandel) ist weniger als starres Korsett einengender Verbote, sondern vielmehr als Anleitung und glaubensbezogene Orientierung des alltäglichen Lebens zu verstehen; sie ist Lebensweg, Lebensstil. Die Methode des kontinuierlichen Lernens führt einerseits zur alltäglichen Praxis religiöser Lebensformen, ist andererseits aber auch notwendig, um die überlieferten halachischen Regeln unter der Maßgabe gegenwärtiger Herausforderungen aktualisierend zu interpretieren. Das enge dialektische Zusammenspiel von Theorie und Praxis ist charakteristisch für das traditionelle Lernen.
Jüdisches Lernen meint immer lebenslanges Lernen und gilt als traditionell-jüdisches Bildungsideal. So kann für einen traditionsverbundenen Juden das Lernen zur »Melody of Life« (Ernst A. Simon), zur Identität stiften-

den Lebensmelodie schlechthin werden, die ihn in die Kette der Überlieferung einfügt: »So sitzen wir lernenden Juden in einem unendlichen Gespräch, von Mose sich herleitend und seitdem niemals und nirgends ganz abgebrochen. Die Melodie des Gebetes wird begleitet von der Melodie des Lernens ...« (Simon 1979, 64) Insofern die geoffenbarte Tora als göttliche »Einladung zum Lernen« (Abraham J. Heschel) verstanden wird, gilt Lernen sogar als Gottesdienst (vgl. Stemberger 1999, 48 f.; Vetter 1989, 227), denn es schreibt die Worte der göttlichen Weisung ins Herz des Menschen ein (vgl. Dtn 6, 6; 11, 18) und stellt in seinem Bezug zur Halacha das ganze Leben in die ständige Gegenwart Gottes; Lernen rhythmisiert die Zeit, führt hinein in eine *Heiligung des Alltags*.

Denkanstöße zu einer erinnernden Katechese

Erinnerung geschieht im alltäglichen Lernen, und Lernen vollzieht sich als aktualisierendes Erinnern. Jüdisches Erinnern ist damit auf Inhalte verwiesen, die Gegenstand eines lebenslangen Lernens bleiben und zugleich den Alltag mit dem Nächsten und in der Anwesenheit des verborgenen Gottes regeln wollen. Eine anamnetische Religionspädagogik bzw. ein »erinnerungsgeleitetes Lernen« (Leimgruber 2001) christlicher Provenienz muss mit dem doppelten Bezug auf Erinnerung *und* Lernen noch tiefer in die jüdische Glaubenstradition und ihre didaktischen Implikationen eintauchen. In diesem Sinne verstehen sich die folgenden drei Impulse – auf dem Boden des Vorangegangenen – als kleine vordenkende Anstöße zu einem Nachdenken über erinnerungsgeleitete christliche Katechese. Da hier eine differenzierte Bestimmung des Katechesebegriffs nicht möglich ist, wird Katechese sehr weit gefasst: als ein das ganze Leben begleitender christlicher Lehr- und Lernprozess zu einem reflektierten Glaubensbewusstsein und eine diesem Glauben entsprechende Lebensgestaltung. (vgl. dazu das Arbeitspapier der Würzburger Synode über »Das katechetische Wirken der Kirche«)

Katechese vermittelt Inhalte.
Als ein Bemühen um das Erlernen des Glaubens (zunächst als »fides quae«) hat Katechese die Aufgabe, mit den Inhalten der christlichen Tradition vertraut zu machen. In Form der Prä-Katechese geht es ihr um ein elementares Einführen in die Hoffnungsbotschaft des Evangeliums, in das christliche Glaubensbekenntnis oder in die kirchlichen Sakramente als den Zeichen der gnadenhaften Zuwendung Gottes zu den Menschen. Unüberbrückbar ist dabei der Bezug auf Alltagserfahrungen, die es auf re-

ligiöse Erfahrungen hin aufzubrechen und in einen christlichen Interpretationsrahmen zu stellen gilt (vgl. Lentzen-Deis 1995). Das traditionelle Lernen im Judentum hebt die hierin enthaltene religions- und glaubensdidaktisch brisante Polarität von Inhalt und Erfahrung nicht auf, setzt vielmehr beide Pole in ein dialektisches Wechselspiel: in der praktischen Bewährung des Glaubenswissens sowie umgekehrt in der steten glaubensbezogenen Handlungsorientierung des gelebten Alltags. Zunächst möchte ich daher für eine *lernende Katechese* plädieren, die Lernzeiten und Lernräume schafft, in denen jeder Einzelne zum *Lernenden* im engeren Sinne werden kann. Ihr muss es dabei grundlegend auch um die Vermittlung eines Sachwissens gehen, will sie die Antworten des konkreten Glaubens auf existenzielle Lebens- und Sinnfragen nicht desavouieren. Das Erlernen einer expliziten Hoffnung orientiert sich an Inhalten, Zeugnissen bereits erfahrener Hoffnung. Allerdings kann Katechese dieses Wissen im Rahmen eines ergebnisoffenen Dialogs mit der Tradition einbringen, den religiösen Lernprozess der Menschen begleitend und konfrontierend zugleich (vgl. Englert 2002, 102). Eine lernende Katechese darf deshalb die Inhalte der Glaubenstradition und ihrer Hoffnungsbotschaften nicht in traditionalistischen Fixierungen thematisieren, sondern muss sie selbstkritisch – im obigen Sinne *lernend* – zur Diskussion stellen und zu persönlichen Positionierungen animieren.

Katechese verortet Erinnerung.
Eine so verstandene lebensbegleitende Katechese gründet sich auf »Biotope der Erinnerung« (vgl. Zeit zur Aussaat 2000, 25 f.), in denen die Hoffnung der Christen auf ihren in Jesus (=JHWH ist Rettung) von Nazaret Mensch gewordenen Gott zur Sprache kommen kann. Denn die zentrale christliche Auferstehungshoffnung, die neue Lebensmöglichkeiten schaffen kann, muss wiederholt, muss erinnert werden: Sie ist uns täglich neu ins Herz zu schreiben (vgl. Dtn 6, 6), mitten in den zweifelnden Anfragen und Enttäuschungen des Alltags, in den Sackgassen der Politik und auf dem pluralen Markt der Sinn- und Heilsangebote. In Formen des gemeinschaftlichen Erinnerns kann christliche Hoffnung neu verstanden, erlebt und gelebt werden: in den Berichten und Erzählungen des Anderen, in der gemeinsamen Deutung von Erlebnissen und Erfahrungen, in der sonntäglichen Feier der Liturgie, in regelmäßigen geistig-geistlichen Treffen. Liturgische und katechetische Biotope der Erinnerung können zu Erfahrungs- und Lebensräumen einer konkreten Hoffnung werden und damit ein profiliertes Angebot schaffen, das dazu beitragen kann, eine *unterscheidungsschwache* in Richtung einer *unterscheidungsstarken* Pluralität religiöser und pseudoreligiöser Formen zu entwickeln. (vgl. Englert 2002, 101 f.)

Die erhoffte Vergangenheit kann in solchen Biotopen zur erinnerten Zukunft heranwachsen, nach innen und außen.

Katechese führt zur Bewährung.
Schließlich soll eine lernende und erinnernde Katechese den Glauben (nun im Sinne der »fides quae«) als ein Angebot der konkreten Lebensgestaltung aus der Inspiration der jüdisch-christlichen Tradition vorschlagen. Denn das »zachor« des Judentums erhält seine ganze Bedeutung erst in der Ausrichtung auf konkretes Handeln und Umkehren in der Gegenwart; das jüdische Lernen gewinnt seine volle Relevanz in seiner Ausrichtung auf die Halacha, ihre Regeln und Gebote. Katechese begleitet in einem doppelten Lernprozess sowohl das Hineinwachsen des Einzelnen in eine Glaubensgemeinschaft als auch dessen persönliche Suche nach einem Entwurf gelingenden Lebens. Es geht ihr dabei wesentlich auch um die Praxis, das Einüben in gemeinschaftliche Formen des erinnernden Feierns (kultische Anamnese) und der je individuellen Lebensgestaltung. Eine Katechese, die das traditionell-jüdische Lernen und dessen alltagsbegleitenden Charakter als Impuls aufnimmt, versucht, den Einzelnen in einen »Rhythmus des geheiligten Alltags« hineinzunehmen. Sie stiftet eine »anamnetische Kultur« (Johann Baptist Metz). Sowohl das gelernte und lebenslang zu lernende »Zeugnis des Wortes«, das Rechenschaft über die geglaubte Hoffnung (vgl. 1 Petr 3, 15) gibt, als auch das sichtbare Zeugnis der Erinnerungsgemeinschaft stehen letztlich vor dem »Wahrheitstest« (EN 24). Denn erst dann findet Erinnerung im konkreten Alltag statt, wenn die gelernte und erfahrene Hoffnung im gelebten Alltag bewährt wird – als persönliches »Biotop erinnerter Hoffnung« in der Mitte von Kultur und Gesellschaft.
Am Ende dieser knappen Umrisse bleibt der Versuch, mit den Konzepten des *Erinnerns* und *Lernens* ausdrücklich jüdische Traditionen des Glaubenlernens impulsgebend aufzunehmen, um *Hoffnung* als unverzichtbares Moment christlichen Glaubenlernens zu thematisieren. Zugleich wird hierin die neue Verhältnisbestimmung zum Judentum in Kirche, Theologie und Religionspädagogik seit dem Zweiten Vatikanischen Konzil – als im vollen Wortsinn *erinnerungswürdige Aufbrüche* – fortgeschrieben.
Vielleicht hat nicht zuletzt insbesondere die nachkonziliare Generation – zu der ich mich selbst im Unterschied etwa zu dem Zeitgenossen des Konzils Wolfgang Lentzen-Deis zähle – die besondere Chance und zugleich die Aufgabe, neue Wege des interreligiösen Dialogs mit dem Judentum zu beschreiten. Und zwar müssen diese im Rahmen einer anamnetischen Religionspädagogik nicht *ausschließlich* in der Erinnerung des Leidens nach der Shoa gegangen werden, sondern können *zusätzlich* mit dem gemeinsamen Blick in die Zukunft gesucht werden. Für deren Gestaltung hat eine jüdi-

sche und christliche Erinnerung konkreter Hoffnungen nichts von ihrer Relevanz eingebüßt. »Die Parallelen, Judentum und Christentum, schneiden sich nicht erst im unendlichen Gott, sondern schon hier in der irdischen Endlichkeit. Hier und jetzt können Juden und Christen versuchen, einander zu begegnen, um voneinander zu lernen.« (Simon 1979, 80)
So wird die eingangs gestellte Frage des großen Aufklärers nach dem Inhalt der Hoffnung letztlich zu einer auch von Juden und Christen gemeinsam gestellten Frage auf ihrer Suche nach tauglichen Wegen eines zeitgemäßen Glaubenlernens in der Spätmoderne: »Wie können wir erinnern?«

Literatur

Englert, Rudolf (2002), Skizze einer pluralitätsfähigen Religionspädagogik, in: Schweitzer, Friedrich u. a., Entwurf einer pluralitätsfähigen Religionspädagogik, Gütersloh-Freiburg, 89–106.

Görg, Manfred (1998), Erinnere Dich! Ein biblischer Weg zum Lernen und Leben des Glaubens, in: MThZ 49, 23–32.

Greve, Astrid (1999), Erinnern lernen. Didaktische Entdeckungen in der jüdischen Kultur des Erinnerns, Neukirchen-Vluyn.

Kohler-Spiegel, Helga (2002), Lernprozess Juden – Christen, in: NHRPG, 221–224.

Langer, Michael (1997), Auschwitz lehren? Prolegomena zu einer anamnetischen Religionspädagogik, in: Görg, Manfred u. a. (Hg.), Als Gott weinte. Theologie nach Auschwitz, Regensburg, 203–217.

Leimgruber, Stephan (2001), Erinnerungsgeleitetes Lernen, in: Hilger, Georg u. a., Religionsdidaktik. Ein Leitfaden für Studium, Ausbildung und Beruf, München, 340–348.

Lentzen-Deis, Wolfgang (1992), Die frohe Botschaft und das Leid der Welt. Zur Theodizee als einer religionspädagogischen Herausforderung, in: TThZ 101, 302–316.

Lentzen-Deis, Wolfgang (1995), Art. »Erfahrung. IV. Praktisch-theologisch«, in: LThK³ 3, 756 f.

Proposer la foi dans la société actuelle (1996) Lettre aux Catholiques de France, Paris. (In dt. Übersetzung: Den Glauben anbieten in der heutigen Gesellschaft. Brief an die Katholiken Frankreichs, hg. v. Sekretariat der DBK, Bonn 2000.)

Simon, Ernst (1979), Entscheidung zum Judentum. Essays und Vorträge, Frankfurt/M.

Stemberger, Günter (³1999), Jüdische Religion, München.

Unsere Hoffnung (1976) Ein Bekenntnis zum Glauben in dieser Zeit, in: Bertsch, Ludwig u. a. (Hg.), Gemeinsame Synode der Bistümer in der BRD. Offizielle Gesamtausgabe, Freiburg-Basel-Wien, 84–111.

Vetter, Dieter (1989), Lernen und Lehren. Skizze eines lebenswichtigen Vorgangs für das Volk Gottes, in: Albertz, Rainer u. a. (Hg.), Schöpfung und Befreiung, Stuttgart, 220–232.
Wermke, Michael (1997) (Hg.), Die Gegenwart des Holocaust. »Erinnerung« als religionspädagogische Herausforderung, Münster.
Zeit zur Aussaat (2000) Missionarisch Kirche sein, Sekretariat der DBK (Hg.), Bonn.

Katechese im Wandel
Skizzen und Impulse

Werner Simon

Das traditionelle volkskirchliche Modell der Initiation in die kirchliche Glaubensgemeinschaft setzt eine christentümlich geprägte Gesellschaft voraus, in der es als Ausnahme gilt, nicht einer Kirche anzugehören. Die Säuglingstaufe bildet den Normalfall der Aufnahme in die Glaubensgemeinschaft. Die sakramentenkatechetische Hinführung zur Erstbeichte und zur Erstkommunion im Kindesalter sowie zur Firmung im späten Kindes- bzw. frühen Jugendalter erfolgen auf der Grundlage und vor dem Hintergrund einer milieugestützten und in einem komplementären Miteinander der Lernorte Familie, Schule und Gemeinde vermittelten religiösen Sozialisation und Erziehung. Die wie der schulische Unterricht jahrgangsmäßig organisierte Katechese erfasst tendenziell alle Kinder und Jugendlichen einer Altersgruppe, die – in der Sicht einer idealtypischen Reduktion – gleichzeitig vergleichbare Schritte auf einem gestuften Glaubensweg gehen und die entsprechend den vergleichbaren Sozialisationsvoraussetzungen gemeinsam auf diese Schritte vorbereitet werden. Es wird nicht erst heute wahrnehmbar und bewusst, dass dieses volkskirchliche Modell der Initiation an Grenzen stößt, die bisherige Handlungsstrukturen und Sprechformen der Katechese in Frage stellen und nach neuen Perspektiven für eine zukunftsfähige Katechese Ausschau halten lassen. (vgl. Tebartz-van Elst 1995 und 1999)

Bereits die Gemeinsame Synode der Bistümer in der Bundesrepublik Deutschland (1971–1975) legte eine nüchterne und realitätsnahe Situationsanalyse vor. Mit Blick auf den Religionsunterricht in der Schule konstatiert sie ein fundamentales Spannungsverhältnis »zwischen einem schulischen Unterricht in einer weltanschaulich pluralen und teilweise indifferenten Gesellschaft und einer Katechese, die gläubige oder glaubenswillige Schüler voraussetzt oder anstrebt.« (Der Religionsunterricht in der Schule 1976, 123 f.) Auch jüngere Schüler können einen katechetischen Religionsunterricht als einen »Stilbruch« im Raum der Schule empfinden, »wenn in ein kirchliches Leben eingeführt wird, an dem sich ihre Familie nicht beteiligt« oder »wenn den Leitfaden das Kirchenjahr abgibt, das ihr Alltagsleben nicht mehr prägt.« (Der Religionsunterricht in der Schule 1976, 124 f.) Vor diesem Hintergrund unterscheidet die Synode zwischen dem im Bildungsauftrag der Schule begründeten Religionsunterricht und der Katechese in der Gemeinde, die Glauben wecken und vertiefen will. Die Synode »hält beide für unerlässlich«. (Der Religionsunterricht in der Schule 1976, 131)

Ansatz, Aufgaben und Schwerpunkte der gemeindlichen Katechese werden in einem eigenen Arbeitspapier (»Das katechetische Wirken der Kirche«) entfaltet. Oberstes Ziel des katechetischen Wirkens ist es, »dem Menschen zu helfen, daß sein Leben gelingt, indem er auf den Zuspruch und den Anspruch Gottes eingeht.« (Das katechetische Wirken der Kirche 1977, 41) Als Dienst am Glauben von Menschen aller Altersstufen wendet sich Katechese sowohl an Kinder und Jugendliche als auch an Erwachsene. Sie darf nicht auf Sakramentenkatechese eingeschränkt werden. Betont wird die originäre Verantwortung der Gemeinde als ursprünglicher Träger der Katechese sowie die Bedeutung der katechetischen Gruppe für den gemeinsamen Lernprozess. Ausführlich und differenziert wird insbesondere das Aufgabenfeld der Erwachsenenkatechese als »Dienst am Glauben von Erwachsenen« (Das katechetische Wirken der Kirche 1977, 53) entfaltet. In diesem Zusammenhang findet das Phänomen der *kirchlichen Distanziertheit* zahlreicher getaufter Christen besondere Aufmerksamkeit und Beachtung (vgl. auch Mette 1982):

»Die Zahl derer, die zwar der Kirche noch angehören, ihr aber – und vielleicht auch dem Glauben – distanziert gegenüberstehen, ist zur Zeit sehr groß. Ganze Bevölkerungsschichten stimmen in ihrer Glaubensüberzeugung und in ihrem praktischen Verhalten nicht mehr oder nur noch zum Teil mit dem Selbstverständnis der Kirche und dem von ihr verkündeten Glauben überein. Das bedeutet nicht unbedingt, daß diese Menschen unreligiös sind. Manche von ihnen stehen nur der Kirche, nicht aber Christus oder Gott fremd gegenüber. Bei anderen ist beides der Fall. Die Entfremdung gegenüber Kirche oder Glaube – oder gegenüber beidem – ist in allen Altersstufen zu finden, die Kinder eingeschlossen. In den jungen Jahrgängen überwiegt sie.« (Das katechetische Wirken der Kirche 1977, 70)

»Fernstehende« fordern Kirche und Gemeinden zu einem Perspektivenwechsel auf, der auch für die Katechese Konsequenzen hat:

»Wer steht wem fern? Wir nennen diese Menschen meist ›Fernstehende‹. Es sind aber nicht immer sie selbst, die diese Distanz herbeiführen; oft steht auch die Kirche durch die Art und Weise, wie sie in Erscheinung tritt, den Menschen fern.« (Das katechetische Wirken der Kirche 1977, 70)

Welche Impulse für eine erneuerte Katechese können mit Blick auf das Phänomen dieser *Distanzierung* als eines auch katechetisch relevanten *Zeichens der Zeit* gewonnen werden?

- Die Synode hebt die Vielfalt der persönlichen Motive hervor, die zu einer Distanzierung führen können und die sich nicht auf ein einheitliches Grundmuster zurückführen lassen. Sie spiegeln vielmehr plurale lebensgeschichtliche Hintergründe und plurale Glaubensgeschichten, die in diese Lebensgeschichten eingeschrieben sind. Sie sind als solche der Katechese sowohl vorgegeben wie aufgegeben.
- Nähe oder Distanz zu Kirche und Gemeinde sind auch insofern biographisch artikuliert, als sie sich häufig mit bestimmten Lebensabschnitten und den in ihnen dominierenden Lebensthemen sowie familiären und beruflichen Herausforderungen verbinden. Phasen intensiven Austauschs wechseln ab mit Phasen punktueller Begegnungen oder auch zeitweise unterbrochener Kommunikation. Lebensgeschichtlichen Einschnitten und Übergängen kommt auch für die Katechese eine Schlüsselfunktion zu.
- Der alltäglichen Beanspruchung durch zahlreiche soziale Kontakte und durch vielfältige institutionelle Erwartungen korrespondiert vielfach ein Wunsch nach Anonymität und Privatheit. Der »heutige Mensch [...] will diese Freiheit wahren und steht allen auffordernden Angeboten von Institutionen zunächst skeptisch gegenüber, weil er fürchtet, vereinnahmt zu werden.« (Das katechetische Wirken der Kirche 1977, 71) Diese Skepsis besteht auch gegenüber Formen einer *erfassenden* Pastoral oder einer *vereinnahmenden* Katechese. Wahlkontakte und Sympathiebeziehungen gewinnen zunehmend auch für die Katechese Bedeutung. Katechetische Angebote müssen daher gleichermaßen gewünschte Distanz gewähren wie gewünschte Nähe ermöglichen. Es erwachsen in diesem Zusammenhang neue Formen der Bindung. »Obwohl die Kirche als Glaubensgemeinschaft auf eine Glaubensentscheidung ihrer Mitglieder nicht verzichten kann, muß sie sich trotzdem bei vielen auf eine gestufte, vielleicht sogar fluktuierende Zugehörigkeit zu ihr einstellen.« (Das katechetische Wirken der Kirche 1977, 73)

- Katechese ist Dienst am Glauben. »Gerade die Fernstehenden müssen spüren, daß es der Kirche nicht um sich selbst geht, sondern um den Glauben, der den Menschen hilft, sich selbst zu verstehen.« (Das katechetische Wirken der Kirche 1977, 72) Für den Inhalt der Katechese bedeutet dies eine *Konzentration* in dem Sinn, dass der Glaube von seiner Mitte her erschlossen werden muss. Die Synode verweist auf die auch katechetische Relevanz der vom Zweiten Vatikanischen Konzil herausgestellten »Hierarchie der Wahrheiten« (Unitatis redintegratio 11). Ziel der katechetischen Erschließung ist es, den Glauben von der Mitte her als »lebenswert« (Unitatis redintegratio 11) erfahrbar und verständlich werden zu lassen.

Aus all dem erwächst die Struktur einer »lebensbegleitenden Katechese« (Lutz 1998), die den lebensgeschichtlich pluralen Situationen ihrer Teilnehmer Rechnung trägt: »Leitend ist die Idee einer Katechese, die der jeweiligen Person zu gegebener Zeit den für sie nächstmöglichen Schritt in der persönlichen Glaubensentwicklung ermöglicht.« (Lutz 2001, 679)

Die Auflösung der übergreifenden und sozial prägenden Großmilieus geht parallel mit einer gesteigerten Pluralisierung der Lebenslagen und einer zunehmenden Individualisierung der Lebensführung. (vgl. auch Simon 1992) Sozial vordefinierte *Normalbiographien* verlieren vielfach an Verbindlichkeit und werden durch plurale, individuell definierte Lebensentwürfe abgelöst. Lebensgeschichten werden in der Konsequenz dieser Entwicklung vielfältiger. Vielfältiger werden auch die Glaubensgeschichten, die in sie eingebettet sind.

Die in der Folge des Zweiten Vatikanischen Konzils und der Gemeinsamen Synode der Bistümer in der Bundesrepublik Deutschland angestoßene Erneuerung der Sakramentenkatechese in den Gemeinden führte zu einem beeindruckenden Engagement hauptberuflicher und ehrenamtlicher Katechetinnen und Katecheten, zu einem Neuentdecken der Gruppe als Ort eines beziehungsstiftenden Lernens und vielfach auch zu einem neuen Gemeindeverständnis, das die vielfältigen Begabungen in den Gemeinden neu wahrnehmen und wertschätzen ließ. Die jahrgangsmäßige bzw. altersstufenbezogene Organisationsform der Sakramentenkatechese wurde dabei allerdings in der Regel beibehalten.

Es verstärkt sich zunehmend der Eindruck: Auch diese erneuerte und engagiert ausgebaute Katechese stößt an äußere und innere Grenzen (Dialogpapier Gemeindekatechese 1992; Sakramentenpastoral im Wandel 1993): »Eine Zeitlang haben wir auf den Tatbestand, daß viele offensichtlich immer weniger an christlichen Glaubenstraditionen mitbringen, mit einer Intensivierung der Katechese reagiert, um nach- bzw. aufzuholen, was anderweitig nicht oder kaum stattgefunden hat. Damit sind wir an eine Grenze gestoßen. Die Ursachen für die Situation sind vielfältig. Zwei entscheidende Problembereiche aber dürften sein:

- Das von unseren derzeitigen gesellschaftlichen Verhältnissen geprägte Lebensgefühl.
- Die schwindende Lebensbedeutung unserer christlichen Gemeinden.« (Dialogpapier Gemeindekatechese 1992, 3)

Insofern befindet sich die Gemeindekatechese gegenwärtig in einer Phase der Suche, des Umbruchs und einer Neuorientierung, die in vielem unabgeschlossen und offen ist. Die Studientagung des Deutschen Katecheten-Vereins zur Gemeindekatechese 2003 in Erfurt stand unter der Überschrift »Bauplatz Gemeindekatechese«:

»Das Ausloten des gemeindekatechetischen Geländes förderte mehrere Spannungsbögen zu Tage, deren Polarität die Entwicklungschancen der GK markieren. Demnach bewegt sich Gemeindekatechese zwischen ›lebensgeschichtlichem Ansatz‹ und ›Katechese des *Proposer la foi* (Vorschlagen/Vorlegen des Glauben)‹, zwischen ›pädagogisierender‹ und ›evangelisierender/missionarischer‹, zwischen ›systematisch-zielgerichteter‹ und ›prozessorientierter‹ Katechese, zwischen ›Jahrgangs-‹, und ›adressatenorientierter‹ Katechese, zwischen ›Gemeindeaufbau‹ und ›Passagengestaltung‹ bzw. ›Gemeinde‹ und ›Glaubensbiotop‹, zwischen ›Vermittlung‹ und ›Zeugenschaft‹ ...

Sicher gibt es – auch heute noch – viele Beispiele gelungener ›traditioneller‹ Katechese. Die Entwicklung der gemeindekatechetischen Praxis verläuft ja keineswegs gleichzeitig. Entsprechende Tendenzen zur Harmonisierung der Pole – auch im Kreis der Teilnehmenden – sind deshalb verständlich.« (Kötzel 2004, 19)

Welche Perspektiven ergeben sich aus den bisherigen Überlegungen für eine *Katechese mit Zukunft*? Welches Bild einer zukunftsfähigen Katechese zeichnet sich ab und gewinnt bereits heute erkennbare Konturen?

Gesucht werden neue Formen der Begleitung auf dem Weg des »Glauben-Lernens«. In diesem Zusammenhang gewinnen die in katechumenal strukturierten Lernprozessen gewonnenen Erfahrungen zunehmend Bedeutung auch für die Katechese. Bezeichnet der Begriff »Katechumenat« im engeren Sinn den institutionalisierten Weg der Einführung und Eingliederung erwachsener Taufbewerber in die kirchliche Glaubensgemeinschaft, so erinnern »katechumenale Wege« für Getaufte (Schäffer 1988) daran, dass auch das »Lernen im Glauben« bleibenden Wegcharakter hat.

- Katechumenal strukturierte Lernwege betonen den prozesshaften Charakter des Glauben-Lernens. Sie ermöglichen ein schrittweises Lernen, das sich an der je persönlichen Glaubensgeschichte ausrichtet und das so bereits vom Ansatz her der »Ungleichzeitigkeit« der glaubensgeschichtlichen Voraussetzungen gerecht werden kann. »Dieser Weg braucht Zeit und Dauer zum Wachsen; er kennt verschiedene Stufen und Phasen; Krisen und Unterbrechungen gehören dazu; der Endpunkt (Termin) liegt am Anfang nicht fest.« (Sakramentenpastoral im Wandel 1993, 32) Die Spiritualität des Weges bringt bei aller Vielfalt eine Grundstruktur der christlichen Glaubenserfahrung zum Ausdruck: Sie ist eine Erfahrungserkenntnis, die in der lebensgeschichtlichen und lebenspraktischen Bewährung Profil gewinnt.

- Die für moderne Gesellschaften charakteristische Mobilität der Lebensverhältnisse führt dazu, dass seltener als früher ganze Lebensgeschichten – »von der Wiege bis zur Bahre« – gemeinsam miteinander geteilt werden. Es sind zeitlich befristete Wegetappen, die miteinander gegangen werden, in Weggemeinschaften, die in der Regel für eine bestimmte Zeit miteinander aufgenommen werden. Dies gilt auch für die zeitlich befristeten katechetischen Lerngruppen. Sie sind Weggemeinschaften auf Zeit. Insbesondere lebensgeschichtliche Einschnitte und Umbrüche laden ein, die alltägliche Routine zeitweise zu unterbrechen und neu nach dem zu fragen, was trägt, worauf wir uns verlassen sollen, was wir hoffen dürfen und was uns Zukunft erschließen kann.
- In diesem Zusammenhang werden katechetische Gruppen vielgestaltiger. Dort, wo der Glaube gelebt und gefeiert wird, kann ihnen gemeindebezogen eine intermediäre Aufgabe zukommen. »Der Weg des einzelnen in der Gruppe braucht den Bezug zur Gemeinde; sie sollte in der Gruppe repräsentiert sein; umgekehrt müßten die Gruppen offen sein für Vorgänge in der Gemeinde, damit eine wechselseitige Annahme möglich ist.« (Sakramentenpastoral im Wandel 1993, 32)
- Es besteht ein innerer und prozessual vermittelter Zusammenhang zwischen gelebtem, reflektiertem und gefeiertem Glauben, der für den katechumenal strukturierten Lernprozess eine konstitutive Bedeutung hat. Das gelebte Leben wird im Licht des Glaubens transparent. Der gelebte Glauben erweist seine Leben erschließende und erhellende Kraft. In der Liturgie feiern wir, was wir im Glauben leben und wessen wir uns im Glauben bewusst geworden sind. (vgl. Zimmermann 1994) Dies hat Konsequenzen für die Gestalt gottesdienstlicher Feiern in der katechetischen Gruppe: »Zeitpunkt und Auswahl der Feiern sollen dem Lebens- und Glaubensweg des Katechumenen entsprechen, damit er sie als Feiern seines eigenen Lebens zu begehen vermag und sie ihn in seiner inneren Entwicklung unterstützen können.« (Zimmermann 1978, 178)
- Katechetische Angebote werden mehr als bisher entsprechend den unterschiedlichen Formen der Kirchenverbundenheit ihre *passende* Gestalt finden. Insofern Glauben ein personales Geschehen ist, bleibt auch das

Glauben-Lernen auf personale Begegnungen angewiesen. In diesem Zusammenhang sind sowohl kurzzeitige punktuelle Kontakte mit einem geringen Verbindlichkeitsgrad als auch die Einladung zum Mitleben in Glaubensgemeinschaften mit einem größeren Verbindlichkeitsgrad wertvoll und unaufgebbar. Sie dürfen nicht gegeneinander ausgespielt werden. Jedoch wird die Katechese »*Abschied* nehmen müssen *von einer sozialisierenden,* Dauerkommunikation voraussetzenden oder zumindest erwartenden Katechese [...] *zugunsten einer evangelisierenden Katechese*, die jedem mit seinem jeweiligen Interesse den Zugang solange ermöglicht, wie er oder sie dies wünscht.« (Lutz 2002, 308)

Der Erfolg der Katechese bemisst sich nicht an der Erfassung großer Zahlen, sondern an der Qualität der in der Katechese ermöglichten Begegnung. Auch Einzelbegegnungen können Schlüsselerlebnisse werden. Neben den institutionellen Formen der Katechese werden auch in Zukunft die informellen Formen des persönlichen Rats, der Ermutigung und des Trostes ihre bleibende Bedeutung behalten.

In seinen »Ermutigungen für die Praxis« beschreibt Karl Heinz Schmitt das Profil einer »erfolgreichen Katechese«:

»Erfolgreich ist eine Katechese dann, wenn sie erinnerungswürdige Begegnungen ermöglicht, Erinnerungen der Anerkennung, der Anteilnahme, der Wertschätzung, der Vergebung, der Heilung und der Solidarität im Namen Gottes. Erinnerungswürdige Begegnungen helfen zu leben.« (Schmitt 2000, 186)

Literatur

Das katechetische Wirken der Kirche (1977). Arbeitspapier, in: Gemeinsame Synode der Bistümer in der Bundesrepublik Deutschland. Ergänzungsband: Arbeitspapiere der Sachkommissionen (Offizielle Gesamtausgabe II), Freiburg/Br., 37–97.

Der Religionsunterricht in der Schule (1976). Beschluß, in: Gemeinsame Synode der Bistümer in der Bundesrepublik Deutschland. Beschlüsse der Vollversammlung (Offizielle Gesamtausgabe I), Freiburg/Br., 123–152.

Dialogpapier Gemeindekatechese [Gemeindekatechese an ihren Grenzen? Einladung zum aufrechten und aufrichtigen Dialog] (1992), Vorstand des Deutschen Katecheten-Vereins und Vorstand der Schweizer Katecheten-Vereinigung (Hg.), München [Abdruck in: Katechetische Blätter 117 (5/1992) 368–374].

Kötzel, Michael (2004), »Bauplatz Gemeindekatechese«. Studientagung GK 2003 in Erfurt, in: unterwegs 1, 19.

Lutz, Bernd (1998), Perspektiven einer lebensbegleitenden Katechese, in: Bitter,

Gottfried/Gerhards, Albert (Hg.), Glauben lernen – Glauben feiern. Katechetisch-liturgische Versuche und Klärungen, Stuttgart u. a., 235–252.
Lutz, Bernd (2001), Art. Gemeindekatechese, in: LexRp 1, 675–682.
Lutz, Bernd (2002), Art. Katechese in der Gemeinde, in: NHRPG, 305–310.
Mette, Norbert (1982), Kirchlich distanzierte Christlichkeit. Eine Herausforderung für die praktische Kirchentheorie, München.
Sakramentenpastoral im Wandel (1993), Überlegungen zur gegenwärtigen Praxis der Feier der Sakramente – am Beispiel von Taufe, Erstkommunion und Firmung (Die deutschen Bischöfe – Pastoral-Kommission –, hg. v. Sekretariat der Deutschen Bischofskonferenz; 12), Bonn.
Schäfer, Wilhelm (1988), Christsein lernen von Grund auf. »Katechumenale Wege« für Getaufte, in: Lebendige Katechese 10, 110–119.
Schmitt, Karl Heinz (2000), Erfolgreiche Katechese. Ermutigungen für die Praxis, München.
Simon, Werner (1992), Religiöse Erziehung im Kontext gesellschaftlicher Individualisierung, in: Trierer Theologische Zeitschrift 101, 281–301.
Tebartz-van Elst, Franz-Peter (1995), Gemeindliche Katechese, in: Ziebertz, Hans-Georg/Simon, Werner (Hg.), Bilanz der Religionspädagogik, Düsseldorf, 467–487.
Tebartz-van Elst, Franz-Peter (1999) (Hg.), Katechese im Umbruch. Positionen und Perspektiven (FS Dieter Emeis), Freiburg/Br.
Zimmermann, Dietrich (1978), Katechumenat in Frankreich. Entwicklungen und Schwerpunkte heute, in: Lebendige Seelsorge 29, 179–183.
Zimmermann, Dietrich (1994), Leben – Glauben – Feiern, in: ders. (Hg.), Leben – Deuten – Feiern. Eine Orientierung für Katechese und Pastoral, München, 13–21.

Welche Katechese hat Zukunft?
Praktisch-theologische Mutmaßungen

Gottfried Bitter

Katechese, diese Kostbarkeit aus der Schatztruhe des Lebens und Glaubens der Christen, geschmückt mit Edelsteinen und Perlen aus vielen Jahrhunderten und Kulturen, spiegelt in ihrer zweitausendjährigen Geschichte die mannigfaltigen Formen und Gestalten des *einen* Lebens und Glaubens aus dem Impuls des Evangeliums in der Gemeinschaft mit Jesus Christus wider. Einmal stand der gestufte (katechumenale) Weg in die Christus- und Kirchengemeinschaft im Vordergrund und dann das ausdrückliche Mit-Leben der christlichen Überlieferungen und Bräuche in der Familie und Gemeinde; einmal war der Ortsbischof der erste Katechet und Mystagoge und dann waren es Mutter und Vater. Heute ist die Katechesepraxis – zumindest in den deutschsprachigen Ländern – nahezu eingeschrumpft auf kurze Vorbereitungskurse auf den Empfang der Erstkommunion und Firmung (ähnliches gilt für die evangelischen Gemeinden mit ihrer Konzentration auf die Vorbereitung zum Empfang der Konfirmation.), in der Regel besorgt von Eltern und Gemeindemitgliedern, manchmal begleitet von Hauptamtlichen im kirchlichen Dienst. Stille Voraussetzung dieser Katechese-Praxis ist eine religiöse Grundprägung der Kinder- und Jugendlichen durch die christliche Lebenswelt in der Familie, die der schulische Religionsunterricht prüft und verstärkt und die das alltägliche Lebensumfeld vertieft. Das Weggleiten, das Verschwinden dieser bedingenden Voraussetzungen in den letzten Jahrzehnten ist eigentlich allgemein bekannt, aber es wird nur achselzuckend hingenommen, ohne die gängige Katechese-Praxis zu verändern. Die Lebensformen heute und die noch übliche Katechese-Praxis von gestern passen darum nicht zueinander. So ist es nicht verwunderlich, dass eben diese Katechese-Praxis erfolglos ist, denn sie verkümmert zum unterhaltsamen kirchlichen Benimm beim festlichen Empfang der Sakramente der Eucharistie bzw. der Firmung, obwohl sich Eltern und Katechetinnen, Kinder/Jugendliche und Hauptamtliche im kirchlichen Dienst redlich mühen. Anders gesagt: die Erfolglosigkeit (die alle beklagen) deckt einen *Strukturmangel des Gemeindelebens* auf, den es gründlich abzubauen gilt. Denn eine christliche Gemeinde, die ihre Initiationssakramente denen spendet, die eigentlich keine Initiationschance haben, wird unglaubwürdig, weil sie nicht aufrichtig mit ihren Mitgliedern und mit sich selbst und vor allem mit dem Sakrament umgeht. Kurz: Die Katechese steht heute an einer grundsätzlichen Wendemarke. Darum reicht ein Methodenwechsel oder eine intensivierte Katechetenschulung nicht aus, stattdessen ist ein Gestaltwandel fällig, eine glaubens- und gemeindetheologisch motivierte Innovation. Oder noch schärfer: eine *Konversion der Katechese-Praxis* ist heute gefordert.

Was wollen diese (vielleicht etwas zu) großen Worte sagen? Zumindest auf drei Seiten des heute fälligen Gestaltwandels der Katechese-Praxis soll hier ausdrücklich hingewiesen werden: auf eine Konversion im Katechese-Verständnis, auf einige Erwartungen an die Katecheten/innen und auf verschiedene Umrisse einer erneuerten Katechese-Praxis – Angestoßen werden diese Mutmaßungen von den vielfältigen Bemühungen von Wolfgang Lentzen-Deis um eine Erneuerung der Katechese. So z. B. besonders bildkräftig dargestellt in seinem Aufsatz: »Der menschenfreundliche Gott«, Grund und Maßstab einer Didaktik des Glaubens (1990) im Anschluss an Nikolaus von Kues. – Ausdrücklich werden hier *Mutmaßungen* vorgetragen, d. h. vorsichtige, noch wenig gesicherte Überlegungen, die keinen Anspruch auf Theorie-Qualität stellen, sondern nur einige Lentzen-Deis-Anstöße weitertreiben wollen.

Zur Konversion im Katechese-Verständnis

Vorneweg tut eine kleine *glaubenstheologische Erinnerung* gut. Katechese ist eigentlich eine ziemlich verwegene Unternehmung – Menschen tun das, was der Gott Israels, was der Gott Jesu Christi zuerst tut: Menschen einladen, auf eben diesen Gott hin zu leben, aus der Kraft seines schöpferischen Geistes zu leben, mit diesem Gott zu leben – in der Gemeinschaft mit seinem menschgewordenen Sohn. Katechese ist eine gott-menschliche Kooperation, eine menschliche Fortsetzung einer göttlichen Initiative getragen von der Zuversicht. Was Gottes Geist begonnen hat, das wird er auch vollenden. Eine Katechese, die sich so glaubend, hoffend auf dieses göttliche Beginnen hinwendet, *konvertiert,* kehrt um vom christentümlichen Aktivismus hin zu dem, was Gott mit den Menschen in seiner Kirche anfangen und vollenden will. – Zu diesem *theologisch motivierten Argument* für eine konvertierte Katechese kommt noch ein *anthropologisch motiviertes Argument* hinzu. Viele Menschen leben heute in einer gottverlorenen, gottverlassenen (aber wer hat hier wen verlassen?) Einsamkeit und Langeweile, in einer Teilnahmslosigkeit, in der selbst das Entzücken über die Wunder des Lebens und der Schmerz über das Geheimnis des Leids flacher zu werden scheinen. Und doch regt sich in dieser Trägheit des Geistes und des Herzens eine unstillbare Sehnsucht nach einem anderen, heilen Ich, nach einer treuen Liebe, nach einer gerechteren Gesellschaft, nach einem endgültigen

Sinn des Einen und des Ganzen. Diese Sehnsucht ist eine/die treibende Kraft für jede Entdeckung, für jede Begegnung, für jede Beziehung, für jeden Wandel. In aller Vorsicht dürfen wir sagen: Gott sucht die Menschen – in dieser Sehnsucht; die Menschen suchen Gott – in dieser Sehnsucht. Katechese ist so ein Entdeckungsraum, der diese gegenseitigen Suchbemühungen ausdrücklich vernehmbar, erfahrbar werden lässt. Eine Katechese, die sich zu dieser Einsicht hinwendet, steht mitten im Konversionsprozess – im glaubenden Sich-Gott-Gefallen-Lassen, der weder gestern noch heute den mit den Menschen geschlossenen Bund kündigt, sondern in seiner Treue spähend, lockend, einladend auf der Suche nach den Menschen ist und bleibt. Eine solche konvertierende Katechese schüttelt das (vielfach heute herrschende) Klima der Ängstlichkeit ab und erkennt ihre Zukunftsfähigkeit – durchaus in der Wahrnehmung radikalisierter Diaspora – für jede ausdrücklich gelebte Religion, vor allem für das Leben aus dem Impuls des Evangeliums.

Eine Konversion der Katechese hin zum Geheimnis der immer treuen Menschenliebe Gottes *und* zur namenlosen Sehnsucht der Menschen heute schließt auch den Mut zur konsequenten anthropologischen Wende der Lebensangebote aus der Inspiration des Evangeliums ein – angestoßen vom Zweiten Vaticanum. Damit ist durchaus nicht das Gleiten der christlichen Gemeinden in eine allerseits gefällige Service-Mentalität gemeint, sondern das Vorstellen und das Anbieten von Überzeugungen und Einsichten, die die Christen gestern und heute aus ihrer Gottesentdeckung und Christusgemeinschaft gewinnen. Aufmerksam und respektvoll sucht die Katechese die offenen und verborgenen Lebenswünsche der Menschen heute auf (ausführlich hierzu der Brief der französischen Bischöfe, 2000). Der verhängnisvolle Dualismus – hier die unheilige Welt der Jugendlichen und Erwachsenen heute und dort die heilige Überwelt der Christen und Gemeinden – wird somit erst gar nicht aufgebaut, vielmehr versteht sich eine konvertierte Katechese als eine ernsthafte, gemeinsame Erkundung neuer, bekannter-unbekannter Einsichten und Lebensformen heute. Eine solche Katechese bringt sich zu Wort als angewandte Theologie des »Glaubenszugangs« (Rahner 1968), der Glaubensentwicklung. Vielleicht darf man sagen: das wechselseitige Fragen und Prüfen der Lebensbedingungen und Lebenswünsche der Menschen hier und der Ausdrucksformen des christlichen Lebens und Glaubens dort ist ein Gradmesser sowohl für den Such-Ernst der Christentums-Sympathisanten als auch für die hermeneutische Phantasie der einladenden Katecheten.

Aus diesen ersten Hinweisen auf eine konversionsbereite Katechese und zur Bedeutung ihrer äußeren Bedingungsfaktoren lässt sich jetzt ein vorläufiger *Katechese-Begriff* ableiten. *Katechese* ist ein ausdrücklicher Entde-

ckungs-, Begegnungs-, Erprobungs- und Lernprozess des Lebens und Glaubens aus der Inspiration des Evangeliums Jesu Christi und der christlich-kirchlichen Traditionen im Namen und in der Begleitung christlicher Gemeinden – ausgerichtet auf das nahende Reich Gottes in der Kraft des Heiligen Geistes. Insofern ist es berechtigt, Katechese einen geistlichen Bildungsprozess zu nennen. Daraus folgt: das gemeinsame Erkunden und Prüfen der Chancen und Wege, der Irrwege und Strapazen des Glauben-Lernens mit meinen ganz eigenen Begabungen und Schwächen ist das *thematische Zentrum der Katechese*; Glauben hier verstanden als Akt des freien Willens, den eigentlich hoch riskanten und zugleich beglückenden, lebenslangen Vertrauensweg in der Kraft des Pfingstgeistes auf den Gott zu, der mein Fels ist, zu wagen und der durch Jesus Christus mein Vater wird.
Entscheidend in dieser heute fälligen Konversionssituation der Katechese erscheint zuerst die Einsicht in die Fälligkeit, in die Dringlichkeit eben dieser Konversion, denn jede Reform beginnt im Kopf und im Herzen. Mit einem *Katechese-Prospekt* muss sich dann ein *Katechese-Wille* verbinden, aus dem in kleinen Schritten eine neue *Katechese-Gestalt* wachsen kann. Ein wichtiges Signal für den tatsächlichen Umkehrwillen wird das regelmäßige, ernsthafte Bitten der christlichen Gemeinden um den pfingstlichen Geist des Glaubensmutes und des Glaubenszeugnisses sein.

Erwartungen an die Katecheten

Katechese ist ein geistliches Projekt. Die Gemeinde handelt hier aus ihrer christlich-kirchlichen Verantwortung, aus ihrer Berufung, zum Sakrament des nahenden Gottesreiches zu werden – mitten unter den Bedingungen des vielfältigen Gottesverlustes. Der österlich-pfingstliche Geist ist ihre Motivationsquelle. Darum kann die konkrete Katechese-Praxis nicht als ein organisatorisches, als ein funktionales Problem gelöst werden, etwa nach dem Motto: »Welche Eltern erklären sich als katechetische Begleiter zur Mitarbeit bereit?« – »Einverstanden! Vielen Dank!« Nur überzeugte Christinnen und Christen können für die katechetischen Dienste (Kinder- und Jugendkatechese, Altenkatechese und Sakramentenkatechese) beauftragt werden, jeweils begleitet von Haupt- und Nebenamtlichen im kirchlichen Auftrag. Es geht bei diesen Forderungen nicht um einen neuen, katechesetheologisch maskierten Rigorismus oder gar Klerikalismus, sondern einfach nur um die Wahrhaftigkeit, um die Glaubwürdigkeit der Katechese; darum jetzt die Aufzählung einiger *Erwartungen* an die Katecheten.

- Die Katechetin/der Katechet steht ein für die aktuelle Frische und Zukunftsqualität eines Lebens aus dem Geist Jesu Christi heute. Der mutige und zugleich zaghafte Glaube dieser Christin/dieses Christen wagt ihr/sein Leben, ihre/seine Hoffnungen und ihre/seine Einsichten, ihre/seine Fragen und ihre/seine Sorgen ins Gespräch zu bringen mit den Teilnehmern einer katechetischen Gruppe. (vgl. Jes 16, 17) Dieses *freimütige Lebens- und Glaubenszeugnis* ist der Treibsatz der Katechese; ohne die Zeugnisse der Katecheten verkommt die Katechese zum schlechteren Religionsunterricht. Das Glück, die Freude, in der geglaubten Christus-Gemeinschaft leben zu können, ist das Signal des herannahenden Gottesreiches. (vgl. Röm 14, 17 ff) Für den Katechese-Experten Augustinus von Hippo ist diese Freude, diese Heiterkeit (hilaritas) das spezifisch katechetische Klima, in dem die Gesprächspartner miteinander umgehen und gegenseitiges Vertrauen finden. (Augustinus 1985, 8, 12, 14, 22) Dieses alltäglich erfahrene Glück, leben und hoffen zu dürfen in der befreienden Christus-Gemeinschaft (vgl. Gal 5, 1), kann ich nicht für mich alleine behalten, darum muss es weitergesagt, weitergegeben werden. (Apg 4, 20) Darum gewinnt ein solches Lebens- und Glaubenszeugnis auch die ganz natürliche Kraft, sich im eigenen Leben und Glauben durchaus gegen die gängigen Wertvorstellungen der spätmodernen Leitkultur zu stellen, eingeschlossen gegen Vorurteile und Spötteleien über die Einfalt und Gestrigkeit des christlichen Glaubens – von Seiten der katechetisch Interessierten.

- Das Lebens- und Glaubenszeugnis der Christen, hier der Katecheten formt sich im Leben und Glauben mit anderen Christen in der Gemeinde. Ein christliches »Ich-glaube« wächst immer aus dem gemeindlich-kirchlichen »Wir-glauben«, dies schließt durchaus eine kritische Distanz zu einzelnen kirchlichen Fragen und Antworten, Personen und Institutionen mit ein. Entscheidend ist darum die *gelebte Kirchengemeinschaft der Katecheten*, denn nur aus eben dieser Gemeinschaft kann Katechese zum Miteinander-Glauben-Teilen werden, zum mystagogischen Ertasten des nahen-fernen Gottes Jesu Christi. Katechetische Singles sind untauglich.
- Schon diese ersten Überlegungen deuten Antworten auf die Fragen an: Wer ist befähigt zur Katechese? Welche Kompetenzen sind von einer Katechetin/einem Katecheten zu erwarten, zu wünschen? Die *katechetische Kompetenz ist die persönliche Kompetenz und darin eingeschlossen die Glaubenskompetenz.* Diese Antwort mutet recht simpel an, aber m. E. benennt sie das Entscheidende: das ganz persönliche und zugleich gemeindlich-kirchlich unternommene Glaubensexperiment, eingeschlossen seine Wagnisse und Entdeckungen, seine Sackgassen und Glückserfahrungen, qualifizieren zum Katecheten; alle weiteren, wünschenswerten Kompetenzen lassen sich von außen an die Katecheten herantragen. Die Erfah-

rungen mit dem eigenen Glaubensexperiment ordnen und werten möglicherweise begleitende Arbeitshilfen (theologische Kompetenz) genauso, wie sie Einsichten in die gegenwärtigen Lebensformen eröffnen (sozialwissenschaftliche Kompetenz) und Wege zum Umgang mit den Gruppenmitgliedern auftun (kommunikative und didaktische Kompetenz, vgl. 1 Petr 4, 10). – Aus der selbstverständlichen Begegnungs- und Gesprächssituation und dem Umgang miteinander rücken der Einzelne und seine Urteile und Einstellungen in den Vordergrund des gemeinsamen Entdeckungs- und Klärungsprozesses (Primat des Personalen) gerade im Fragen und Klären mit dem ähnlich Gesinnten. So entsteht ein intensives Interaktionsdreieck: der Glaubenssympathisant, die Gruppe und die Katechetin/der Katechet.

- Die Würzburger Synode hat in ihrem Arbeitspapier zum »Katechetischen Wirken der Kirche« (1974) das Ziel der Katechese so bestimmt: »Das *oberste* Ziel des katechetischen Wirkens besteht darin, dem Menschen zu helfen, *dass sein Leben gelingt, indem er auf den Zuspruch und den Anspruch Gottes eingeht.*« Diese Zielangabe benennt damit die besondere *Aufgabe des Katecheten*: das Erkunden des »gelingenden Lebens« dieser Teilnehmer am Katechese-Projekt, indem er den »Zuspruch und Anspruch Gottes« vernehmbar, erfahrbar werden lässt. Ein höchst schwieriges Unternehmen! – Am Anfang eines katechetischen Prozesses wird darum die Erfahrungschance der Glaubenswilligen stehen: *Wir* sind hier das Thema, unser Leben, unser gelingendes Leben! Diese evozierende Starterfahrung ist alles entscheidend, ohne sie bleiben Katechese-Versuche im Passiven, im Rezeptiven stecken; es kommt nicht zu der inspirierenden Einsicht. Wir selbst müssen uns zum gemeinsamen Erkunden und Prüfen dieses »gelingenden Lebens« aufmachen, zum Suchen nach dem noch verborgenen Schatz (vgl. Mt 13, 44–46; gerade in diesem Doppelgleichnis kommt die Dynamik des katechetischen Prozesses zur Sprache: das Ankündigen und das Suchen, das Finden und das Beglücktwerden).
- Vom katechetischen Begleiter darf/muss erwartet werden, dass er auf drei Feldern die Schatzsuche vorantreibt: auf dem personalen Feld: Wer bin ich? Was ist mein Lebensschatz? Bin ich meinem Lebensschatz treu? Wohin soll mein Leben wachsen?; auf dem sozialen und ekklesialen Feld: Wer sind mir die Anderen? der Nächste, die Nahen, die Fernen, die Mitchristen, die Gemeinde, die Kirche?; auf dem theologalen Feld: Was ist mir das Erste und das Letzte? der Sinn des Ganzen, der Gott meines Herzens? Ist der Vater-Unser-Gott mein Gott? Wer ist für mich der Jesus aus Nazaret, der ferne Prophet, das nahe Wort Gottes, die gute Hand des Abba-Gottes?

Diese drei Felder – das ist beglückende Überraschung des Christus-Glaubens – treffen sich im gefundenen und erworbenen Schatz, im Gewinnen der kostbaren Perle. Anders gesagt: *dieser Triangel – mein Ich, der Andere, der Gott Jesu Christi in Menschengestalt – muss das werbende Erzählen und Bezeugen des Katecheten bestimmen.* Denn dieser Triangel weist den Weg zum »gelingenden Leben ... unter dem Zuspruch und Anspruch Gottes«; im Bearbeiten dieses Triangels findet der Glauben-Suchende – mit seinen tiefen Sehnsüchten hier und seinen bestimmenden Erfahrungen dort – die Wahrheit, das Geschenk, das Glück des christlichen Glaubens im »gelingenden Leben«: eben im Wachsen seines Lebens »unter den Zuspruch und Anspruch Gottes«. Ich-Finden und Gott-Finden und das Den-Anderen-Finden fallen ganz überraschend im Bearbeiten dieses Triangels zusammen.

- Werden nicht zu hohe Erwartungen an die Katechetin/Katecheten ausgesprochen und damit die Bereitschaft und die Befähigung zum katechetischen Dienst erdrückt? Durchaus nicht: denn die entscheidende *Kompetenz für den katechetischen Dienst* wird hier erkannt *im ganz eigenen Mut zur Nachfolge Jesu*: im ganz persönlich geprägten Leben-Wollen aus dem Geist des gekreuzigten und auferweckten Jesus, dem Christus. Die täglich erfahrene, schmerzliche Differenz zwischen Wollen und Versagen, zwischen Verstummen-Wollen zu allen Fragen des Glaubens und Anbieten-Müssen des Glaubens im Herzen der Katechetin/des Katecheten ist m. E. ein zuverlässiges Qualitätsmerkmal für eine taugliche katechetische Kompetenz. Zugleich wird die Gemeindeleitung erkennen müssen, dass sie ihren katechetischen Mitarbeiter/innen Beratung und Begleitung schuldet, so wie es z. B. Tom Döker (2003, 139) für die Ermutigung von Kommunion-Eltern anschaulich und ausführlich darstellt.

Umrisse einer erneuerten, zukunftsfähigen Katechese

Wenn man den bisherigen Überlegungen zu dieser konversionsbereiten Katechese großteils zustimmen will, dann kann jetzt die *gemeindetheologische These* gewagt werden: Mitten unter den schmerzlichen Erfahrungen zerfallender religiöser Traditionen und erfolgloser Glaubensvermittlungsprozesse wird eine christliche Katechese solange zukunftsfähig sein, solange Christinnen und Christen auf die Lebenskraft des Evangeliums setzen und deren so selbst gewonnene Glaubenskompetenz als katechetische Kompetenz aktiv in der Gemeinde gewürdigt wird. – Zu dieser zukunftsbefähigenden Katechese, zu diesem Katechese-Prospekt nun noch einige Erwartungen und Mutmaßungen!

Die *christliche Gemeinde*, die Konkretion der Kirche Jesu Christi vor Ort als Sakrament des herannahenden Reiches Gottes, ist – gegen alle funktionalistischen Planziele – das eigentliche *Subjekt der Katechese*, mit deren Durchführung sind zunächst die hauptamtlichen Mitarbeiter bestellt, samt ihren ehrenamtlichen Mitkatecheten. Die Kirche, die Gemeinde ist somit keine bloße Christen-Genossenschaft, die sich u. a. um neue Mitglieder zu kümmern hat, sondern eine vom österlich-pfingstlichen Geist gewirkte Christus-Gemeinschaft; darum ist das Ausrufen des Christus-Evangeliums und das Einladen und Begleiten in die Christus-Gemeinschaft ureigenes Gemeindetun. Katechese ist hier die soziale Vermittlung der Lebens- und Glaubensweisen der Christen. Auch in ihrer Sündergestalt, auch in ihrem schäbigen Spottkleid ist und bleibt die Kirche – und auch diese unansehnliche Gemeinde vor Ort – geistliche Gemeinschaft, Christus-Gemeinschaft. Wenn die Kirche/Gemeinde diese Herkunft und diese Zielvorgabe, wirksames Signal des herannahenden Reiches Gottes zu sein, vergisst, dann wird Katechese zum funktionalen Problem, disponiert zum Scheitern; stellt aber die Gemeinde die Katechese in das Spannungsfeld ihrer eigenen Martyrie-, Diakonie- und Liturgie-Praxis, dann bleibt, dann wird Katechese zukunftsfähig.
Die *Glaubensinteressierten, die Glaubensneugierigen*, die sich für einen katechetischen Suchgang anmelden, sie sind die Partner der katechetischen Mitarbeiter; sie müssen unbedingt aus freien Stücken kommen, ganz gleich ob es Kinder, Jugendliche oder Erwachsene sind: *Freiwilligkeit ist* – gegen alle Vereinnahmungstricks – *konstitutiv* für einen ernstgemeinten katechetischen Erkundungsweg. Dies hat zur Konsequenz, den nicht freiwilligen Teilnehmern ganz dringlich vom Mitgehen abzuraten. – Am Anfang des Weges wird das Entdecken/Verstärken der *Einsicht* (evtl. begleitet durch gemeinsame Erlebnisse hoher Intensität) stehen: *Neues ist möglich!* Unbekanntes kann von mir/für mich erlebt und erfahren werden. Nur aus dieser Einsicht können Such-Interesse und Lernfreude heranwachsen – oder im Bild einer neutestamentlichen Erzählung gesprochen: nur der *neugierige Zachäus* steigt auf den Baum, um den unbekannten Jesus zu erspähen (vgl. Lk 19, 3 f.) und gewinnt damit sein Glück. – Die zweite Etappe des katechetischen Weges wird in vielen kleinen Schritten den *katechetischen Triangel* (vgl. oben) *aufdecken:* das Ausschauen nach meiner Lebensmitte, nach dem Geschenk der Menschen, die mit mir gehen wollen, nach dem Jesus und seinem Lebensversprechen. (vgl. Lentzen-Deis 1990, 189–198) Entscheidend ist hier die gedeutete Erfahrung: Indem ich diese kleinen Schritte mutig und nachdenklich mitgehe, gewinnt – von außen nach innen und von innen nach außen wachsend – mein ganz eigenes Leben seine ganz besondere Gestalt, sein

Profil, seine Identität. Oder zugespitzt gesagt, meine neue Aufmerksamkeit für mein Leben, für die Menschen um mich herum und für diesen Jesus mit seinem Glücks- und Heilsversprechen (vgl. Lk 19, 9) wendet mich nicht von mir ab, macht mich nicht vor mir selber fremd, sondern im Gegenteil, sie wird für mich ganz wichtig, sie wird lebenswichtig, denn sie bringt das zum Wachsen, was ich schon immer für mich will. Glaubenschancen tun sich so auf im Zueinander von Selbstbildung und Selbsttranszendenz. (dazu ausführlicher: Joas, 1999, 227)
Die dritte Etappe des katechetischen Weges wird auf das Erproben dieser neuen Einsichten im Alltag ausgerichtet sein, auf den *»Wahrheitstest«* (EN 24) der neuen Lebenschancen, die ich für mich und für andere entdeckt habe. Diese Experimente und Testreihen werden sehr unterschiedlich sein, aber sie sind unverzichtbar, wenn der katechetische Weg nicht im frommen Erlebnispark enden soll, denn die allgemeine Skepsis gegenüber konsequent religiös geprägten Lebensformen kann nur in Gemeinschaft mit Gleichgesinnten, in der kirchlichen Glaubensgemeinschaft, eben durch den Lebenstest in persönliche und gemeinsame Gewissheit überführt werden.
Angesichts des breiten Plausibilitätsverlusts des christlichen Lebens und Glaubens und der tiefen Traditionsabbrüche kommen heute in der Regel die Katechese-Bereiten aus nachchristlichen Lebenswelten. Darum ist es schon seit längeren angezeigt, *die herkömmlichen Katechese-Formen in evangelisierende Katechese-Formen zu überführen.* Orientiert am Apostolischen Schreiben Papst Pauls VI. »Evangelii nuntiandi« (1975) bedeutet dies:

- Ausdrückliche Aufmerksamkeit für die kulturellen und sozialen Kontexte der Glaubens-Sympathisanten und ihre fremdprophetische Qualität.
- Wiederentdeckung der jesuanischen Reich-Gottes-Gleichnisse durch die Gemeinde und ihre Katecheten.
- Mitten in den Alltagsgrenzen geht die Vision auf: Gottes Reich wächst heute heran – gegen alle Widerstände – aus Gottes Kraft durch das Sakrament Kirche, deren Zielpunkt das vollendete Reich Gottes ist.
- Meine/unsere neue Bekehrung ist fällig, das Hör- und Handlungsbereit-Werden für den Einladungsruf Jesu Christi.
- Mitten in der Erfahrung anonymer Verplanung das Vernehmen meiner/unserer göttlichen Berufung zur communio und zur missio.
- Katechetische Wege zum Christ-Werden sind heute evangelisierende Wege zur Glaubensbereitschaft, zum entschiedenen Glaubensmut.

- o Katechetische Wege sind gestufte Wege, katechumenale Wege (ausführlich dazu Bitter/Gerhards 1998).
- o Das Lebenszeugnis, das »Zeugnis ohne Worte« (EN 21), der Christen und Katecheten gibt den entscheidenden Umkehrimpuls.

Gegen allen gängigen (auch kirchlichen) Perfektionismus hat das Fragment, das »Stückwerk« (1 Kor 13, 9 f.) einen Sinn im Inkulturationsprozess des Evangeliums. Zusammengenommen legen diese Einzelstücke einen guten Grund für einen österlichen Optimismus als spirituellen Impuls der katechetischen Unternehmungen: Gottes Heil, Christi Heil ist für alle Menschen da: erkennbar im biblischen Wort, erfahrbar im Mut des Glaubens heute.

Ein Zielpunkt der Konversion der Katechese ist die Einsicht: in einer weithin religiös desozialisierten Gesellschaft gewinnt die Kirche/Gemeinde ihre »tiefste Identität« in einer evangelisierenden Katechese (EN 14), denn sie tut hier das, was sie mit dem Stifter der Kirche tut: Menschen gewinnen für die aktive Hoffnung auf das Herannahen des Reiches Gottes. Daraus folgt: *ein integriertes Anbieten und Vorstellen des christlichen Lebens und Glaubens* (vgl. dazu Brief der französischen Bischöfe: Den Glauben vorstellen, 2000), d. h. ein Zusammenführen der Kinder- und Jugendkatechese, der Sakramentenkatechese und theologischen Erwachsenenbildung und der Liturgie zu *einem* Erfahrungs- und Bewährungsraum der Plausibilität des Christlichen. Oder negativ: der rasche Abschied von den katechetischen Crash-Kursen beim Empfang der Kindertaufe und Ehe, der Erstkommunion und Firmung ist längst fällig.

In dieses Rahmenkonzept einer *integrierten Katechese* ist die Liturgie als »Feier der Glaubenserfahrung und der Glaubensweitergabe« (A. Gerhards, neuestens wirbt Chr. Hennecke, 2003 ausdrücklich für die Integration von Liturgie und Martyrie im Katecheseprozess) genauso einbezogen wie das diakonische Wirken des Einzelnen und der Gemeinde in die ausdrücklichen Katechese-Unternehmungen. Außerdem vermag diese integrierte Katechese die Balance zu halten zwischen den hier favorisierten subjektgeprägten Glaubensformen heute und den objektgeprägten Glaubensformen gestern.

Und zum Schluss etwas ganz Wichtiges: Alle *katechetischen Versuche* müssen heute *gebetsdidaktische Versuche* sein. Denn das persönliche Beten ist das ganz eigene Kontakt-Suchen, Kontakt-Finden zu dem fernen, nahen Gegenüber, den ich als Gott für mich und alle erhoffe und glaube, längst bevor (und längst nachdem) der Beter in seiner ausdrücklich religiösen Gemeinschaft seine Heimat findet. Jede und jeder kann die überraschende Erfahrung machen: Wer beten will, kann beten, geradeso wie der Gott unserer tastenden Gebete uns schon immer ganz nahe ist – auf der Suche nach uns.

Eine gebetsorientierte Katechese kann sich zunächst als eine einladende Sprachschule, auch als eine Sprechschule des Betens einbringen, dann aber kann sie einen Raum eröffnen, in dem der ferne, nahe Gegenüber erfahrbar, hörbar wird in seiner Stille, vernehmbar in seiner Treue, die unser Vertrauen verdient, erlebbar in seiner Sympathie für uns, die auf unsere Stimme wartet. Solche Erfahrungen sind stark genug, zunehmend neugierig auf Gottes Wort in den biblischen Schriften und auf Gottes Hand in Jesus Christus zu machen, aber auch in Zeiten der Gemeindedistanz und des Kirchenverlustes den Beter so zu stärken, um den Gotteskontakt zu halten und zugleich aus diesem gott-menschlichen Gespräch die sich alltäglich bewährende Ich-Identität zu gewinnen. Darum erscheint es gerade in Zeiten zunehmender Individualisierung hier und Deinstitutionalisierung der Religiosität und auch Christianität dort ausdrücklich angezeigt, Menschen jeden Alters und jeden Grades von Kirchenverbundenheit mit den beiden entscheidenden Quellen religiös bzw. biblisch-christlich geprägten Lebens vertraut zu werden: mit der Praxis des täglichen Betens und der täglichen biblischen Schriftlesung.

PS.: Ist mit diesen kleinen Hinweisen schon die geforderte Konversion der Katechese erreicht, damit Katechese zukunftsfähig wird? Gewiss nicht, aber vielleicht ist die Richtung des Konversionsweges angezeigt, auf dem die Katechese des Christus-Glaubens eine neue Zukunft gewinnt.

Literatur

Augustinus, Aurelius (1985), Vom ersten katechetischen Unterricht, Steinmann, Werner/Wermlinger, Otto (Hg.), München.

Bitter, Gottfried/Gerhards, Albert (1998) (Hg.), Glauben lernen – Glauben feiern, Katechetisch-liturgische Versuche, Stuttgart.

Döker, Tom (2003), Ermutigung für Kommunionkindereltern, in: Pastoralbaltt 55, 139–142.

Französische Bischöfe (2000) (Hg.), Den Glauben anbieten in der heutigen Gesellschaft (Paris 1996), Bonn 2000.

Hennecke, Christian (2004), Mystagogie konkret, Gedanken zu neuen/alten Wegen der Sakramentenpastoral, in: Gottesdienst 38, 5–11.

Joas, Hans (1999), Die Entdeckung der Werte, Frankfurt/M.

Lentzen-Deis, Wolfgang (1990), »Der menschenfreundliche Gott«, Grund und Maßstab einer Glaubensdidaktik, in: Feilzer, Heinz u. a. (Hg.), Der menschen-

freundliche Gott, FS Alfons Thome, Trier, 184–198.
Papst Paul VI. (1975), »Evangelii nuntiandi«, Apostolisches Schreiben, Rom/Bonn.
Rahner, Karl (1968), Art. »Glaubenszugang«, in: SM I, 414–420.

Prof. Dr. Wolfgang Lentzen-Deis

Lehrgebiet: Religionspädagogik mit Katechetik
Forschungsschwerpunkte: Begründung und Didaktik des Religionsunterrichts
Sakramentenkatechese

Lebenslauf

Jahrgang 1937, Priesterweihe 1962, Lizentiat in Philosophie 1959, Lizentiat in Theologie 1963, Doktorat 1969, seit 1983 Dozent und Verwalter des Lehrstuhls Religionspädagogik mit Katechetik an der Theologischen Fakultät Trier, Habilitation 1991, o. Prof. Trier 1991, Rektor der Theologischen Fakultät Trier vom 1.4.1995–31.3.2003.

Wissenschaftliche Publikationen:

Monographien, Editionen, Übersetzungen

(1969) Buße als Bekenntnisvollzug. Versuch einer Erhellung der sakramentalen Bekehrung anhand der Bußliturgie des alten Pontificale Romanum, Freiburg-Basel-Wien.
(1991) Den Glauben Christi teilen. Theologie und Verkündigung bei Nikolaus von Kues, Stuttgart.
(1990) Der menschenfreundliche Gott, Feilzer, Heinz u. a. (Hg.), Alfons Thome zum 75. Geburtstag, Trier.
(1993) Wege der Evangelisierung, Heinz, Andreas u. a. (Hg.), Heinz Feilzer zum 65. Geburtstag, Trier.

Wichtige Aufsätze und Beiträge

(1984) Jesus Christus, der »neue Mensch«: eine Hinführung zur Christologie im Ausgang von Erich Fromms »Haben oder Sein«, in: TThZ 93, 100–117.
(1984) »Religionsunterricht« als Aufgabe des Seelsorgers vor zweihundert Jahren – und heute, in: TThZ 93, 212–225.
(1985) Thema »Jesus Christus« – Herausforderung für den modernen Menschen: eine christologische Unterrichtsreihe in der gymnasialen Oberstufe

ausgehend von Erich Fromms »Haben oder Sein«, in: KatBl 110, 300–309.
(1986) Art. Umkehren, in: Bitter, Gottfried/Miller, Gabriele (Hg.), Handbuch religionspädagogischer Grundbegriffe, München, 356–360.
(1986) Art. Vergeben, in: Bitter, Gottfried/Miller, Gabriele (Hg.), Handbuch religionspädagogischer Grundbegriffe, München, 373–375.
(1987) Cusanische Prinzipien der Glaubensvermittlung, in: TThZ 96, 98–110.
(1990) Beten im Jugendalter: entwicklungspsychologische und theologische Aspekte eines aktuellen religionspädagogischen Problems, in: TThZ 99, 264–280.
(1990) »Der menschenfreundliche Gott«: Grund und Maßstab einer Didaktik des Glaubens, in: Feilzer, Heinz u. a. (Hg.), Der menschenfreundliche Gott: Zugänge – Anfragen – Folgerungen. Alfons Thome zum 75. Geburtstag, Trier, 184–198.
(1991) Der »pastor bonus« und die kirchlichen »pastores«. Gedanken des Nikolaus von Kues über die Hirtenaufgabe der Pfarrer in einer Homilie über Joh 10, 1–18, in: TThZ 100, 176–288.
(1992) Die frohe Botschaft und das Leid der Welt. Zur Theodizeefrage als einer religionspädagogischen Herausforderung, in: TThZ 101, 302–317.
(1992) Gottes Volk lebt im Vergeben. Zur Erneuerung der Praxis des Sakramentes der Versöhnung, in: Ritt, Hubert (Hg.), Gottes Volk. Bibel und Liturgie im Leben der Gemeinde, Stuttgart, 99–109.
(1993) »Prediger sind wie Bäcker ...« Eine Bildrede des Nikolaus von Kues im Prothema seiner Predigt »Confide filia« (1444) als Grundmuster evangelisierender Verkündigung, in: Heinz, Andreas u. a. (Hg.), Wege der Evangelisierung. Heinz Feilzer zum 65. Geburtstag, Trier, 99–115.
(1993) »Auf das Wirken des Geistes Gottes vertrauen.« Überlegungen zur Praxis der Firmvorbereitung, in: Ritt, Hubert (Hg.), Gottes Volk. Bibel und Liturgie im Leben der Gemeinde, Stuttgart, 79–87.
(1994) Wo ist Gott in Krankheit und Tod?, in: Ritt, Hubert (Hg.), Gottes Volk. Bibel und Liturgie im Leben der Gemeinde, Stuttgart, 102–109.
(1994) Zeugen des Glaubens. Bischof Dr. Bernhard Stein. Ein redlicher Brückenbauer, in: Anzeiger für die Seelsorge 103, 336–337.
(1995) Art. Erfahrung. Praktisch-theologisch, in: LThK ^{3}, Bd. III, 756 f.
(1995) Art. Führung, in: LThK ^{4}, Bd. IV, 216 f.
(1995) Stein, Bernhard, in: Biographisch-bibliographisches Kirchenlexikon. Begründet und hg. von Bautz, Friedrich Wilhelm, fortgeführt von Bautz, Traugott, Bd. 9, 1281–1286.
(1995) »Hilfe zur Menschwerdung.« Zur Rolle der Theologie im ethischen und pädagogischen Bereich, in: Angel, Hans-Gerd u. a. (Hg.), Aus reichen Quellen leben. Ethische Frage in Geschichte und Gegenwart. Helmut We-

ber zum 65. Geburtstag, Trier, 264–274.
(1996) Blind und doch sehend. Licht für die Völker (zu Jes 53,4–6), in: Miller, Gabriele (Hg.), Rosen in der Wüste. Ein Mosaik zu Jesaia 40–55, Ostfildern, 158–160.
(1996) Bernhard Stein (1967–1980), in: Persch, Martin/Embach, Michael (Hg.), Die Bischöfe von Trier seit 1802. Festgabe für Bischof Dr. Hermann Josef Spital zum 70. Geburtstag, Trier, 203–223.
(1997) Was hat Petrus Canisius der Religionspädagogik heute zu sagen? Erwägungen anläßlich seines 400. Todestages. In: TThZ 106., 288–300.
(1997) Begründung des Religionsunterrichts, in: Weidmann, Fritz (Hg.), Didaktik des Religionsunterrichts, Donauwörth [7], 73–85.
(1997) Konfessionalität und ökumenische Offenheit des Religionsunterrichts, in: Weidmann, Fritz (Hg.), Didaktik des Religionsunterrichts, Donauwörth [7], 86–99.
Symbole im Religionsunterricht, in: Weidmann, Fritz (Hg.), Didaktik des Religionsunterrichts, Donauwörth [7]1997, 180–200.
(1999) Art. Religionsbuch, in: LThK [3], Bd. VIII, 1043–1044.
(2000) Korrelationsdidaktik – Elementarisierung – Pragma-linguistische Bibelauslegung, in: Reil, Elisabeth/Schieder, Rolf (Hg.), Wahrheit suchen – Wirklichkeit wahrnehmen, Landau.
(2000) Kirchlicher Religionsunterricht angesichts der Individualisierung und Pluralisierung des Religiösen, in: Theologische Fakultät Trier (Hg.), Christlicher Glaube und säkulares Denken, FS zum 50. Jahrestag der Wiedererrichtung der Theologischen Fakultät Trier 1950–2000, Trier, 295–310.
(2000) Konzil und Synode im Bistum Trier, in: Édition du Signe (Hg.): Auf dem Weg in die Zukunft, Gerswiller, 16–20.
(2000) Die ekklesiale Dimension des Religionsunterrichts – Aspekte ihrer Vermittlung, in: TThZ 109, 283–294.
(2000) »Im Himmel fängt das Leben erst richtig an«. Zum Gedenken an P. Wilhelm Klein S. J. (1889–1996), in: Anzeiger für die Seelsorge 109, 517–518.
(2000) Unterweisung und Unterricht, in: Persch, Martin/Schneider, Bernhard (Hg.), Auf dem Weg in die Moderne 1802–1880, Trier, 371–390.
(2000) Art. Schule V. Pädagogisch-didaktisch, in: LThK [3], Bd. IX, 292–293.
(2001) Den »Glauben vorschlagen« im schulischen Religionsunterricht, in: Lebendiges Zeugnis 56, 230–237.
(2004) Die »armselige« Kirche, in: Beck, Eleonore/Miller, Gabriele (Hg.), Kirche träumen. Zwischen Vision und Wirklichkeit, Kevelaer, 144–147.
(2004) Hoffnung angesichts der Sinnlosigkeit von Leid, in: Schwaetzer, Harald/Stahl, Henrieke (Hg.), Regensburg, 101–111.

Die Autoren

Stefan Altmeyer, geboren 1976 im Saarland, Studium der katholischen Theologie, Mathematik und Erziehungswissenschaften in Bonn, seit 2002 wissenschaftlicher Mitarbeiter am Seminar für Religionspädagogik und Homiletik in Bonn, promoviert im Fach Religionspädagogik.

Elisabeth Asshoff, Oberstudiendirektorin, verheiratet, zwei Kinder, Lehrerin in den Fächern Latein und katholische Religionslehre, seit 1995 Leiterin des St. Willibrord-Gymnasiums in Bitburg.

Günther Becker, Regionaldekan i. R., geboren 1930 in Bad Kreuznach, Priesterweihe 1955 in Trier. Nach Kaplansjahren in Adenau und Mayen 1961 Pfarrer in Bundenbach. Von 1966 bis 1984 Pfarrer, ab 1976 Dechant in Birkenfeld. 1984 bis 1998 Regionaldekan der Region Rhein-Hunsrück-Nahe. Bistumsweit tätig in den Bereichen Diaspora und Ökumene.

Gottfried Bitter, Cssp, 1936 im Rheinland geboren, Priesterweihe 1964, 1964–66 Ausbildung zum Religionslehrer (SI/II), weiteres Studium der Praktischen Theologie, Kunst- und Musikwissenschaft in Freiburg und Münster, 1970–74 Wissenschaftlicher Assistent am Seminar für Pastoraltheologie und Religionspädagogik an der Universität Münster, 1975 Promotion, 1975–77 Dozent für Religionspädagogik in Würzburg und 1977–80 Professor für Religionspädagogik und Katechetik in Bochum, 1980–2002 Professor für Religionspädagogik und Homiletik der Katholisch-Theologischen Fakultät der Universität Bonn.

Wilhelm Breuning, Prof. Dr., Priester des Bistums Trier, geboren 1920, nach dem Studium vornehmlich in Trier, 1948 zum Priester geweiht, seelsorgliche Tätigkeit u. a. als Religionslehrer, Fortsetzung des Studiums in Rom und Paris, 1954 Dr. theol. an der Fakultät Trier, 1958 ebenda Habilitation für Dogmatik, Lehrtätigkeit in Trier, seit 1960 als ordentlicher Professor, 1968 Berufung an die Katholisch-Theologische Fakultät in Bonn, 1985 emeritiert, weitere langjährige Lehrtätigkeit am Studienkolleg St. Lambert in Lantershofen.

Detlev Dormeyer, Prof. Dr., geboren 1942 in Loeben/Österreich, verheiratet, zwei Kinder, 1969–72 Promotion zum Dr. theol., 1973 Habilitation, 1980–97 Professor am Institut für Lehrerausbildung der Katholisch-Theologischen Fakultät in Münster für Bibelwissenschaft und Didaktik, seit 1997 Professor des Faches kath. Theologie des FB 14 der Universität Dortmund für Neues Testament.

Hans Wilhelm Ehlen, Ordinariatsdirektor, Jahrgang 1942, Kaplan in Birkenfeld, Regionaljugendpfarrer in der ehem. Region Rhein-Hunsrück-Nahe, Hochschulpfarrer in Trier, Vorsitzender der Kath. Studentenpfarrerkonferenz in Deutschland,

Österreich und der Schweiz, Pfarrer von Saarburg St. Laurentius und Litdorf-Rehlingen St. Jakobus d. Ä., Dechant des Dekanates Saarburg, Moderator des Priesterrates, seit 2000 Leiter der Hauptabteilung Pastorale Dienste im Bischöflichen Generalvikariat Trier.

Rudolf Englert, geboren 1953 in Würzburg, Dr. theol. und Dipl.-Päd., Professor für Religionspädagogik an der Universität Duisburg-Essen. Mitglied im Vorstand des Deutschen Katecheten-Vereins. Arbeitsschwerpunkte: Grundfragen religiöser Bildung, religiöses Lernen im Grundschulalter.

Heinz Feilzer, Dr. theol., Jahrgang 1928, 1954–57 Kaplan in Neunkirchen/Saar, 1957–66 Diözesanjugendseelsorger in Trier, 1966–71 Pfarrer in Lind/Ahr, 1971–72 Regionaldekan der Region Mosel-Eifel-Hunsrück, 1972–95 Pastoraltheologe an der Theologischen Fakultät Trier.

Carola Fleck, Dr., geboren 1969, arbeitet als Pastoralreferentin mit den Schwerpunkten Schule und Katechese in der Pfarrgemeinschaft Idar-Oberstein. Von 1998–2003 Wissenschaftliche Mitarbeiterin am Lehrstuhl für Religionspädagogik mit Katechetik an der Theologischen Fakultät Trier.

Andreas Heinz, geboren 1941 in Auw a. d. Kyll/Eifel, Studium in Trier und Rom, 1965 Lic. phil., 1969 Lic. theol., 1968 Priesterweihe, 1975 Promotion zum Dr. theol. in Trier, 1976–79 Wissenschaftlicher Assistent am dortigen Lehrstuhl für Liturgiewissenschaft, 1979–81 Professor für Liturgiewissenschaft an der Universität Bochum, seit 1981 Ordinarius für Liturgiewissenschaft in Trier und Leiter der Wissenschaftlichen Abteilung des dortigen Deutschen Liturgischen Instituts, seit 1999 dessen zweiter Vorsitzender. Berater der Liturgiekommission der Deutschen Bischofskonferenz (1982–2001).

Anita Heuer, geboren 1959 in Bad Neuenahr, Studium der Katholischen Theologie und Anglistik (Lehramt) in Trier, Fachleiterin für Katholische Religion am Staatlichen Studienseminar für das Lehramt an Realschulen in Trier.

Karl Kardinal Lehmann, geboren 1936 in Sigmaringen (Hohenzollern), Dr. phil., Dr. theol., Dr. h. c. mult., seit 1983 Bischof von Mainz und seit 1987 Vorsitzender der Deutschen Bischofskonferenz; Honorarprofessor für Dogmatik und Ökumenische Theologie an der Theologischen Fakultät der Universität Freiburg i. Br. und am Fachbereich Katholische Theologie der Universität Mainz. 2001 zum Kardinal erhoben.

Gundo Lames, Dr., Studien in Theologie, Philosophie und Soziologie, 1988–92 Schulseelsorger und Religionslehrer in Saarbrücken, 1992–98 Wissenschaftlicher Assistent am Lehrstuhl Religionspädagogik mit Katechetik an der Theologischen Fakultät in Trier, 1998–2001 Wissenschaftlicher Assistent am Lehrstuhl für Pastoraltheologie an der Theologischen Fakultät Trier, seit 2001 Leiter des Referates Pastorale Planung, Steuerung und Projekte im Bischöflichen Generalvikariat.

Gabriele Miller, Dr. theol. h.c., Theologin, Exegetin, Autorin zahlreicher religionspädagogischer Veröffentlichungen, Schriftstellerin in den Bereichen Meditation, Gebet und Katechese.

Franz W. Niehl, geboren 1942, Religionspädagoge und Autor, von 1986–2004 Leiter des Katechetischen Instituts des Bistums Trier, Arbeitsschwerpunkte: Bibel und Kultur, Bibeldidaktik; verheiratet und Vater zweier Kinder, wohnt in Trier.

Martin Persch, Dr. theol., geb. 1948 in Linz/Rhein, Studium der kath. Theologie in Trier und Regensburg, Dipl.-Theol., seit 1978 im Archivdienst des Bistums Trier, seit 1987 Leiter des Bistumsarchivs Trier, Archivdirektor i. K.

Burkard Porzelt, Dr. theol. und Dipl. Päd.; geboren 1962 und aufgewachsen in Lohr am Main, Studium der Theologie und Pädagogik an der Universität Würzburg, 1991–94 Jugendbildungsreferent in Augsburg, 1995–2003 wissenschaftlicher Mitarbeiter/Assistent an der Universität Mainz und nebenberuflicher Religionslehrer. Seit 2003 Professor für Katholische Theologie und ihre Didaktik (Schwerpunkt Religionspädagogik) an der Katholisch-Theologischen Fakultät der Universität Münster.

Louis Ridez, Dr. h. c., Lic. Theol., Lic. Phil., Dipl. IKH, geboren am 15.9.1930, ehemaliger Dozent für Religionspädagogik an der theologischen Fakultät Lille. Verantwortlich für das Referat Bibel, Kunst und Frieden von Pax Christi Frankreich. Verbunden mit der Katholischen Akademie Trier. Deutsche und französische Veröffentlichungen im Bereich der Erwachsenenkatechese und der christlichen Ikonographie.

Werner Rössel, geboren 1946 in Ahrweiler, Priesterweihe 1973, 1976–81 Regionaljugendpfarrer für die Region Mosel-Eifel-Hunsrück, 1981–87 Diözesanjugendpfarrer des BDKJ im Bistum Trier, 1987 Pfarrer in Daun und Dechant und Gebietspfarrer des Dekanates/Pfarrverbandes Daun, 1990 Regionaldekan der Region Rhein-Wied-Sieg, 1991 Ernennung zum Vorsitzenden des Caritasverbandes für die Region Rhein-Wied-Sieg (nebenamtlich), 1994 Ernennung zum Bischöflichen Generalvikar und zum Domkapitular an der Hohen Domkirche zu Trier, 2001 Ständiger Vertreter des Diözesanadministrators Weihbischof Leo Schwarz, seit 2004 Dompropst des Trierer Domkapitels.

Manfred Scheuer, geb. 1955 in Haibach o. d. D. (Österreich), Studium der Theologie in Linz, Rom, und Freiburg, Priesterweihe 1980, Seelsorge in der Diözese Linz, Spiritual im Priesterseminar. 2000–03 Professor für Dogmatik und Dogmengeschichte an der Theologischen Fakultät Trier, in dieser Zeit Tischgenosse von Wolfgang Lentzen-Deis. Seit dem 14. Dezember 2003 Bischof der Diözese Innsbruck.

Bernhard Schneider, geboren am 6.11.1959, Studium der Theologie und Geschichte in Trier und Wien; 1989 Promotion; 1997 Habilitation; seit Oktober 2000 Professor für Kirchengeschichte des Mittelalters und der Neuzeit an der Theologischen Fakultät Trier; Vorsitzender der Friedrich-Spee-Gesellschaft Trier und des Hieronymus-Jaegen-Bundes Trier.

Josef Schönborn, geboren 1931, Priesterweihe 1957, von 1957–63 Kaplan in zwei Pfarreien, 1963–89 Pfarrer in sechs verschiedenen Pfarreien und von 1989–2004 Regionaldekan der Region Trier im Bistum Trier.

Heribert Schützeichel, Jahrgang 1933, Priesterweihe 1985, Lizentiat 1962, Doktorat 1964, Habilitation 1970, ist em. Ordinarius für Fundamentaltheologie und Ökumenische Theologie an der Theologischen Fakultät Trier.

Werner Simon, Dr. theol., geboren 1950 in Niederwalluf (Rheingau), 1985–1991 Professor für Religionspädagogik und Didaktik der Katholischen Religionslehre am Seminar für Katholische Theologie des Fachbereiches Philosophie und Sozialwissenschaften II und des Zentralinstituts für Unterrichtswissenschaften und Curriculumsentwicklung der Freien Universität Berlin. Seit 1991 Professor für Religionspädagogik, Katechetik und Fachdidaktik Religion am Fachbereich Katholische Theologie der Universität Mainz.

Joachim Theis, geboren 1955 in Birkenfeld an der Nahe, verheiratet und Vater eines Kindes. Studium der Theologie in Trier und München. Seit 1983 nebenamtlicher Religionslehrer am Auguste Viktoria Gymnasium in Trier. 1990 Promotion, 2002 Habilitation. Seit 2002 Vertreter des Universitätsprofessors für das Fach Religionspädagogik und Homiletik an der Katholisch-Theologischen Fakultät der Universität Bonn.

Heribert Wahl, Dr. theol., Dipl.-Psych., geboren 1945 in Ravensburg, verheiratet, zwei Töchter. Nach Studium der Theologie (Tübingen, Paris) und Psychologie (München) klinisch-therapeutische und praktisch-theologische Tätigkeit. 1978 Promotion (Freiburg), 1993 Habilitation (München), seit 1997 Inhaber des Lehrstuhls für Pastoraltheologie an der Theologischen Fakultät Trier. Mitglied der Deutschen Psychoanalytischen Vereinigung und der Deutschen Gesellschaft für Pastoralpsychologie, derzeit Co-Schriftleiter der Trierer Theologischen Zeitschrift.

Helmut Weber, geboren 1930 in Oberwinter (jetzt Remagen), Dr. theol. (Rom 1930) , 1965 Habilitation in Würzburg, 1965 Dozent und von 1966–97 Professor für Moraltheologie an der Theologischen Fakultät Trier. 1979–87 Rektor der Fakultät. Domkapitular am Trierer Dom 1985–2002.

Theresia Witte, geboren am 12.10.1944 in Welschbillig, 1962 Angestellte im Bischöflichen Generalvikariat (Jugendamt: Ferien- und Fahrtendienste sowie Pilgerstelle), 1971–72 Sekretärin beim Zentralkomitee der Deutschen Katholiken Bonn, 1972–81 Sekretärin von Bischof Dr. Bernhard Stein, seit 1981 Sekretärin des Bischöflichen Generalvikars.

Jan Woppowa, geboren am 22. Mai 1974, 1994 bis 2000 Studium der Katholischen Theologie, Mathematik und Erziehungswissenschaften in Bonn; 2000 bis 2002 Wissenschaftlicher Mitarbeiter im Sonderforschungsbereich 534 zum Verhältnis von Judentum und Christentum; seit 2001 Wissenschaftlicher Mitarbeiter am Lehrstuhl für Religionspädagogik und Homiletik an der Katholisch-Theologischen Fakultät der Universität Bonn.

Nikolaus Wyrwoll, Ehrenprälat, geboren 1938, 1957–65 im Germanikum, seit 1990 Direktor im Ostkirchlichen Institut, seit 1986 Beauftragter des Bistums Hildesheim für die Kontakte mit den Kirchen des Ostens, 1965 Kaplan in Rehburg, 1966–69 in Hildesheim, 1969–76 Dozent und Pastor der Akademie des Bistums Hildesheim in Goslar, 1976–82 Sekretariat für die Einheit der Christen im Vatikan, 1982–86 Katholisches Büro Hannover, seit 1984 Prior des Ordens Hl. Grab Jerusalem in der Norddeutschen Provinz, 1986–90 Dechant in Göttingen, seit 1988 Konsultor des Rates zur Einheit der Christen.

Frank Zils, Dr., Studium in Theologie, Erwachsenenbildung, Human Ressources Management, Management-Trainee-Programm Deutsche Lufthansa AG (Führungskräfteentwicklung), Tätigkeit als Trainer und Berater mit den Schwerpunkten Führungskräfteentwicklung und strategieorientierte Personalentwicklung, Leiter Personalentwicklung CS&P Bildungsmanagement GmbH, Schwerpunkt Training, Seminare, Coaching für Führungskräfte und Personalentwickler, z. Zt. Leiter Personalentwicklung und Stellvertr. Personalleiter der Saarbrücker Zeitung.

Zum Inhalt

Detlev Dormeyer aufmerksam. Er stellt das Projekt »Interkulturelle Exegese« von Fritzleo Lentzen-Deis und das dort entwickelte Modell der pragmalinguistischen Bibelauslegung vor. Wolfgang Lentzen-Deis hatte sich nach dem Tod seines Bruders stark dafür engagiert. Dormeyer zeichnet anhand von Apg 2, 37–41 die Linien der handlungsorientierten, pragmalinguistischen Bibelauslegung nach und zeigt religionspädagogische Implikationen auf.

Manfred Scheuer 97
Liturgie – Gabe Gottes und Feier des Lebens
Im Nachdenken über Grunddimensionen der Liturgie macht Manfred Scheuer verschiedene Implikationen für theologische Reflexion und religionspädagogische Konzeptbildung deutlich: Christliche Religion lässt sich nicht auf Ethik reduzieren und widerstrebt rationalisierenden und ökonomisierenden Tendenzen. Sie kann sich nicht als Bedürfnisbefriedigung definieren, und dennoch hat das menschliche Leben in ihr seinen stillen wie ausdrücklichen Ort: das Leid ebenso wie die Hoffnung auf Leben.

Burkard Porzelt 105
Auf der Suche nach religionspädagogischen Visionen
Bei aller theoretischen Ambivalenz von Visionen steht für Burkard Porzelt doch außer Frage: Religionspädagogische Praxis heute braucht konkrete Visionen. Dies begründet er zunächst durch einen systematischen Blick auf vier Dimensionen jüdisch-christlicher Visionen und ihre Dringlichkeit heute. Dann verfolgt er die Spur einer konkreten Vision in einem Interview, in dem ein Religionslehrer von einer Situation gelingenden Unterrichts erzählt. Vielleicht kommt darin so etwas wie die religionspädagogische Grundvision zum Ausdruck: dass Lernende die Lebensrelevanz jüdisch-christlicher Tradition selbstständig entdecken können.

Stefan Altmeyer 113
Die Erfindungsaufgabe.
Gedanken über eine Korrelation von morgen.
Ausgehend von der scheinbar anachronistischen Frage »Woran erkennt man einen Katholiken?« fragt Stefan Altmeyer nach der religionspädagogischen Bedeutung von Ausdrucksformen des Glaubens. Unter Berücksichtigung christentumsgeschichtlicher, bildungstheoretischer und theologischer Argumente macht er deutlich, dass religionspädagogisches Handeln als »Förderung des Menschseins durch Religion« (Exeler) immer zwei Dimensionen beinhalten müsse: religiöse Sensibilisierung (Wahrnehmung) und Förderung religiöser Ausdrucksfähigkeit. Deshalb plädiert er für eine kreativ-ästhetische Neuinterpretation des Korrelationskonzeptes.

Joachim Theis 121
Lebenswelt. Eine Herausforderung für die Erwachsenenbildung
Der Lebenswelt-Begriff ist aus einer konsequent empirisch und phänomenologisch orientierten Religionspädagogik nicht mehr wegzudenken. Nach einer anschauli-

chen Beschreibung charakteristischer Merkmale heutiger Lebenswelten und ihrer spezifischen gesellschaftlichen und individuellen Problempotenziale formuliert Joachim Theis seine religionspädagogische Vision: Lebenswelten sollen nicht länger nur als beschreibende Kategorie von Lernvoraussetzungen dienen, sondern sind als Korrelat religiöser Lernprozesse zu verstehen. Religiöses Lernen ist auch Auseinandersetzung mit der eigenen Lebenswelt und Orientierungssuche.

Frank Zils 134

Theologen in der Wirtschaft
Notlösung oder Auftrag

Frank Zils beschäftigt sich mit der aktuellen Frage nach Arbeitsplatzalternativen für Theologen in der Wirtschaft. Dabei geht es ihm darum, diese Möglichkeiten nicht als Notlösung zu betrachten, sondern er fragt nach den spezifischen Motivationen und Kompetenzen, die Theologen für dieses Arbeitsfeld qualifizieren. Entsprechend zeichnet er ein theologisches Kompetenzprofil und ebenso einen Katalog christlich motivierter Eigenschaften von Führungspersonen (»Seligpreisungen für Führungskräfte«).

Louis Ridez 140

Die Religionspädagogik als Himmelsleiter

Zum Abschluss dieses mit »Konzepte und Visionen« überschriebenen Abschnitts gibt Louis Ridez eine metaphorische Umschreibung der korrelativen Religionspädagogik, die diesen Vorschlägen zugrunde liegt. Menschliches und christliches Suchen nach erfülltem Leben können in Interaktion zueinander treten. Diese Vision verknüpft er mit der alttestamentlichen Vision von der Jakobsleiter.

Trierer Didaktikwerkstatt

Elisabeth Asshoff 142

Theologie vermitteln – wie geht das?

Elisabeth Asshoff erzählt, wie sie den Studienreferendar Wolfgang Lentzen-Deis in einem staatlichen Gymnasium kennen lernt. Sie begleitet ihn bei der Erstellung seiner Staatsexamensarbeit zum Thema Jesus Christus. Daneben scheinen – wie auch andere Mitautoren dieses Buches erzählen – die von Lentzen-Deis durchgeführten Romfahrten, bleibende Erinnerungen hinterlassen zu haben. Für die Autorin wird in diesen Begegnungen deutlich, dass man Religionsunterricht nicht von der Person des Lehrenden trennen kann, dass Inhalt und persönlicher Stil zusammen gehören.

Gundo Lames 146

Religionspädagogische Turbulenzen im Vermittlungsgeschehen – systemtheoretisch motivierte Beobachtungen aus der Trierer religionspädagogischen Elementarisierungswerkstatt

Im Rückgriff auf die Systemtheorie und das Konzept der Elementarisierung (Nip-